이순신을 찾아 떠난 여행

여행하는 방송작가 이진이의 인물유적답사기

이순신을 찾아 떠난 여행

이진이 지음

cum libro
책과함께

누구보다도 이 책의 출간을 기뻐하셨을 아버지께 바칩니다.

여행을 시작하며

"왜요?"

내가 이순신에 대한 글을 쓴다고 말했을 때, 열에 아홉은 나에게 이런 질문을 던졌다. 어떤 내용을 쓸 것인지 묻는 사람은 거의 없었다. 그저 왜 이순신에게 관심이 있는지, 왜 그에 대한 글을 쓰려는지 궁금해할 따름이었다.

어째서 이런 질문을 하는 것일까? 이순신은 너무도 잘 알려진 인물이어서 더 이상 새로울 게 없다고 생각하는 것일까? 아니 어쩌면 이순신은 교과서, 위인전에서나 다루는 따분하기 짝이 없는 인물이라는 선입견 때문인지도 모르겠다. 이순신이 박정희 전 대통령에 의해 성웅聖雄으로 추대됐던 전력 때문에 독재정권의 망령을 떠올리며 경기를 일으키는 사람도 있었을 것이다.

그들의 질문은 타당하다. 사실 나 역시 이순신의 삶에 매료되기 전까지는 그들과 비슷한 생각을 했다. 좀 더 솔직하게 말하면 바로 그런 이유로 이순신에 대한 글을 쓴다고 말하기가 두려웠다. 의아해하며 나를 쳐다보는 그들의 표정은 바로 몇 년 전 나의 모습이기도 했으니까. 그때 누군가가 나에게 이순신을 존경하고 사모한다고, 그래서 그의 흔적을 따라 여행을 하고 글까지 쓰고 있다고 말했다면 나 역시 그렇게 물었을 것이다. "왜요? 무엇 때문에요?"

이순신에 관심을 갖게 된 것은 한 드라마 때문이었다. 예고편을 보고 그저 재미있을 것 같아 시청하기 시작했던 KBS 대하드라마 〈불멸의 이순신〉. 첫 회를 보고는 운명의 장난같이 주인공 이순신에게 빠져버렸다. 드라마에서 그리고 있는 이순신은 지금까지 내가 알고 있던 이순신과는 사뭇 달랐다. 거침없이 전장으로 나가 왜적을 섬멸한 조선의 의로운 무신, 대장검을 차고 서울 세종로 한가운데 위풍당당히 서 있는 불세출의 명장이 아니라, 한 가지 결정을 내리기 위해 수없이 고민하고 시도 때도 없이 찾아드는 번민으로 밤을 지새우는 '인간 이순신'이었던 것이다.

당시 내가 그에 대해 알고 있는 것들은 학교에서 배운 내용과 크게 다르지 않았다. 나는 유신정권 막바지에 국민학교를 다녔다. 철마다 반공을 주제로 글짓기를 했으며 반공포스터를 그리고 표어를 지었다. 그리고 이와 똑같은 방식으로 '민족의 영웅 이순신'에 대한 독후감을 써야 했다. 교과서에는 '충신 이순신', '구국의 영웅 이순신'의 위대함을 칭송하는 글로 가득했고 나는 그것을 무의식적으로 습득했다. 나에게 이순신은 국기에 대한 맹세나 국민교육헌장을 외우는 것처럼 주입된 역사였고 기억 속에 박제된 영웅이었던 것이다.

이런 연유로 이순신 하면 나는 늘 유신이 내게 주입한 폭압적인 국가관이 떠오른다. 그리고 국민학교 2학년 때 담임선생님이 하루에 한 대목씩 읽어주던 박정희 자서전이 떠오른다. 이순신을 성웅으로 만들고 그의 국가관을 유신정권을 정당화하는 데 일부 활용하기도 했던 독재자의 그림자가 슬금슬금 기어나오는 것이다. 전국의 수많은 이순신 유적지에 그의 표식이 어김없이 남아 있는 것처럼. 거기다 1980년대 군부독재 정권과 그들이 만든 군사문화에 대한 반발심 때문인지 갑옷을 입은 무인 이순신은 더욱 거북스러웠다. 그리고 전쟁에 대한 혐오감까지 겹치면서 이순신은 나와 전혀 상관없는 역사 속 인물이 되었다.

그런데 드라마 〈불멸의 이순신〉을 계기로 이순신에 대한 선입견이 조금씩 부서지기 시작했다. 그 역시 인간이기에 불완전했고, 그 불완전함을 고뇌와 의지로 극복해나갔다는 사실을 알게 되면서 내 안에서는 새로운 이순신이 만들어지고 있었다. 문득 나는 내게 주어진 삶의 조건들을 돌아보게 됐다. 그 무렵 나는 무력감과 상실감으로 힘든 시간을 보내고 있었다.

몇 해 전 아버지가 돌아가신 후 나는 종종 꿈속에서 아버지를 뵙곤 했다. 젊은 나이에 너무나 갑자기 돌아가셨기에 아버지의 죽음을 받아들이기 힘들었던 것 같다. 눈가에 눈물이 고인 채 잠에서 깨는 날은 하루 종일 우울하고 또 쉽게 지치곤 했다. 게다가 가깝게 지낸 이들이 연이어 세상을 등졌다. 가장 친한 친구가 병마를 이기지 못하고 세상을 떠났다. 불치병 루푸스를 앓다가 금쪽같은 아이 둘을 남겨놓고 작별 인사 한마디 없이 내 곁을 떠나고 말았다. 그로부터 얼마 후, 대학 시절 쌍둥이처럼 붙어 다녔던 선배가 눈을 감았다. 그의 죽음 역시 갑작스러웠다. 세상을 떠나기 두어 달 전에 오랜만에 전화를 해서는 "나, 뇌종양이란다"라며 키득키득 웃던 목소리가 아직도 귀에 쟁쟁하다. 병원에서 그를 다시 만났을 때 그는 부쩍 여윈 얼굴이었지만 특유의 미소만은 변함없이 화사했다. 사람이 죽고 사는 일은 인간의 힘으로 어떻게 할 도리가 없는 것이라지만 남은 자가 감당해야 할 충격과 슬픔은 상상했던 것보다 훨씬 컸다. 그런 것들을 당당히 이겨나가기에 나는 너무나도 약한 인간이었다.

나쁜 일은 한꺼번에 찾아온다는 말이 있다. 하필 그때 나는 좋아했던 이와의 관계를 정리해야만 했다. 마음을 너무 많이 준 것이 탈이었고 그와 맺었던 모든 인연에 회의가 들었다. 그에게서 느낀 배신감, 나에 대한 모멸감, 그게 힘들었다. 흔히 배반이란 누군가가 나의 턱을 후려치고 뒤통수를 갈기는 것이라고 생각하기 쉽지만 실은 내가 나 자신에게 가하는 타격에 더 가깝다. 배신감을 느낀다는 것은 내가 그만큼 상대를 믿었고 그만큼 그에게 많은 것을 주었다는 의미다. 믿지 않고 준 것이 없다면 입술을 깨물어 뜯으며 견뎌야 하는 배신감 따위는 느끼지 않을 테니까.

사회생활도 마찬가지다. 상대가 사람이든 조직이든 너무 많이 믿고 기대하면 그 믿음과 기대가 무너졌을 때의 아픔도 그만큼 클 수밖에 없다. 같은 일을 하던 어린 후배가 몇 가지 오해로 나를 믿을 수 없는 사람, 퇴출시켜야 할 선배라고 몰아붙였을 때 역시 같은 심정이었다. 별 무리 없이 일에만 몰두하며 살았다고 생각했는데 나보다 한참 어린 후배에게 그런 소리를 들으니 황당하기도 하고 슬프기도 했다. 뭘 몰라서 그렇다고 하기에는 충격이 컸고 또 나의 잘못도 없지 않다는 생각이 스스로를 버겁게 했다.

평소와 다름없이 생활했지만 마음의 갈피를 잡지 못하니 몸까지 아팠다. 그런데도 참 신기한 것은 이런 상황 속에서도 삶은 계속된다는 것이다. 일하고 사람들을 만나고 술과 음식을 먹고 화장실도 가고…… 그러던 중 우연히 이순신과 마주했다. 내 삶에서 가장 힘겨운 순간에 운명처럼 그를 만난 것이다.

이순신은 그의 생애에서 가장 힘든 시기에 가장 빛나는 행보를 보였다. 힘들수록 타협하지 않고 정도를 걸었다. 그의 고난이 외부에서 비롯된 것임에도 그는 한 번도 남을 원망하지 않았다. 그저 주어진 조건을 면밀히 검토하고 묵묵히 극복할 방안을 모색했다. 이는 이순신이 남들과는 다른 초인적인 능력을 가졌기 때문이 아니다. 인간이기 때문에 피할 수 없었던 수많은 난관을 스스로의 의지로 극복하고자 최선을 다했기에 가능했던 것이다. 열두 척의 배만 달랑 남았을 때도 그는 체념할 줄 몰랐고 최악의 조건 아래서도 최선이 무엇인지 끊임없이 자신에게 물었다. 그러면서도 그는 독단적이지 않았다. 조력자들을 진심으로 믿었으며 이 믿음에서 난제를 풀어갈 단초를 발견했다. 그러기까지 그는 무수한 불면의 밤을 보냈고 하룻밤 사이에도 생각의 타래를 풀었다 감기를 수십 차례 반복했다.

이 같은 이순신의 삶은 슬픔과 자책 속에 허덕이던 나에게 살아갈 힘을 주었다. 자기 앞에 주어진 난관과 시련이 반드시 자기 탓만은 아니기 때문에 자책하고 자학할 필요도 없지만 나 역시 절반의 책임이 있다는 것을 받아들일 줄 아는 성숙함을 배웠다. 그래서 수

많은 '그럼에도 불구하고' 살아남은 자는 살아야 하며 살아서 해야
할 일이 있음을 일깨워주었다. 그 무렵에 이순신을 만나지 않았더
라면 나는 지금 어떻게 되었을까?

이순신의 행적을 따라 여행을 하기 시작한 것도 그 무렵이다.
2005년 7월, 지인들과 함께 휴가 삼아 현충사가 있는 충남 아산을
다녀왔다. 현충사에서 이순신의 대장검을 보았고《난중일기》원본
도 보았다. 그때 뒷덜미가 쭈뼛해지고 온몸에 소름이 돋았던 일은
아직도 잊히지 않는다.

그래서 혼자 한산도에 갔다. 당시에는 다른 이유가 없었다. 그의
바다가 거기 있었기 때문에 무작정 남쪽으로 방향을 잡았다. 한산
도에서의 체험은 이후 나를 끊임없이 남쪽 바다로 이끌었으며 이
것이 결국 '나만의 이순신 유적 답사'로 이어지게 됐다. 한산도를
다녀오자 그 다음 행선지로 자연스럽게 남해와 여수가 떠올랐고
그렇게 여행은 계속되었다. 시작은 우연이었다. 그러나 우연한 여
행이 필연의 답사가 돼버리면서 어느 순간 나는 이 여정을 결코 멈
출 수 없음을 깨달았다.

그동안 경남 통영과 한산도, 거제도, 미륵도, 사천, 부산, 진주, 여
수와 순천, 고흥, 해남, 진도, 목포 등을 다녀왔고 백의종군 이후의
연안 답사길을 아쉬운 대로 훑어보았다. 일에 매여 있는 몸이라 답
사에 전념할 수도 없었고 일정을 여유 있게 잡을 수도 없었다. 게릴
라처럼 주말을 이용해서 정신없이 다녀오는 것이 다였다.

답사를 떠나기 전에는 관련 책과 자료를 간략하게 읽고 숙지했
다. 인터넷에서 찾은 자료들은 필요한 부분만 인쇄해서 챙겼다. 여
행 일정은 한국 전도와 권역별 지방지도, 인터넷에서 얻은 지역 정

보와 각 지자체 인터넷 홈페이지를 참조해 봤다. 이 자료들 중《난중일기》는 여행하는 동안 한 번도 손에서 놓지 않았다.《난중일기》는 수선스러운 나의 여정을 위한 가장 훌륭하고 자상한 안내서였으며 여행하는 내내 이순신과 대화를 나눌 수 있게 해준 유일한 매개체였다.

이순신의 삶은 복잡한 현대를 살아가는 우리에게 가장 든든하고 명쾌한 삶의 지침을 제시한다. 이순신의 흔적이 남아 있는 곳을 하나하나 밟아 여행한다는 것은 혼돈스러운 나의 삶을 다시 돌아보고 재정비하는 과정일지도 모르겠다. 그리고 다시 일상으로 돌아갈 힘을 얻게 된다. 진부한 말이긴 하지만 여행은 일상으로 돌아가기 위해서 떠나는 것이니까. 이순신을 만나고 귀가하는 길 위에서 나는 언제나 돌아갈 일상이 있음에 감사했다. 그리고 그 일상이 힘겹고 퍽퍽할지라도 맞서 싸우지는 못해도, 적어도 뒷걸음치지는 않겠다는 다짐을 하곤 했다.

2006년 가을, 전남 고흥의 충무사를 다녀올 때였다. 고흥 땅을 떠나려는 순간 멀리 천관산 너머로 크고 탐스러운 태양이 지고 있었다. 발갛게 상기된 태양은 삶의 의욕으로 벅차오르던 내 가슴을 닮은 것 같았다. 이순신을 만나고 돌아가는 길은 언제나 그렇게 삶의 열기로 붉게 달아올랐다.

이순신을 찾아 떠난 여행 ··· 차례

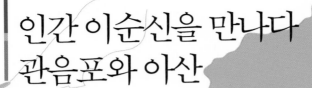

인간 이순신을 만나다
관음포와 아산

경남 남해군 관음포는 임진왜란의 마지막 전투인
노량해전이 벌어진 격전지이며 이순신이 생애를 마친 곳이다.
이곳에서 이순신의 발자취를 더듬는 여정을 시작하는 것은
그의 죽음을 통해 우리가 새로운 삶을 꿈꿀 수 있기 때문이다.
이순신의 죽음 앞에서 우리는 각자의 삶을 겸허하게 돌아보고
살아갈 힘을 얻을 수 있다. 임진왜란의 끝에 극적인 죽음을 맞이했던
이순신 역시 유년기와 청년기를 평범하게 보냈다.
그러나 이순신은 스스로를 갈고 다듬어 평범에서 비범으로 나아갔다.
충남 아산은 이러한 이순신의 삶을 한눈에 조망할 수 있는 곳이다.

노량해전의 격전지 관음포 바다 전경

별이 떨어진 바다
관음포

남해 노량에 갔다. 그곳에는 바다가 있
다. 한 인간이 그의 생애를 마친 곳. 산화하는 그 순간까지도 자신
의 삶에 최선을 다했던 한 장수의 자취가 거기에 있다. 노량은 장군
의 바다, 자신의 삶을 향해 달려오는 죽음을 두려움 없이 정면으로
받아들였던 한 사람의 바다다.

비가 몹시도 많이 내리던 날이었다. 처음으로 남해를 찾아갔던
2005년 여름, 폭우가 쏟아졌다. 긴 장마 끝에 찾아온 태풍과 함께
집중호우가 남해안을 강타하고 있었다. 사정없이 휘갈기는 비바람
을 뚫고 구마고속도로와 19번 국도를 달리기를 두 시간 반 남짓, 이
순신의 죽음을 목도했던 그 바다와 마주했다.

경상남도 남해군 고현면. 이곳에는 관음포라는 이름의 작은 포

"싸움이 급하니 나의 죽음을 알리지 말라." 이락사 입구에 서 있는 비석이 이곳이 이순신의 마지막 바다였음을 알려준다.

구가 있다. 고현면 차면리와 달실리 사이에 자리한 이 포구는 오목한 항아리 같기도 하고 그릇 같기도 하다. 차면 쪽의 이내기끝과 달실 쪽의 어사리끝이 서로 부딪칠 듯 마주 보고 있기에 주머니처럼 보이기도 한다. 400여 년 전 이곳에서는 임진왜란 최후의 전투가 있었다. 길고 지루했던 전란의 종지부를 찍었던 노량해전. 7년을 한결같이 왜군에 맞서 조선의 바다를 지켰던 이순신이 여기서 전사했다. 11월 추운 겨울 새벽, 관음포에서 큰 별 하나가 바다로 떨어진 것이다.

'관음포 전몰 유허'는 이순신이 순국한 바다라는 뜻에서 '이락파李落波'라고도 한다. 나는 그 바다가 내려다보이는 곳에 위치한 사당 이락사 앞에 섰다. 빗물에 흠뻑 젖은 소나무 숲과 오래된 사당, 유허비와 비석들이 보였다.

이락사를 휘돌아 이어지는 언덕길을 따라 한참을 걸어서 이순신의 마지막 바다가 한눈에 보이는 곳에 섰다. 저 바다에서 400년 전에 그는 죽음과 직면했다. 그가 마지막으로 바라본 하늘은 어디쯤일까? 쏟아지는 폭우도 잠잠해지고 비도 오락가락, 인적도 없다. 오직 바다와 내가 마주하고 있을 뿐. 400년 전의 이순신과 지금의 내가 마주하고 있을 뿐.

1597년(선조 30) 사실상 임진왜란의 연창인 정유재란이 일어나면서 소강상태에 빠졌던 조선군과 일본군의 전투가 다시 시작됐다. 전쟁은 막바지로 치달으면서 더욱 격렬해졌다. 육전과 해전에서 서로 밀고 당기는 격전에 격전을 거듭했다. 그러던 중 임진왜란의 주범 도요토미 히데요시豊臣秀吉가 사망한다. 왜군은 철수하기 시작했다. 그러나 이는 전쟁에서의 패배를 인정한다는 의미가 아니었다. 단지 상황이 불리해졌기 때문에 물러나는 것일 뿐, 할 수만 있다면 그들은 전쟁을 더 오래 끌었을 것이다. 결국 이 전쟁에는 승자도 패자도 없었다. 7년 동안 조선 국토 전체가 유린당하고 경작지의 3분의 1이 사라졌으며 인구가 대폭 감소하는 피의 세월을 보냈을 뿐 세상은 전쟁 전이나 전쟁 후나 달라지지 않았다.

아마도 이순신은 노량해전에서 숨을 거두는 순간까지 이를 근심했을 것이다. 전란이 끝난 후에도 변하지 않을 세상. 위정자들은 권력을 향해 부나비처럼 모여들고 백성들은 그 누구로부터도 보호받지 못하는 세상. 세상 어느 곳에서도 한줄기 희망을 피워낼 수 없는 피폐하고 고단한 삶이 계속될 것을 염려하며 눈을 감았을 것이다.

정유년에 다시 도발한 일본군과의 전투는 또 한 해를 넘겨 1598년 무술년까지 이어졌고, 원균이 이끌었던 칠천량 전투의 패전으로 한때 조선은 국가의 존망을 걱정해야 할 위기에 처하게 된다. 이때 조정은 체포와 압송, 고문과 투옥을 거쳐 백의종군 중이던 이순신을 다시 삼도수군통제사에 임명한다. 이에 이순신은 명량해전에서 기적 같은 승리를 거둔 후 빠른 속도로 수군의 전력을 회복해간다.

한편 일본군은 1598년 8월 철수를 시작한다. 순천 왜성에 주둔하던 고시니 유키나가小西行長 역시 철군을 서둘렀으나 그는 조선 수군의 해상 봉쇄로 오도 가도 못할 상황에 놓이게 된다. 노량해전은 일본으로 돌아가려던 고니시를 지원하기 위해 남해 일대로 총출동한 일본군과 조선 수군이 펼친 마지막 전투다. 마지막이라는 생각으로 일본군은 물론이고 조선 수군 역시 총력을 다해 싸웠기 때문에 전투의 양상은 너무나도 치열했다.

1598년 11월 18일, 순천과 여수, 남해와 사천 일대에는 일본 수군의 함대 500여 척과 조선과 명나라 연합함대 200여 척이 모여든다. 이순신은 전투에 나서며 하늘에 다짐한다.

이 원수를 무찌를 수 있다면 죽어도 여한이 없겠습니다.

《이충무공전서》

전투는 18일 밤과 19일 새벽을 지나 아침까지 이어진다. 차가운 겨울바람이 조선 수군의 판옥선을 할퀴고 오랜 전쟁과 굶주림으로 지친 병사들의 낡은 옷 사이로 들고났다. 파도가 일고 물결이 사나워지는 순간에도 전투는 계속되었고 노량의 푸른 바다는 붉게 물들어갔다.

여명이 밝아올 무렵, 일본군 함대 200여 척이 불에 타거나 부서졌으며 승세는 드디어 조명 연합수군 쪽으로 기운다. 그런데 그때 일본군 패잔선 50여 척이 관음포로 도주하기 시작한다. 이순신은 그 배를 추격했다. 항아리 같은 관음포로 적을 몰아넣어 일시에 분멸한 후 전투를 마무리 짓기 위해서였다. 그러나 바로 그곳에서 이순신은 왜군이 쏜 탄환에 맞아 숨을 거두게 된다. 그의 마지막 말은 "싸움이 급하니 나의 죽음을 알리지 말라"였다.

남해 경계까지 추격해 순신이 몸소 시석矢石을 무릅쓰고 힘껏 싸우다 날아온 탄환에 가슴을 맞았다. 좌우가 부축하여 장막 속으로 들어가니 순신이 말하기를 "싸움이 지금 한창 급하니 조심하여 내가 죽었다는 말을 하지 말라" 하고, 말을 마치자 절명했다. 순신의 형의 아들인 이완이 그의 죽음을 숨기고 순신의 명령으로 더욱 급하게 싸움을 독려하니 군중에서는 알지 못했다.

《선조수정실록》

그렇게 이순신은 눈을 감았다.

오전 내내 남해 바다를 들쑤셨던 집중호우도 그치고 이순신의 혼이 잠든 바다는 아무 일도 없었다는 듯 고요했다. 마치 전투를 치르며 요동하던 바다가 미명과 함께 잠잠해진 것처럼.

나는 힘든 일이 생기거나 마음이 산란해질 때마다 남해를 찾곤 한다. 그의 마지막 바다를 바라보고 있으면 죽을 것같이 힘든 일도 참으로 가볍게 느껴지기 때문이다. 슬픔 없는 삶은 없다. 고단하지 않은 삶 또한 없다. 그러나 사람의 힘으로 이겨내지 못할 슬픔도, 극복하지 못할 시련도 없다는 것을 나는 이순신의 삶을 통해 깨달았다.

관음포 첨망대

이순신의 대표 사당

현충사

2005년 7월, 장맛비가 오락가락하던 어느 날 아산 현충사로 가기 위해 길을 나섰다. 그 무렵 나는 대구에서 발간되는 〈문화신문 안〉의 편집위원으로 잡지 일을 돕고 있었는데 매달 바쁜 일정에 쫓겨 여름휴가도 변변히 못 간 편집부 사람들과 휴가를 겸해서 아산으로 가게 됐다. 휴가 장소를 아산으로 잡은 것은 나의 제안이었지만 편집부 식구들 모두 이순신에게 특별한 호감을 갖고 있기도 했다. 아마도 당시 방영 중이던 드라마 〈불멸의 이순신〉을 모두가 즐겨 보고 있었기 때문일 것이다. 그들 역시 나와 마찬가지로 드라마를 통해 이순신에 대한 생각을 새롭게 정리하던 중이었다. 도대체 어떻게 저런 극한 상황에서도 흔들림 없이 자기 본연의 길을 걸어갈 수 있었을까? 살아온 면면을 보아하니 범인이라고 단정 짓기도 어렵지만 그렇다고 해서 한 치의 틈도 없는 완전무결한 영웅도 아닌 것 같은데……. 이순신에게 별 관심 없던 그들도 나와 비슷한 의문을 품고 있었다.

현충사에 꼭 가봐야겠다고 생각한 것은 그곳이 이순신을 기리는 대표 사당이기 때문이다. 이순신에 대한 새로운 시선, 그 실마리가 현충사에 있지 않을까 했다. 출발할 때만 해도 장맛비가 부슬부슬 내렸지만 아산에 도착할 즈음에는 비가 완전히 그쳤다. 비가 내린 덕분인지 현충사는 여느 때보다 조용했고 현충사 경내의 나무 향기는 더욱 짙게 풍겨왔다. 본전으로 가 참배를 했다. 태어나 처음으로 이순신의 사당에서 머리를 조아렸다. 《난중일기》를 통해 엿본 그의 지난한 삶의 족적들이 필름처럼 머릿속에 스쳐갔다.

충남 아산은 이순신의 외가가 있던 곳이다. 이순신은 서울 건천동(중구 인현동, 현재 명보극장 부근)에서 태어났지만 그의 나이 열 살 무렵에 가족 모두 외가가 있는 아산으로 내려왔다. 아산으로 내려오게 된 경위에 대해서는 여러 가지 설이 있지만 그중 할아버지 이백록이 기묘사화 때 사약을 받아 멸문의 화를 입었다는 이야기는 잘못 알려진 듯하다. 이백록이 기묘사화 이후에도 20년 이상 생존했다는 기록이 남아 있으니 말이다. 아버지 이정이 벼슬을 하지 않았으니 살림이 넉넉지는 않았겠지만 가난한 유년 시절을 보냈다는 통설에 대해서도 다른 견해들이 나오고 있다. 어쨌거나 이순신의 가족은 서울살이를 접고 아산으로 내려왔으며 이순신이 무과 급제를 할 때까지 이곳에 머물렀다.

현충사는 처음이었다. 경상도에서 태어나고 자란 나에게 충청도의 서쪽은 서울보다 먼 곳이다. 영상이나 사진으로만 보던 현충사 앞에 처음 섰을 때 나도 모르게 이런 말을 흘리고 말았다. "아, 너무 크구나."

그래, 너무 컸다. 이순신의 고매한 인격과 검소했던 삶에 비해 그를 기리는 사당은 너무 크고 화려했다. 유적지를 조성하는 사람들은 왜 대개 크고 넓고 웅대한 것을 좋아할까? 주눅이 들지 않게 하는 소박하고 푸근한 느낌의 건축물과 따뜻하고 편안한 공간을 만드는 것은 불가능한 일일까? 더군다나 이 낯설기 짝이 없는 정원의 배치는 또 뭐란 말인가.

현충사 경내는 한국과 일본의 정원이 마구 뒤섞여 존재하는 것 같았다. 입구에서부터 정려각, 본전, 이면의 묘, 박물관 등으로 이어지는 길은 인위적으로 재단한 흔적이 역력했다. 기묘하게 뒤틀린 모양의 값비싼 소나무가 잘 다듬어진 잔디 위에 외로이 서 있는 모습은 어딘가 부자연스러웠다. 이곳은 이순신을 기리는 곳이지만 정원의 모습은 분명 우리의 것이 아니었다. 오히려 인공적인 아름다움을 강조하는 일본의 것과 비슷하다는 느낌을 받았다.

현충사가 지금과 같이 거대하게 변모한 것은 1969년의 일이다. 박 대통령이 현충사 성역화 사업을 선언하면서 많은 자금이 투입되고 일은 일사천리로 추진됐다. 1962년 4월 28일 충무공 탄신일 기념식에 참석한 박 대통령은 이순신의 417회 탄신일을 기념하여 대제전을 열었다. 박 대통령은 식전 연설에서 "장군의 유덕과 정신을 거울삼아 조국 재건에 온 힘을 다하겠다"고 다짐했다. 그리고 1967년 3월에 현충사 주변을 사적 155호로 지정하고 그해 탄신일에 성역화 공사를 시작했다. 그로부터 꼭 2년 후인 1969년 4월, 현충사는 중건을 마쳤고 마침내 세상에 그 위용을 드러냈다.

이순신에 대한 박 대통령의 애착은 유난했다. 그는 특유의 추진력으로 아산 현충사뿐만 아니라 남해안 일대에 산재해 있는 이순신의 사적을 복원했다. 가장 대표적인 곳이 한산도 제승당이다. 그래서 현충사와 제승당은 닮은꼴이다. 중건의 이유도 같고 성역화 사업 후의 모습도 비슷하다.

이순신 유적의 성역화는 정치적인 이유가 농후했던 까닭에 지금까지도 비판의 대상이 되고 있다. 이순신은 왕정 시대 조선의 장수로 왕과 그의 나라에 충성해야 하는 유교적인 가치를 가장 높은 수준에서 실현했던 인물이다. 이런 인물이 일제 강점기를 거치면서 민족주의자들에 의해 왕이 아닌 국가를 위해 목숨을 버린 영웅으로 변모하더니 박정희 정권 때는 정부가 주도하는 조국 근대화를 이끄는 영웅으로 또 한 번 변신한다. 박 대통령은 1960~1970년대를 임진왜란 때와 흡사한 시기로 정의해 대중에게 위기감을 심어주었고 이러한 위기를 능히 극복해낼 수 있는 인물로 이순신을 내세웠다. 그리고 대중에게 멸사봉공의 충무공 정신을 실천하도록 강요했는데 여기에는 국가를 위해 개인은 희생돼도 좋다는 생각이 깔려 있었다. 폭압적인 유신정권을 정당화하기 위해 이순신을 이용했다는 주장이 바로 이 지점에서 시작됐다. 이 무렵의 이순신 영웅 만들기는 시간이 흐를수록 더욱 심화됐고 결국 이순신은 성자

의 경지로까지 끌어올려졌다. '성웅 이순신'의 탄생이다.

그러나 바로 이 때문에 이순신은 대중에게서 멀어졌다. 너무 높은 곳으로 올라가버리는 바람에 보통 사람들은 범접할 수 없는 그 무엇이 돼버렸고 어느 순간부터는 신성불가침의 존재로 굳어졌다. 이순신에게서 인간의 얼굴을 빼앗아버린 것이다. 그때부터 이순신은 교과서 속에, 화려한 사당의 영정 속에 그리고 구릿빛 동상 속에 꼼짝없이 갇혀버리고 말았다.

시인 김지하는 구리 동상에 갇힌 이순신을 자유롭게 해줘야 한다고 말했다. 그가 1970년대에 발표한 희곡 《구리 이순신》은 어려움에 처한 백성을 돕는 원래의 얼굴을 잃고 허세로 가득 차버린 이순신의 구리 동상을 풍자한 작품이다. 작품에 등장하는 가난한 엿장수는 구리 이순신의 갑옷과 칼 등을 가져가려다 침묵에서 깨어난 구리 이순신과 설전을 벌인다. 엿장수는 이순신이 값비싼 구리옷을 입었기 때문에 백성과 세상을 근심한다는 것은 허위라고 비난한다. 이에 이순신은 오히려 구리 옷에 갇혀 있기 때문에 백성을 구휼하고 나라를 지키는 일을 할 수 없다고 말한다. 구리 옷을 벗고 한 사람의 백성으로서 나라에 충성하고 싶다는 것이 바로 구리 옷에 갇힌 이순신의 바람이었던 것이다.

이처럼 《구리 이순신》은 성웅이라는 틀에 갇혀 진정한 모습을

현충사 전경

태어나 처음으로 이순신의 영정 앞에 머리를 조아렸다. 나는 영웅 이순신이 아닌 인간 이순신과 마주하고 싶었다.

잃은 이순신에게 본래의 얼굴을 돌려줘야 한다고 말하고 있다. 이러한 비판은 지금도 유효하다. 아직도 이순신의 얼굴에는 누런 구리가 덕지덕지 발려 있으니까. 아마도 박 대통령은 이순신을 닮고 싶었을 것이다. 아니 어쩌면 그와 자신을 동일시했는지도 모르겠다. 그러나 나라를 위해 노심초사했던 마음은 다르지 않다 하더라도 생각의 순수성과 그 실천 방법은 결코 같지 않았다. 이순신의 삶 어디에도 나 아니면 안 된다는 식의 독선은 없었다. 그리고 권력을 연장하기 위해 정적에게 총을 겨누지도 민초들의 삶에 족쇄를 채우지도 않았다.

　어딘가 부자연스러운 현충사 경내의 정원을 보면서 나는 이순신을 닮고 싶었으나 결코 닮을 수 없었던 한 정치 지도자의 그림자를 떠올렸다. 산업화의 기적을 이뤄냈지만 군부독재로 국민들의 입에 재갈을 물림으로써 우리 현대사에 씻을 수 없는 비극을 만들어 낸 그는, 이곳 현충사에 설 때마다 무슨 생각을 했을까?

고뇌하는 인간의 비망록, 난중일기

너무 웅장하여 다소 부담스러운 현충사의 외관과 달리, 현충사 내부에는 충무공의 뜻을 기릴 수 있는 것들로 가득하다. 옛 유물관은 작고 좁았지만, 2011년에 완공된 새 유물관에서는 여유롭게 충무공의 흔적을 되짚어볼 수 있다. 제1전시실은 임진왜란 당시에 치른 주요 해전들을 소개하고 있으며, 제2전시실은 충무공 관련 유물들이 전시되어 있다. 우리가 잘 알고 있는 이순신의 영정을 비롯해 무과 시험에 4등으로 급제했다는 교지와 삼도수군통제사인 이순신에게 군사 동원과 지휘권을 부여한다는 내용이 담긴 〈사부유서〉, '충무공' 시호를 내린 인조의 증시교시 등 각종 기록 문서들이 가지런히 진열되어 있다. 《난중일기》와 대장검, 지인들과 주고받은 서간첩, 조정에 올린 장계 등을 모은 《임진장초》도 눈에 들어온다. 명나라 황제에게 받은 선물과 옥로, 요대 등의 유물, 각종 무기와 거북선 모형 등도 볼 수 있다.

이 가운데 가장 내 눈을 사로잡은 것은 이순신이 남긴 불후의 명작 《난중일기》다. 국보 76호로 지정된 《난중일기》는 임진왜란이 일어나기 직전인 1592년 1월부터 노량해전에서 이순신이 전사하기 전인 1598년 11월까지의 기록이다. 모두 7책 205장 분량이고 초

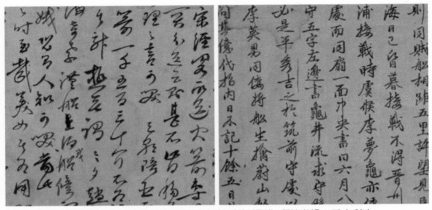
《난중일기》(좌)와 《임진장초》(우). 선명하게 다른 글씨체에서 이순신의 빈틈없는 책임의식을 느낄 수 있다.

서체로 쓰였다. 매일 처리한 공무와 꼼꼼하고 엄격하게 운영했던 진영에 대한 기록은 물론이고 그날그날의 날씨, 격렬했던 전란의 양상까지도 세세하게 기록돼 있다.

그러나 《난중일기》의 진면목은 7년 동안 전란을 치렀던 이순신의 인간적인 고뇌가 가감 없이 드러나 있다는 데 있다. 왜군이라는 외부의 적은 물론이고 임금 선조와 조정의 끊임없는 경계와 의심이라는 내부의 적과도 싸워야 했던 그가 얼마나 심한 마음고생을 했는지 잘 나타나 있다. 전란 기간 내내 그를 괴롭혔던 원균과의 갈등도 적나라하게 드러나 있어 그가 완벽한 인간이 아니라 감정에 휘둘리는 보통의 인간이었음을 보여준다. 뿐만 아니라 이순신은 《난중일기》에서 사랑하는 가족의 이름과 함께 휘하 장수에서부터 병졸들과 하인, 백성들의 이름까지도 언급하고 있다. 나라에 위기가 닥쳤을 때 제 몸을 희생해가며 나라 지키기에 나섰으되 역사에 이름 한 줄 남기지 못한 이들이 이순신의 일기에는 또렷하게 기록된 것이다. 나는 이것이야말로 《난중일기》의 위대함이라고 말하고 싶다.

《난중일기》와 함께 국보 76호로 지정된 《임진장초》는 이순신이 7년 전쟁 동안 쓴 공식 기록 문서다. 당시의 전황이나 수군의 출전 경과, 진중의 경비와 준비 사항 등을 조정에 장계한 내용을 담고 있어 이순신 특유의 전법과 당시 군사제도 등을 연구하는 데 귀중한 자료로 평가받고 있다. 이순신의 친필로 기록된 것은 아니지만 꼼꼼하게 진중을 이끌었던 이순신 특유의 성격을 엿볼 수 있는 자료다.

동행했던 편집부 막내가 《난중일기》와 《임진장초》를 유심히 보더니 불쑥 질문을 던졌다.

"《난중일기》의 장군님 글씨체랑 《임진장초》의 글씨체가 다르네요. 둘 다 장군님이 썼다던데, 왜 저런 거예요?"

그러자 편집장이 냅다 소리를 질렀다.

"《난중일기》는 일기잖아. 그러니까 장군님이 친필로 저렇게 흘려서 바쁘게 썼어. 하지만 《임진장초》는 임금과 조정에게 보내는 공문이야. 그러니까 일부러 아랫사람을 시켜서 반듯반듯 정확하고 깨끗하게 쓰게 한 거야. 본 좀 받아라. 네가 쓴 보고서랑 한번 비교해봐, 응? 보고서란 저렇게 쓰는 거야!"

모두들 한참 웃었다. 하지만 우리는 느낄 수 있었다. 일기와 장계의 글씨체에까지 잘 드러나 있는 그의 빈틈없는 책임 의식을. 이순신은 우리에게 추상적인 삶의 철학을 깨닫게 할 뿐만 아니라 자기에게 주어진 일을 어떻게 처리해야 하는지 구체적인 예를 보여주기도 한다.

석 자 되는 칼에 맹세하니, 대장검

三尺誓天 山河動色
一揮掃蕩 血染山河
석 자 되는 칼로 하늘에 맹세하니 산과 물이 떨고
한번 휘둘러 쓸어버리니 피가 강산을 물들인다

이순신의 여러 유물과 함께 보물 326호로 지정된 두 자루의 장검
에는 이렇게 그의 친필 검명劍銘이 새겨져 있다. 우리나라 환도 유
물로는 유일하게 국가문화재로 지정된 것인데 그 길이가 각각 197
센티미터, 196.8센티미터에 이른다. 검을 만든 이는 대장장이 태귀
련과 이무생이고 제작 시기는 전란이 한창이던 1594년 4월이다.

처음 마주한 이순신의 장검. 검에 새겨진 글귀를 보는 순간 온몸
이 전율해왔다. 임진왜란이 발발한 지 2년 후, 일본군과의 대치로
긴장감이 극도에 다다랐을 때였으니 장검에 새긴 그 다짐이 얼마
나 치열한 것인지 어렵지 않게 짐작할 수 있다.

이순신의 장검이 지닌 역사적 무게와 달리 덕수 이씨 집안에는
의외로 재미난 일화들이 많이 전해온다. 보물로 지정되기 전까지
장검은 집안 대대로 내려오던 가보 중 하나인지라 후손들 누구나
볼 수 있었다고 한다. 특히 결혼해서 온양온천으로 신혼여행을 오
면 장검을 들고서 기념 촬영을 했단다. 예순을 넘긴 분이라면 장검
을 들고 찍은 신혼 때의 사진이 벽에 걸려 있을지도 모르겠다.

이순신의 장검은 아주 귀하게 보관되었다. 특히 칼이 녹슬지 않
도록 잘 관리해왔는데 집안에서 마지막으로 칼을 갈았던 것이

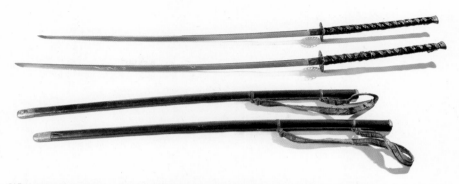

현충사 유물관에 전시된 이순신의 장검. 친필 검명에는 치열했던 7년 전쟁의 중심에 선 한 장수의 결연한 의지가 배어 있다.

1957년 무렵이라고 한다. 국가 보물로 지정되어 현충사 유물관에 들어가기 직전까지다. 특별하게 선정된 두 명의 칼갈이에게 새 옷과 광목 몇 필을 주고 장검을 맡겼다고 한다. 수고비는 쌀 일곱 가마. 칼갈이는 목욕재계를 하고 여색을 멀리하는 등 몸과 마음을 깨끗이 하고 일주일 동안 검을 갈았다. 지금은 현충사에서 장검을 관리하고 있는데 1년에 두 번씩 봄, 가을에 곱돌가루로 칼을 닦고 동백기름을 칠해서 보관한다.

《난중일기》와 장검은 나를 이순신의 세계로 이끌었다. 장검에 새겨진 검명에 떨었고 《난중일기》에 써내려간 글자 하나하나에 감동했다. 무인의 기개와 선비의 학식, 엄격하면서도 속정 깊은 인간적 면모가 한꺼번에 밀려오는 것 같았다. 그러자 이순신이 구릿빛 동상 속의 박제된 영웅이 아니라 자신에게 주어진 조건 앞에서 고뇌하는 인간으로 점차 다가왔다. 피가 돌고 살갗의 온기가 느껴지는 인간 이순신이 조금씩 보이기 시작한 것이다.

젊은 날의 흔적이 밴 곳
옛집

　　　　현충사 본전을 나와서 이순신의 옛집을 찾았다. 이순신의 외가이자 그가 유년기와 청년기를 보낸 곳이다. 부인 방 씨와 혼인한 후에도 이곳에서 살았으며 무과 시험을 준비한 곳도 바로 이곳이다. 이순신이 변방으로 나갔을 때, 또 임진왜란 당시 남해를 지키고 있을 때도 그의 가족들은 이곳에 살았다.

　　이순신은 셋째 아들이다. 하지만 두 형이 모두 일찍 세상을 뜨는 바람에 집안의 실질적인 가장이 되었다. 슬하의 세 아들(회, 열, 면)과 딸뿐만 아니라 형들이 낳은 조카들까지 모두 거두어 키웠다. 《난중일기》를 보면 이순신이 아들과 조카들을 얼마나 아꼈는지 알 수 있다. 여수좌수영에 있을 때나 한산통제영에 있을 때 세 아들과 조카들이 자주 찾아오곤 했는데 이들이 찾아올 때마다 그는 반가운 마음을 감추지 못했다. 그리고 이들을 아산으로 떠나보낼 때는 험한 뱃길에 무슨 일이나 있지 않을까 내내 마음을 졸이곤 했다.

회는 면, 조카 완 등과 함께 아내의 생신 헌수잔을 올리기 위해 떠나
갔다. 정선도 나가고 정사립도 휴가를 얻어가지고 갔다. 늦도록 다락
에 앉아서 아이들이 떠나는 것을 보다가 바람에 상하는 줄도 몰랐다.
《난중일기》, 병신년(1596년) 8월 4일

옛집은 원래 지금과 같은 모습이 아니었다고 전해진다. 무척이나 낡은 기와집이었는데 현충사 성역화 사업과 함께 지금과 같이 산뜻한 모습으로 변모한 것이다. 이 때문에 많은 전문가들이 이 옛집에 '복원'이라는 단어를 사용하길 꺼린다. 성역화 이전에 비해 이후의 집이 훨씬 더 크고 화려하기 때문이다. 이순신의 공적에 걸맞은 집을 지어야 한다는 생각이 이런 뜬금없는 구조의 집을 만들어낸 것이다. 이순신을 제대로 평가하기 위해서는 이러한 허위의식부터 사라져야 하지 않을까 싶다. 이순신의 공덕은 굳이 생가를 화려하게 복원해 장식하지 않아도 충분히 높고 크다.

현충사 옛집은 덕수 이씨 종손들이 대대로 살았던 곳이다. 성역화 사업과 함께 이순신의 후손들도 옛집을 떠나 현충사 바로 옆 일반 주택에서 살게 됐고 옛집은 일반에 공개하는 문화재가 됐다. 하지만 1년에 두 번 이 고택도 일반 가정집처럼 쓰이는데 그날이 바로 이순신의 기일인 음력 11월 19일과 2월 15일 부인 방 씨의 기일이다.

음력 11월 19일이면 이순신의 후손들과 그를 연모하는 이들이

400년 전의 모습보다 더 크고 더 잘 단장된 이순신의 옛집. 음력 11월 19일이면 이곳에서 불천위제례를 올린다.

현충사 옛집에 모여서 불천위제례不遷位祭禮를 올린다. 불천위제례
는 나라에 큰 공이 있거나 학덕이 높은 이에게 영원토록 위패를 옮
기지 않고 대대손손 모시는 것을 나라가 허락한 제사다. 나는 덕수
이씨 집안 어른들의 배려로 두 번이나 제사에 참여했는데 그 서늘
하면서도 푸근했던 느낌을 잊을 수가 없다. 하얀 눈이 내린 옛집 뜰
위로 달빛이 비치던 그날 뒤채 사당의 신주를 모시러 가는 행렬이
낮게 웅얼대던 소리, 제관들의 옷깃 스치는 소리와 오래된 마루의
삐걱거리는 소리가 참으로 선명하게 들려왔다.

음력 11월 19일은 해마다 그렇게 추웠던 걸까? 내가 이순신의 기
일을 챙긴 이후로 춥지 않았던 적이 없었다. 2006년 처음으로 불천

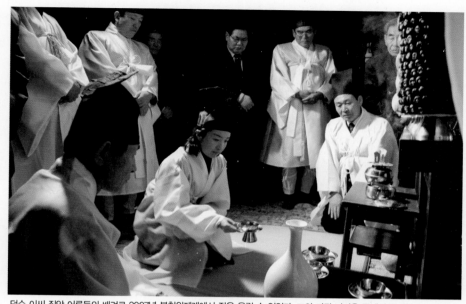

덕수 이씨 집안 어른들의 배려로 2007년 불천위제례에서 잔을 올릴 수 있었다. 그와 가장 가까운 곳에서 독대한 느낌이었다.

위제례에 참석했을 때도 역시 날이 추웠다. 하얀 눈이 수북이 내려 앉았고 모든 것이 꽁꽁 얼어붙었으며 바람도 많이 불었다. 2007년 에는 겨울비가 내렸다. 노량에서 그가 세상을 떠난 날도 그렇게 추 웠을까? 덕수 이씨 집안 어른들 말에 따르면 불천위제례일에는 날 이 항상 궂었다고 한다.

2007년 제례에는 영광스럽게도 이순신을 사모하는 모임인 '충무 공학당'을 대표해서 내가 제관으로 섰다. 남자들이 입는 제관복을 입고 헌작하는 일이 떨리고 낯설었지만 잔을 올리는 내 마음은 그 어느 때보다도 경건했다.

이순신의 불천위제례에는 몇 가지 독특한 특징이 있다. 우선 이

홍동백서에 맞춰 상을 차린 불천위제례의 제사상(좌). 제사가 끝나면 이순신을 존모하는 사람들이 함께 모여 종가네 가주와 장국밥(우)을 음복한다.

순신의 시제는 지내지 않는다. 시제는 사대봉사(고조, 증조, 조부, 아버지의 신주를 모시는 일)가 끝난 후 신주가 없는 조상을 위해 따로 혼을 불러 묘제를 지내지만 불천위는 신주를 옮기지 않는다. 그래서 시향을 지내지 않고 1년에 두 번, 한식과 추석에 산소에서 묘제를 올린다. 또 부부제례를 지내지 않기 때문에 이순신과 방 씨의 제사를 따로 지내는 것도 특이한 점이다.

상차림도 좀 독특하다. 조선의 제례는 중국의 《주자가례》에 따라 제사상을 차리는데 이를 기초로 율곡 이이가 조율이시棗栗梨柿를 상차림의 원칙으로 삼았다. 이때부터 율곡을 받드는 서인들과 여러 양반가에서는 왼쪽부터 대추, 밤, 배, 감의 순서대로 제사상을 차리는 원칙을 고수했다. 하지만 이순신의 집안에서는 조율이시의 원칙을 지키지 않고 홍동백서紅東白西에 맞춰 상을 차렸다. 그러니까 동쪽에는 붉은색의 대추와 감을 놓고 서쪽에는 흰색의 밤과 배를 배치하는 것이다. 이 점에 대해서는 몇 가지 추측이 가능한데 원균의 집안과 다른 방식으로 제를 지내기 위해서라는 설도 있고 덕수 이 씨가 동인이어서 서인과 구분하기 위해 그렇게 한다는 설도 있다. 하지만 제사는 일반적으로 집안 대대로 내려오는 가풍에 따라 지내는 것이기 때문에 덕수 이씨 집안에서도 상차림이 그렇게 된 데 분명한 이유가 있다고 확언할 수는 없다고 말했다.

제사를 마친 후에 음복으로 뜨끈한 국밥과 술을 먹었다. 불천위 제례의 제삿밥은 따뜻한 탕에다 나물과 고기, 밥을 함께 만 것이다. 밥과 탕을 따로 담아내지 않고 한 그릇으로 내놓은 데는 나름의 이유가 있다. 이순신의 제삿날에는 항상 손님이 많았다고 한다. 아산 일대에 사는 사람들이 모두 와서 제사 준비를 돕기도 했고, 일부러 제삿밥 한 그릇 얻어먹기 위해서 온 이들도 많았다. 이렇게 모인 사람이 족히 몇백 명은 됐다는데 그 많은 이들을 다 먹이려면 음식을 한 그릇에 담을 수밖에 없다는 것이다. 이것이 바로 TV에도 소개된 적이 있는 '충무공 종가 장국밥'이다. 제사가 끝난 후에 설거지까지 모두 마치고 나면 수탉이 길게 우는 소리가 들려왔을 정도라고 한다.

국밥에 곁들여지는 반주는 집안 대대로 전해오는 가주家酒다. 이 술은 제사상에도 오르고 4월 28일 탄신제에도 쓰인다. 맛이 너무 좋아서 술을 한 번 맛본 이들은 그 맛을 절대 잊지 못한다. 내가 처음 이 술을 맛본 건 2006년 현충사에서 열린 탄신다례제에서였다. 다례제가 끝난 후 덕수 이씨 집안 어른들과 함께 점심을 먹는 자리에서 이 술을 받아 마셨다. 이순신이 마셨던 술이라고 해서 그랬을까? 진한 술 향기가 주변에 가득한 것 같았다. 박 대통령도 이 술을 무척이나 즐겼다고 한다. 술을 좋아하기도 했지만 이순신에 대한 애정이 남달랐으니 그 역시 술 향기에 흠뻑 취했을 것이다. 어느 해 탄신다례제 때 이 술을 처음 맛본 박 대통령은 그 맛에 반해 한자리에 앉아 스무 잔 이상을 연거푸 마셨다고 한다. 화장실에 가지 않았다면 그보다 더 마셨을지도 모른다고 이순신의 후손 한 분이 살짝 귀띔을 해주었다.

곡주에 입맛이 다셔진다면 옛집 앞 우물물을 놓치지 않길 바란다. 이순신이 살 때부터 있었다는 이 우물은 충무정이라고 부르는데 지금도 물맛이 괜찮다. 거대한 현충사를 둘러보다가 지쳤다면 충무정의 물로 목을 축여보는 건 어떨까?

세상을 향해 쏘다, 현충사 활터

옛집 대문 앞에 들어서면 우뚝 선 은행나무가 한눈에 들어온다. 옛집을 다녀온 이들이라면 이 은행나무를 잊지 못할 것이다. 이순신 살아생전에 심었던 은행나무라고 하니 그 수령이 400년은 족히 넘었을 것이다. 이순신은 이 은행나무가 서 있는 언덕에서 활을 쏘고 무예를 연마했다. 지금도 이곳에는 활터의 흔적이 남아 있는데 스물여덟 늦은 나이로 무과 시험을 보기까지 그는 이곳에서 시험 준비를 했다고 한다.

은행나무 아래에 서서 멀리 과녁을 바라보았다. 저 과녁을 향해 시위를 겨누며 그는 무엇을 생각했을까? 힘겨웠던 유년의 기억을 날려보내고 젊은 날의 꿈을 펼쳐나갈 미래를 그려보았을까? 세상을 바로

이순신이 무과 시험을 준비했던 활터 앞에 서서 나는 내 젊은 날의 꿈은 무엇이었던가를 회상해보았다. 시위를 겨누며 그는 무슨 생각을 했을까.

세워보자는 원대한 꿈을 가슴에 품었을까? 이순신에게 활쏘기는 무예 연마나 입신을 위한 수단 그 이상의 것이었던 것 같다. 마음을 다스려 고통을 안으로 삭이고 어떤 상황 속에서도 냉정하고 정확한 판단을 내릴 수 있도록 스스로를 연마하는 과정, 전란이 한창일 때 그가 거의 매일 활을 쏘았던 것도 바로 이런 이유 때문이었을 것이다.

이순신은 활쏘기를 무척 즐겼고 실제로도 활을 무척 잘 쏘았다고 한다. 그의 활 쏘는 능력에 대해 후세 사람들 사이에서 왈가왈부 이야기가 많지만 어쨌든 이순신이 활을 자주 쏘았고 좋아했던 것만은 분명하다. 《난중일기》를 보면 활을 쏘았다는 기록이 자주 등장한다. 업무를 마친 후에도 쏘았고 훈련을 위해 활을 들기도 했다.

혼자서도 쏘았고 부하들과 함께 쏘기도 했고 시합을 즐기기도 했다. 활쏘기 연습도 연습이지만 심신을 다지는 데 고도의 집중력이 요구되는 활쏘기만 한 것이 없었을 것이다.

가을이 되면 아산시에서 현충사로 가는 비법정도로(구지방도 624호선)는 노랗게 물든 은행나무로 장관을 이룬다. 이순신을 만나러 가는 이들의 마음을 절로 설레게 하는 아름다운 풍경이다. 현충사의 활엽수들도 울긋불긋 단풍이 들어 화려한 자태를 뽐낸다. 그런데 유독 활터의 은행나무만큼은 벌써 잎이 지기 시작한다. 오래된 고목이어서일까? 활터의 은행나무는 다른 은행나무보다 조금 일찍 물들고 먼저 저버린다. 덕분에 가을이 절정일 때 활터 은행나무 아래 서면 묘한 감상에 젖게 된다. 사방은 단풍이 불붙은 듯 화려한데 활터에는 노란 은행잎이 눈처럼 떨어지고 있어서 돌아가는 발길이 쉽게 떨어지지 않는다. 그래서 하릴없이 은행나무 아래서 오래도록 서성이게 된다.

이순신에 대한 새로운 기록

이순신세가

2007년 봄, 벚꽃이 질 무렵 다시 아산을 찾
았다. 덕수 이씨 대종회 청년회 간사인 이천용 씨의 소개로 이종국
어르신을 만나러 가는 길이었다. 이종국 어르신은 이순신의 후손
으로 《이순신세가》라는 책을 갖고 있었다. 이천용 씨가 친절하게
도 그 책을 함께 보러 가자고 제안했던 것이다. 고맙고 반가운 마음
에 바로 고속철도에 몸을 싣고 아산으로 향했다.

이천용 씨는 이순신을 존모하는 누리꾼들의 모임인 충무공학당
을 통해서 알게 됐는데 서로 통하는 것이 많아서 가끔 전생에 남매
나 친구가 아니었을까 우스갯소리를 하곤 한다. 그는 내가 혼자서
이순신 답사를 위해 남해 곳곳을 헤매고 다니는 것을 알고는 아무
런 조건 없이 답사를 도와주곤 했다. 아마도 동병상련의 심정 때문

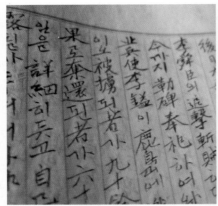

이종국 어르신이 소장하고 있는 《이순신세가》. 만약 이 책이 탈초된다면, 며칠 밤을 새워 읽어도 피곤하지 않을 것 같다.

이었을 것이다. 그 역시 수년 전부터 혼자서 전국 곳곳을 다니며 조상의 유적을 답사하고 있었으니 말이다. 나야 이순신의 흔적만 따라가면 되지만 이천용 씨는 덕수 이씨 집안의 조상 모두의 유적을 답사하고 있었다. 그러니 경험이나 지식, 노하우에 있어서 나보다 한참 선배라 할 것이다. 이런 이천용 씨 덕분에 이번에도 만나기 힘든 분을 만나 이순신에 관한 귀한 말씀까지 들었다.

이종국 어르신이 소장하고 있는 《이순신세가》는 이순신 집안에 대해 쓴 책으로 지은이가 김기환이다. 모두 여섯 권으로 구성돼 있고 구한말에 쓴 것으로 보인다. 한글과 한문을 혼용해서 썼고 개화기 이후에나 등장했을 붉은 줄이 그어진 종이를 사용했기 때문에 시대를 대충 그 즈음으로 추정해보는 것이다. 이 책은 기존의 이순신 관련 기록에서는 볼 수 없었던 특이한 내용을 담고 있다. 특히 우리에게 잘 알려지지 않은 이순신의 어린 시절과 청소년기, 《난중일기》에 누락된 투옥 기간 중의 일들이 상세하게 나온다.

우선 이순신의 호. 어린 시절 서울에 살 때는 기계器溪라고 불렀고 아산으로 낙향해서는 백암白巖이라 불렀다고 한다. 백암은 현재 아산 옛집의 동네 이름이기도 하다. 소설《임진왜란》을 쓴 김성한이 이순신에게 덕곡德谷이라는 호가 있다고 한 적은 있었지만 기계나 백암이라는 호는 처음 들어본다.《이충무공전서》에도 이순신의 호에 대한 언급은 없다. 흥미로운 내용이다.

이순신이 열너덧 살 무렵에 개인 글방을 열어서《자치통감》을 가르쳤다는 일화도 재미있다. 하루는 당시 영의정이었던 이준경이 이 글방을 지나다가 어린 이순신이 〈여후〉 편을 가르치는 것을 듣게 됐다. 이 일은 훗날 이순신의 혼사에 중요한 계기가 된다. 이준경이 사윗감을 찾던 보성군수 방진에게 이 이야기를 들려주면서 이순신을 소개해준 것이다.

열아홉이 되던 해에 금강산으로 공부를 하러 갔다는 전설 같은 이야기도 실려 있다. 이때 홍연해와 선거이도 함께 했는데 금강산에서 도인을 만나 '문文을 놓고 무武를 배우라' 는 말을 들었다고 한다. 이때 도인은 이순신을 가리켜 '하괴성河魁星 정기를 온몸에 받고 태어났다', 즉 지도자가 될 재목이라고 했다는데 이것은 정조가 이순신의 공덕을 기려 친히 비명을 쓴 어제신도비에도 나오는 말이다. 뿐만 아니라 도인은 병서까지 주며 무장의 길로 갈 것을 당부했다고 한다. 정말 그랬을까 싶기도 하지만 어쨌든 재미있는 일화다.

이순신이 열아홉 살 때부터 선거이와 알고 지냈다는 내용에도 눈길이 간다. 선거이는 녹둔도에서 이순신을 만나 함께 근무했고 임진왜란 때는 권율 휘하에서 큰 공을 세웠으며 이순신의 수군함대에 종군해 왜군에 맞서 싸우기도 했던 장수다. 그런 선거이를 열아홉 살에 만났다니 이순신과 선거이의 인연이 보통은 아닌 듯하다. 젊은 날 금강산에서 동문수학하고 초급 장교 시절에는 북방에서 함께 여진족을 물리쳤으며 임진왜란 중에는 남해에서 함께 나라를 구했으니 말이다. 이렇듯 각별한 인연 때문일까?《난중일기》에는 이순신이 선거이와 헤어질 때의 아쉬운 마음을 읊은 시가 실려 있다.

북쪽에 갔을 때도 고락을 같이하고
남쪽에 와서도 생사를 같이하는구나
오늘 밤 이 달빛 아래 한 잔 술을 나누고 나면
내일은 우리 이별을 아쉬워하겠구나

《난중일기》, 을미년(1595년) 9월 14일

《이순신세가》에는 거북선에 대한 재미있는 뒷이야기도 있다. 이순신이 처음 거북선을 만들기로 결정했을 때 거의 모든 부하들이 이를 반대했다. 이순신의 부관 김운규도 좌수사가 철없이 우스꽝스러운 짓을 한다고 비판했다. 다만 이순신을 가장 가까이에서 모신 송희립과 녹도만호 정운이 그를 지지했다. 드라마에서는 정운이 원균의 사람으로 사사건건 이순신과 맞서는 것으로 표현됐는데 이것은 한참 잘못된 것이다. 정운은 이순신을 가장 잘 따랐던 장수였다. 이순신 역시 정운을 가장 믿고 의지했으며 이러한 믿음에 보답이라도 하듯 정운은 가장 용감하게 앞장서 싸우다가 부산해전에서 전사했다.

거북선 진수식에 대해서도 자세히 묘사하고 있다. 진수식을 구경하기 위해 사람들이 구름처럼 모여들었고 장수들은 군복과 무기를 갖추고 참석했다. 거북선 머리 안에 불을 놓아 독한 연기를 뿜게 하자 구경꾼들이 모두 경탄했다. 또 거북선은 철갑선의 원조이며 머리는 거북이 아닌 용의 머리이고 배의 길이가 열두 척, 넓이가 세 척에 이르렀다고 한다. 당시 상황을 직접 보고 쓴 것이 아닐 테니 이 책에 나와 있는 내용을 모두 믿기는 어렵다. 거북선이 철갑선이냐 아니냐는 아직도 논란 중이고 최초라는 것 또한 단정할 수 없다. 그리고 도편수가 나대용이 아닌 한대선이라 적고 있는 것도 썩 미덥지 못하다.

그래도 이 책은 흥미롭다. 사람들이 궁금해하는 것들에 대해서 꽤 진지하게 서술하고 있기 때문이다. 나는 특히 이순신이 삭탈관직을 당하고 한양으로 이송된 이후 투옥 기간 중에 무슨 일이 있었을까 가장 궁금했다. 《이순신세가》에는 이순신이 국청에 나와 심문과 고문을 당한 일을 제법 상세히 기록하고 있다.

이순신이 투옥된 것은 대한해협을 건너 조선을 재침하려는 가토 기요마사加藤淸正를 공격하라는 선조의 명령을 받들지 않았기 때문이다. 일본군의 계략이기 때문에 섣불리 조선 수군이 나섰다가는 큰 타격을 입는다는 것이 이순신의 주장이었다. 이에 선조는 이순신이 적장의 뇌물을 받고 적을 잡지 않았다면서 그를 체포해 한양으로 이송하라고 명했다. 물론 선조와 조정 대신들은 일본군이 퍼뜨린 거짓 정보에 속은 것이었다.

그렇게 해서 국청에 서게 된 이순신. 그를 국문한 인물은 윤근수였으며 국문은 모두 세 번에 걸쳐 행해졌다. 첫날 국문에서 이순신은 "지금까지 적을 무찌르지 못한 것은 만 번 죽어 마땅한 죄지만 적에게 뇌물을 받은 일은 없다"고 말했다. 이순신의 당당한 모습에 윤근수는 그를 두려워하게 됐고 국문은 제대로 진행되지 않았다. 그러자 조정 대신들은 고문을 해서라도 이순신에게 죄를 실토케 하라고 윤근수를 압박했다. 그래서 둘째 날에는 고문하는 형구를 진열해놓고 국문을 시작했다. 그러나 이날도 별 실효를 거두지 못했다. 이순신은 상황 이해가 필요한 부분에 대해서는 당당한 태도로 답을 했지만 그를 모함하는 비루한 소문에는 아예 입을 다물었다. 세 번째 국문을 하던 날, 이날은 모진 고문이 이어졌다. 윤근수는 이순신의 주리를 틀었고, 살이 터지고 피가 흘러서 정강이뼈가 허옇게 드러났다. 그러나 이순신은 안색조차 변하지 않았다. 윤근수는 "참 독한 놈이다. 다리가 부러지고도 과거를 본 자가 아닌가" 하면서 고문을 파했다. 형틀에서 끌어내리자 혼절하고 만 이순신. 그때 그의 나이 53세, 6년을 전장에서 보낸 탓에 쇠약해질 대로 쇠약해진 상태였다.

《이순신세가》에 묘사된 이순신의 국문은 마치 영화나 드라마의 한 장면을 보는 것 같다. 이쯤 되면 너무나도 억울한 마음에 임금과 세상을 향해 욕이라도 한마디 뱉을 법한데 그런 기록은 없다. 《난중일기》에도 원균을 못마땅하게 여기는 글은 많이 있지만 임금을 원망하는 글귀는 찾아볼 수 없다. 선조를 좋아해서라기보다는 그렇게 해서는 안 된다는 생각이 더 강했기 때문이리라.

그 외에도 《이순신세가》에는 이순신이 류성룡을 처음 만난 것은 어린 시절 한양에서가 아니라 청년기에 한강나루터에서였다는 이야기와 꿈을 통해 일본의 침략을 짐작한 이야기가 나온다. 또한 원균이 칠천량에서 패망하고 도망치던 모습도 상세하게 기술돼 있다. 아마 이 책이 요즘 글로 다시 쓰인다면 상당히 큰 반향을 불러일으킬지도 모르겠다. 몇몇 부분에서는 실록에 접근할 수 있는 사람이 아니면 쓸 수 없다는 생각이 들 정도로 알려지지 않은 이야기가 상세히 실려 있기 때문이다. 나로서는 이순신의 흔적을 하나 더 보는 것만으로도 너무나 기쁜 일이었기에 《이순신세가》를 앞에 두고 한동안 아무 말도 할 수 없었다.

이순신의 묘 앞에서

이종국 어르신은 내친 김에 이순신의 옛 묘소가 있던 곳도 안내해주었다. 이순신은 1598년 11월 19일 노량해전에서 숨을 거뒀다. 전사한 유해는 남해 충렬사 뒤편으로 옮겼다가 당시 삼도수군통제영이 있던 고금도에 모셨고 이듬해 1599년에 고향 아산으로 운구되는데 이때가 2월 11일이었다. 그리고 그로부터 16년이 지난 1614년에 현재 묘소가 있는 어라산으로 이장됐다.

이종국 어르신은 이순신의 유해가 아산으로 들어왔을 때의 상황을 상세히 설명하면서 장사를 치른 위치를 소상히 알려주었다. 장사를 치른 곳에는 '위충암'이라는 작은 바위 하나가 서 있었다. 당시 아산 지역의 선비들이 그의 죽음을 애통해하며 이 비석을 세웠다고 한다. 논밭이 구불구불 이어지는 길 한쪽에 외롭게 서 있는 비석에는 세월의 무심함이 묻어 있는 것 같았다. 비석은 낡았고 새겨진 글씨는 잘 보이지 않지만 그때 이 돌을 세우던 사람들은 무척이나 애통해했을 것이다. 이순신을 가장 가까운 곳에서 지켜봤던 조카 이분이 쓴 《이충무공행록》에 당시의 모습이 자세히 기록돼 있다.

> 영구는 고금도에서 떠나 아산으로 돌아왔다. 연로의 백성들은 남녀 노소 할 것 없이 통곡하며 뒤를 따랐다. 선비들은 제물을 차리고 제문을 지어 곡하며 마치 친척의 죽음을 슬퍼하듯 했다.
>
> 《이충무공행록》

위충암을 지나 음봉면 금성산으로 향했다. 바로 이순신의 옛 묘소가 있던 곳이다. 어라산으로 이장한 후에는 이순신 손자의 묘를 이곳에 썼다고 한다. 옛 묘소는 명당이었다. 풍수지리에 능했던 명나라 무장 두사충이 잡아준 묘터라고 하니 그럴 법하다. 두사충은 명나라 사람이다. 임진왜란의 원군으로 제독 이여송, 도독 진린과 함께 조선으로 건너왔다가 귀화하여 아예 눌러앉은 인물이다. 두사충은 전란 중에 이순신과 끈끈한 관계를 유지했다. 크고 작은 해전에서 함께 싸웠고 최후의 전투 노량해전에도 함께 나갔다. 이순신은 두사충에게 〈봉정두복야〉라는 시를 써서 자신의 마음을 표현하기도 했다.

> 북으로 가서는 고락을 함께 하고 동으로 와서는 생사를 함께 하네
> 성 남쪽 타향의 달빛 아래 오늘 한 잔 술로써 정을 나누세

두사충이 조선으로 귀화한 후 정착했던 대구에는 모명제慕明齊라고 불리는 두사충의 사당이 있다. 이곳 사당 기둥에 이 시가 걸려

있고 마당에는 이순신의 7대손이자 삼도수군통제사를 역임한 이 인수가 지은 신도비가 서 있다. 이 정도로 가까운 사이였으니 풍수 지리에 능했던 두사충이 이순신의 묘터를 잡아준 것은 자연스러운 일이었을 것이다.

이종국 어르신은 묘소를 둘러보면서 주변의 땅을 하나하나 손으 로 가리키며 설명했다. 옛 묘소 일대 3만 평은 이순신의 어머니인 변 씨의 땅이고 현충사 주변은 부인 방 씨의 땅이었다고 한다. 그리 고 아산 일대에는 이순신의 외사촌도 살았다고 한다. 이래저래 아 산은 이순신에게 고향이며 피붙이들의 땅이었던 것이다.

어라산에 위치한 지금의 묘소 역시 1960년대 성역화 작업을 통 해서 말끔하게 단장됐다. 묘소 입구에는 신도비가 세워져 있는데 이순신의 외손자 홍우기가 효종에게 청해서 만든 것이다. 비문은 당시 영의정이었던 김육이 지었고 글씨는 오준이 썼다. 하지만 이 비가 이곳에 세워진 것은 1693년(숙종 19), 꽤 많은 시간이 흐른 뒤 였다.

숨을 거둔 지 십수 년이 지난 후에야 묘가 만들어진 것을 두고 이 순신의 최후에 대해 이견이 분분하다. 노량해전 중에 유탄을 맞고 세상을 떠난 것이 정설이지만 어떤 이는 자살설을 제기하기도 하 고 또 어떤 이는 은둔설을 말하기도 한다. 그러나 선조와의 껄끄러 운 관계 때문에 자살했다는 이야기, 총에 맞은 척하고는 야음을 틈 타 도주해서 다른 곳에 숨어 살았다는 이야기 등은 모두 황당하다 는 것이 내 생각이다. 자살설과 은둔설을 주장하는 사람들이 나름 대로 여러 가지 사료와 정황들을 증거로 제시하고 있지만 대부분 믿을 만하지 못한 자료들이다. 이순신의 성품과 평소 언행을 생각

어라산에 있는 이순신의 묘소. 이곳에 이순신이 잠들기까지 참으로 많은 시간이 흘렀고 많은 사연이 있었다. 어머니의 품 같은 땅, 아산에 묻혔으니 그의 마음도 조금은 평온해졌을까. 묘 앞에 서니 복잡했던 내 마음도 조용히 가라앉았다.

해봐도 자살이나 은둔은 쉽게 납득할 수 없는 설이다. 이순신은 단한 번도 자신에게 닥친 시련과 고난을 비켜간 적이 없었다. 언제나원칙과 신념에 따라 정면으로 승부하고 돌파하려 했다. 그는 전쟁이 끝난 후의 상황에 대한 대비책을 마련해놓을 정도로 자신의 안위를 돌보는 인물이 아니었다. 만약 그랬다면 삭탈관직에 백의종군의 불명예를 묵묵히 받아들였겠는가? 그때 이미 도망치거나 죽을 수 있었는데 말이다.

묘소 참배를 마치고 내려오는 길에 정조가 이순신을 위해 지었다는 글이 새겨진 어제비를 보았다. 정조는 이순신에 대한 존경과사랑이 유난했던 군주다. 이순신의 모든 것을 집대성했다는 《이충무공전서》가 정조의 명에 의해 간행됐을 정도니 이순신에 대한 정조의 존모는 참으로 대단했던 것 같다. 정조는 그에게서 무엇을 배우고 싶었을까? 아마 이순신의 경영법과 애민정신, 그리고 무인으로서의 기개가 아니었을까.

정조는 조선의 어느 왕보다도 무에 관심이 많았고 그 역시 활쏘기와 병법에 능했다고 한다. 또 정조가 직계 친위부대로 신설한 장용영은 뛰어난 무인들을 발굴하고 키우던 곳이었다. 정조 말기에는 그 규모가 만 명이 넘었다고 하는데 특이한 것은 무예에 출중한 이라면 계급에 상관없이 등용했다는 것이다. 이순신 역시 병영을 운영할 때 계급이나 지위, 신분보다는 능력을 우선해서 인사를 펴곤 했다. 그 때문에 조정과 끊임없이 충돌했지만 이순신은 개의치 않았다. 이순신의 실용적이고 파격적인 인사법은 정조의 그것과 무척 비슷하다. 정조 외에도 많은 이가 이순신의 경영법을 배우려고 한다. 그러나 무엇보다 중요한 것은 이순신의 정신을 말로만 읊는 것이 아니라 직접 실천하는 것이다. 정조는 그것을 실행에 옮겼고 그래서 오늘날 조선시대 최후의 개혁군주로 추앙받고 있는 것이다.

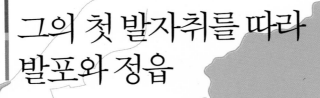

그의 첫 발자취를 따라
발포와 정읍

다도해의 아름다운 풍경이 펼쳐지는 고흥반도의 끝 발포는
이순신이 바다와 처음으로 인연을 맺은 곳이다.
초급 장교 시절, 남해 변방을 지키는 장수로 고흥반도에 도착했을 때
이순신은 무슨 생각을 했을까?
또 고을 원님으로서 그의 일생 중 가장 평온한 공직 생활을 했다는
전북 정읍에서는 어땠을까? 임진왜란이 일어나기 전의 이순신,
그의 발자취를 따라 전남 발포와 전북 정읍으로 가본다.

고흥 반도의 끝, 발포 앞바다

바다와 처음 인연을 맺은 곳
발포

　　11월의 아침, 전라남도 순천을 거쳐 고흥
반도로 들어설 때 천지에는 가을빛이 가득했다. 도시에서 멀어질
수록 산과 들과 바다는 더욱 선명하게 자기 빛을 드러내며 한반도
의 가을을 축복하고 있었다. 이순신의 발자취를 하나하나 더듬어
가다 보면 우리 땅의 가장 아름다운 면만 들여다보는 것 같다. 대부
분 혼자서 답사를 떠났기 때문에 정말 좋은 것을 나 혼자만 엿보는
기분이 들었다.

　이순신도 고흥 지방의 경치에 크게 감탄했다. 임진왜란이 일어
나기 직전, 매일같이 전선을 점검하고 병사들을 훈련시키며 전략
수립에 여념이 없는 가운데서도 고흥반도에 소리 없이 내린 찬란
한 봄빛에 놀라 일기에 이런 글을 썼다.

맑다. 아침에 전반적인 방어 상태와 전선을 검열했다. 모두 새로 만들었고 무기 역시 어느 정도 완비되어 있었다. 늦게 출발하여 영주(홍양, 지금의 고흥반도)에 이르니 좌우에 핀 산꽃과 교외의 봄풀이 그림 같았다. 옛날에 영주(瀛洲, 삼신산의 하나)가 있다더니 이 같은 경치가 아닌가 싶다.

《난중일기》, 임진년(1592년) 2월 20일

이순신의 숨소리가 들릴 듯한 남해안은 내 인생의 새로운 발견이라고 해도 과언이 아니다. 동해안에 7번 국도가 있다면 남해안에는 77번 국도가 있다. 세계 어디에서도 찾아보기 힘든 구불구불한 리아스식 해안을 따라 이어지는 77번 국도는 남해에서 가장 아름다운 풍광을 볼 수 있는 곳일 뿐만 아니라 이순신의 발자취를 따라가는 길이기도 하다. 발포로 가는 길에서도 나는 어김없이 77번 국도를 만났다. 고흥반도의 수려한 경치가 펼쳐지는 이 길을 따라 나는 이순신이 처음 바다와 인연을 맺은 곳을 향해 갔다.

전남 고흥군 도화면 발포리. 지도를 펴고 고흥반도의 77번 국도를 따라 남으로 훑어 내려가면 반도의 가장 끝 부분에 위치한 발포 마을이 보인다. 다도해 해상국립공원에 속한 곳이니 이곳 바다가 얼마나 아름다운지는 어렵지 않게 짐작할 수 있을 것이다. 발포는 이순신의 생애에서 특별한 의미를 지닌 곳이다. 그가 수군 장교로서 처음으로 바다와 대면한 곳이기 때문이다.

잘 알려져 있다시피 이순신은 무척 늦은 나이에 무과에 급제했다. 첫 무과에 응시한 것이 28세. 하지만 시험 도중 말에서 떨어지면서 부상을 당해 낙방했다. 교과서에 나오는 '말에서 떨어진 청년 이순신'이 바로 이 시험을 볼 때의 이야기다. 다시 시험을 보게 된 것이 4년 후, 서른둘의 나이로 무과에 급제했는데 장원도 아닌 병과 4등이었다. 스물여덟 명 중 중간 정도 한 셈이니 그리 뛰어난 성적은 아니었다. 평화 시기라면 이 정도 성적으로는 관직을 제수받지 못했을 수도 있다. 하지만 선조 대에는 국경이 늘 시끄러웠다. 북으로는 여진족의 침입이 잦았고 남쪽 바다에는 왜구들이 자주 출몰했다. 자연히 무관이 많이 필요했을 것이다. 이순신은 급제 10개월 만에 함경도 변경에서 첫 근무를 시작했다. 초급 장교치고는 나이가 많았으나 그는 묵묵히 자기 소임에 충실했다. 하지만 원칙에 충실하고 타협을 몰랐기에 늘 변방으로 돌았고 그렇지 않으면 훈련원의 하급 장교가 고작이었다.

그러다 이순신은 1580년 처음으로 남쪽 바다를 지키는 수군만호직을 제수받는다. 근무지인 발포는 전라좌수영에 속한 곳으로 성종 때 만든 발포 진성이 있을 만큼 중요한 수군기지로 꼽히는 지역이다. 발포 진성은 지금도 그 일부가 남아 있다. 성벽이 마을 한쪽을 따라 길게 이어져 있고 그 성벽 바로 옆에 이순신을 기리는 사당 충무사가 있다. 충무사는 고흥 군민이 주축이 돼 1980년에 세웠는데 발포 마을의 규모에 비한다면 상당히 큰 사당이라 할 수 있다. 충무사는 마을 뒤쪽 성벽 위 산 중턱에 위치하고 있어서 이곳에 서면 발포 앞바다가 훤히 내려다보인다.

발포리는 아주 작은 마을이다. 고흥반도에서 가장 높다는 팔영산을 지나 77번 국도를 타고 발포리까지 해안을 따라 내려가다 보면 감탄할 만한 풍경들이 자주 펼쳐진다. 소박하고 정겨운 남해안의 마을들이 여행자의 마음을 끈다. 포구 앞 마을의 중심에는 으레

발포 마을의 중심을 지키고 서 있는 노거수 앞에는 비록 짧은 기간이나마 이곳에 머물렀던 이순신을 기리는 비석이 서 있다.

그렇듯 노거수가 서 있다. 이 나무 아래에 '이충무공 머무시던 곳'이라는 비석이 세워져 있다. 시조 시인 이은상의 글이 새겨져 있는데 관리를 그다지 잘 하는 것 같지는 않았다. 그래도 이곳에 이순신이 머물렀던 곳이라는 흔적이 있다는 게 얼마나 고마웠는지 모른다. 발포는 나에게 너무나 낯선 곳이었기에 이런 표식조차 없었다면 과연 여기가 발포만호의 근무지였는지 알 길이 없었을 것이다.

　이순신이 발포에 머문 것은 겨우 1년 8개월. 불명예스럽게도 파직으로 인해 짧은 수군만호 시절을 마감했다. 이유는 무기 관리 소홀이었다. 1582년 1월에 한양에서 내려온 군기경차관(부대의 훈련 상태와 무기 및 보급품의 관리, 보존 상태를 살피는 최고의 검열관) 서익이 무기를 제대로 관리하지 못했다고 트집을 잡아 그를 파직시킨 것이다. 하지만 진짜 이유는 다른 데 있었던 것 같다. 서익은 이순신이 훈련원에서 종8품 봉사로 재직할 당시 그의 상관이었다. 서익은 이순신에게 자신과 친분이 있는 사람을 진급시키라고 압력을 가했다. 인사서류를 잘 꾸며달라는 청탁이었다. 하지만 이순신은 부당한 요구에 응할 수 없다고 거절했고 이 때문에 서익은 이순신에 대해 나쁜 감정을 품게 됐다. 서익에게 발포진의 무기 검열은 하나의 기회였을 것이다. 이순신은 최선을 다해 검열을 받았지만 서익은 실제와는 다른 보고서를 조정에 올렸고 결국 이순신은 파면되고 말았다.

수군만호를 그만두게 된 연유도 기막히지만 이 외에도 1년 8개월의 짧은 재직 기간 중에 별의별 일이 다 있었던 것 같다. 가장 널리 알려진 일화는 오동나무 사건이다. 그의 직속상관인 전라좌수사 성박이 어느 날 심부름꾼을 시켜 이순신에게 객사 뜰에 있는 오동나무를 베어 보내라는 명령을 내렸다. 거문고를 만들기 위해서였다. 하지만 이순신은 다음과 같은 말과 함께 심부름꾼을 돌려보냈다.

이 오동나무는 나라의 땅 위에 있으니 나라의 물건입니다. 이것은 여러 해 동안 길러온 것이니 하루아침에 사사로이 베어버릴 수 없습니다.

《이충무공행록》

좌수사는 크게 화를 냈을 것이다. 이 때문인지 후임 전라좌수사도 이순신을 끊임없이 경계했고 인사고과를 나쁘게 주려고 이런저런 묘수를 짜냈다고 한다. 하지만 그때마다 이순신은 원칙에 따라 정면으로 돌파해갔다. 그에게는 돌아가는 길이란 없었다. 오직 원칙을 따를 뿐이었다.

이러한 이순신의 소신은 이미 널리 알려져 있었다. 전라좌수영뿐만 아니라 한양에서도 알 만한 사람은 다 알았다고 한다. 병조좌랑 서익의 청탁을 거절한 이후 이순신의 사람됨이 마음에 들었던 병조판서 김귀영은 자신의 서녀를 소실로 주려 했다. 하지만 이순신은 이마저도 거절했다. "벼슬길에 갓 나온 내가 어찌 권세 있는 집에 발을 디뎌놓고 출세하기를 도모하겠느냐"는 말로 김귀영의 제안을 일축했다. 중앙 정계는 이순신이 머물기에 너무나도 복잡한 이해관계로 얽혀 있었고 권모술수가 난무했다. 동인과 서인으로 나뉘어 당파에 따라 죽고 사는 조정은 이순신과 애당초 어울리지 않는 곳이었는지도 모른다. 그의 친척인 이조판서 이이와의 만남조차 거절했던 사람이 아니던가.

나는 발포를 떠올릴 때마다 오동나무를 생각한다. 초임 관원 시절부터 수군 최고의 자리에 오를 때까지 공사 구분의 원칙을 지키려 한 인간 이순신의 한결같음이 이 나무에 깃든 것처럼 느껴지기 때문이다. 발포에서 행여나 그 오동나무를 볼 수 있을까, 조심스레 기대했다. 하지만 그 흔적은 어디에서도 찾아볼 수 없었다. 군사요충지 고흥반도를 굳건하게 지켜주던 성은 허물어지고 객사도 보이지 않았다. 오직 젊은 날의 이순신을 그리워하는 마음만이 남아 있을 뿐.

포구에 앉아서 바다를 바라보았다. 빗방울이 드문드문 떨어져 바다 위에 물그림자가 비쳤다. 서른여섯, 젊은 날의 이순신은 이 바다를 바라보면서 무슨 생각을 했을까? 세상과 타협하지 않음으로써 더욱 고단해진 현실 앞에서 좌절감을 느끼진 않았을까? 불안하지는 않았을까? 그도 인간인데 질고 험한 길보다는 좀 더 마르고 편한 길을 선택하고 싶지 않았을까? 더러 그런 순간이 있었을 것이다. 하지만 그때마다 스스로를 다독이거나 채찍질했을 것이다. 아닌 길은 가지 말아야 한다고. 나도 그렇게 스스로를 다독여본다. 쉽지는 않지만 가끔씩 나에게 냉정해지려고 한다. 원칙과 소신을 갖고 살아가려고 애써도 남루하기 짝이 없는 우리의 삶, 거기서 한 발짝 더 물러선다면 우리의 삶은 얼마나 우스워질까? 그래서 주저앉고 싶을 때마다, 쉽고 빠른 길로 달려가고 싶을 때마다 이순신을 생각한다. 30대의 그가 바라보았던 발포 앞바다를 떠올리면서.

발포 충무사 전경

가장 평온했던 시절
정읍

봄은 언제나 더디게 왔다. 겨울은 늘 추웠고 그래서 길게 느껴졌다. 힘든 시간이 많았던 해일수록 겨울은 길기만 했고 그래서 더욱 간절히 봄을 기다렸다. 첫사랑을 떠나보냈던 20대의 어느 해도, 첫 직장을 그만두고 고향으로 돌아왔던 그해도, IMF로 일거리가 다 떨어져나갔던 해도, 아버지가 돌아가시고 친구가 세상을 떠났던 해도 겨울은 길었고 봄은 더디게 왔다. 하지만 간절함 속에서 맞이한 봄은 언제나 눈부셨다.

2007년 봄, 정읍 시청 옆 충무공원에서 만난 매화는 그런 봄의 기억을 일깨워주었다. 수줍게 꽃망울을 터뜨린 백매화와 홍매화를 보니 마치 봄이 내게 인사를 하는 것 같았다. 긴 겨울이 마침내 끝났노라고, 이제는 마음껏 봄을 노래해도 좋다고 속삭이는 것 같았다. 그때 어디선가 높은 목소리로 일제히 재잘대는 소리가 들려왔다. 충무공원 맞은편 정읍여중에서 쏟아져 나온 여학생들이었다. 이른 봄 햇살 아래에서 단발머리를 찰랑거리며 은방울꽃 같은 웃음을 터뜨리는 소녀들. 봄은 정말 눈부신 계절이다.

눈부시게 찾아온 봄처럼 소녀들이 몰려나온 곳은 옛날 정읍 관아가 있던 곳이었다. 이순신이 초대 정읍현감으로 부임해 오면서 원님으로 공직 생활을 했던 곳이다. 정읍 관아는 정읍여중 옆 장명동 사무소로 추정된다. 별다른 표식이 없어서 이곳이 정읍 관아가 있던 자리라는 것도 정읍시 홈페이지를 통해 알았다. 동헌이 위치한 곳에 작은 석조물 하나가 남아 있다고 하는데 사실 찾지는 못했다.

이 지역 사학자들이 옛 지도를 고증해 정읍 관아를 그려본 것에 따르면 동헌은 동사무소와 바로 옆에 위치한 정읍세무서 일대에 위치해 있었다. 그 옆 정읍경찰서는 향청과 옥사 자리고 정읍여중은 객사가 있던 곳이다. 이 객사는 송시열이 사약을 받았던 곳이기도 하다. 경찰서와 세무서, 장명동 사무소와 정읍여중이 나란히 서 있는 모습을 바라보면서 한참 동안 주변을 서성거렸다. 혹시나 무슨 흔적이라도 있을까 싶었지만 찾을 수 없었다. 그저 머릿속으로 옛 관아를 그려볼 뿐이었다. 그리고 그곳에서 모처럼 평온한 시간을 보내며 관내 백성들을 보살폈을 이순신의 모습도 상상해보았다.

정읍여중 맞은편에는 정읍시청이 우뚝 서 있다. 시청 청사 바로 옆에는 제법 널찍한 공원이 조성돼 있는데 이곳이 바로 충무공원이다. 옛 지도를 들춰보면 정읍 관아의 뒤편쯤 된다고 한다. 충무공원은 그 이름에서도 알 수 있듯이 이순신이 초대 정읍현감을 지낸 것을 기념하기 위해 만들어졌다. 충무공원 안에는 이순신을 배향하기

〈1872년 지방지도: 정읍현지도〉. 지금은 고지도를 통해 정읍 관아의 위치를 추정해볼 수 있을 뿐이다.

위해서 1963년에 완공한 사당, 충렬사가 있다. 성황산 중턱에 세워진 충렬사 뒤편으로는 소나무가 가지런하게 서 있고 주변에는 선비의 절개를 상징하는 대나무가 시원스레 뻗어 있다. 성황산은 정읍에서 상당히 중요한 산인 듯싶다. 일제 강점기에 이곳에 신사가 있었다고 하니 말이다. 지역민들이 성금을 모아서 신사를 허물고 그 자리에 충렬사를 세웠다는 사실은 여러 가지로 의미심장하다. 그래서 충무공원은 이순신을 필두로 하여 동학농민운동을 주도했던 녹두장군 전봉준과 농민들, 나라와 백성을 위해 자기 한 몸 아끼지 않았던 이 지역의 인물들을 기리는 공원으로 자리 잡았다.

이순신이 정읍현감으로 재직한 것은 1589년 12월, 그의 나이 45세 때였다. 이른바 '녹둔도 사건'으로 인한 삭탈관직과 1차 백의종군, 복직 등 부침 많았던 변방에서의 관직 생활을 뒤로 하고 후방에서 고을 원님으로 근무하게 된 것이다. 말이 나왔으니 잠시 녹둔도 사건을 정리해보자.

잃어버린 땅, 녹둔도

녹둔도는 두만강을 끼고 홀로 떠 있는 외로운 섬이다. 함경북도 선봉군 조산리 인근 지역으로, 현재 추정하기로는 조산리에서 약 4킬로미터 떨어진 곳으로 보고 있다. 고지도마다 녹둔도의 크기는 다르게 표기돼 있는데 대략 여의도의 4배 정도 크기로 추정하고 있다.

녹둔도에 대한 기록은《세종실록지리지》에 처음 등장한다. 당시의 이름은 사차마도. 녹둔도라는 이름을 쓰기 시작한 것은 세조 때의 일이다. 세종 조에 6진을 개척하면서 이 섬에다 토성을 쌓았는데 그 길이가 1,245척이나 됐다고 한다. 그리고 토성과 함께 6척 높이의 목책도 쌓았다. 선조 대에는 섬에다 농토를 만들었다. 군사용 둔전을 조성했던 것이다. 농민들은 배를 타고 이 섬에 들어와서 농

잃어버린 우리 땅, 녹둔도(鹿屯島)가 그려진 1750년대 〈해동지도〉. 녹둔도는 이순신과 그 부하들이 목숨을 걸고 지켰던 역사적 장소다.

사를 지었다. 이러한 녹둔도의 역사는 구한말까지 이어졌다.

하지만 녹둔도는 우리도 모르는 사이에 남의 땅이 되고 말았다. 1860년(철종 11) 청나라와 러시아가 체결한 베이징 조약에 따라 러시아의 영토가 돼버린 것이다. 조선 조정은 30년 가까이 이 사실을 모르고 있다가 뒤늦게 청나라에 항의했으나 허사였다. 제국주의 열강의 다툼 속에서 북녘의 작고 외로운 섬은 그렇게 남의 영토가 되고 말았다. 러시아의 땅이 된 이후에도 상당수의 한인들이 이곳에 거주했다. 하지만 1937년 스탈린의 소수민족 이주정책에 따라 한인들은 모두 중앙아시아로 쫓겨났고 녹둔도는 이후 버려진 땅이

되고 말았다. 1984년에 북한이 녹둔도 문제를 소련과 논의하기도 했지만 1990년 북한의 양해에 따라 러시아 땅으로 굳어졌다. 같은 해에 우리 정부가 러시아 정부에 섬의 반환을 요구했지만 그 역시 별 실효를 거두지 못했다. 녹둔도는 그렇게 잊혀졌지만 이곳은 이순신이 근무했던 곳으로 역사적인 의미가 깊은 장소다.

이순신이 녹둔도를 포함한 조산만호로 부임한 것은 1586년 1월이었다. 그의 나이 42세로 임진왜란이 일어나기 6년 전이었다. 이순신은 조산만호와 녹둔도의 둔전관을 겸하고 있었다. 그런데 둔전이 문제였다. 그러잖아도 함경도 국경 일대는 여진족의 침입이 끊이지 않던 곳이다. 그러니 식량 창고나 다름없는 녹둔도를 여진족이 어찌 그냥 두겠는가? 이순신은 이러한 여진족의 습격에 대비하기 위해 방비를 서둘렀다. 하지만 군사가 부족해서 북병사에게 군사 증원을 요청했으나 번번이 거절당하는 등 어려움이 많았다. 그러던 중 여진족이 기습을 감행, 양민을 학살하고 식량을 빼앗아 갔다. 이 전투에서 조선군 열한 명이 죽고 많은 군사와 백성들이 포로로 끌려갔다. 말도 열다섯 필이나 약탈당했다. 이순신은 경흥부사 이경록과 함께 즉각 군대를 수습하고 반격을 가해 포로들을 구출했다.

그러나 기습을 받아 식량을 뺏기고 백성들이 살해당한 것에 대한 책임을 누군가 져야 했다. 북병사 이일은 이순신에게 그 책임을 떠넘겼다. 방비를 서두르자는 이순신의 말을 귓등으로 흘려들었던 사실을 세상에 알리고 싶지 않았던 것이다. 이일은 이순신을 사형에 처할 것을 조정에 요청한다. 조정에서도 정황을 모르지는 않았지만 이순신에게 책임을 물을 수밖에 없었다. 선조는 죽음을 면해주는 대신 이순신에게 백의종군을 명했다. 이것이 그의 첫 번째 백의종군이다.

이후 조선군은 대대적인 반격에 나섰다. 이일은 군사를 이끌고 여진족의 본거지 추도를 기습 공격하여 200호가 넘는 집을 태우고 380명을 죽였으며 50여 마리의 말과 소를 획득한다. 이때 이순신도 큰 공을 세워 사면이 된다. 이것이 바로 '녹둔도 전투' 또는 '녹둔도 사건'이다.

한반도의 허리가 잘려 남과 북으로 나뉜 오늘날의 상황에서 녹둔도의 복원은 그리 대단한 문제가 아닐지도 모른다. 하지만 언젠가 맞이하게 될 통일 시대를 대비한다면 녹둔도에 대한 관심의 끈을 놓아서는 안 된다. 최근 러시아는 북한과 국경을 맞대고 있는 두만강 일대에 제방을 쌓고 있다고 한다. 국경을 강화한다는 명분으로 진행하고 있는 '러시아―북한 국경 강화를 위한 두만강 하상 안정 프로젝트'가 그것이다. 전문가들은 이 제방 공사로 녹둔도 반환이 더욱 힘들어질 것이라고 우려한다. 제방을 쌓음으로써 러시아가 이 땅을 실제로 점유하고 있다는 것이 가시화되고 결국 국제법상의 영유권 주장이 더 쉬워진다는 것이다. 하지만 이곳이 우리 땅이었다는 것은 역사적 기록이 말해주고 있다. 이순신의 녹둔도 전투는 실록에 기록된 역사적 사실이다. 1750년대에 제작된 해동지도와 19세기의 조선전도에도 녹둔도가 또렷하게 그려져 있다. 동북아시아의 각국들이 영토 문제로 바짝 발톱을 세운 이때에 이순신의 얼이 깃든 역사적 장소라는 점만으로도 녹둔도는 반드시 되찾아야 할 우리의 소중한 영토인 것이다.

백성이 기다리던 원님

　많은 이들이 정읍현감 시절을 이순신의 공직 생활 중 가장 평온했던 때로 언급한다. 늘 가족들과 떨어져 지내다가 이 시기에는 온 가족을 데리고 정읍으로 내려와 그들을 보살피기도 했다. 가족은 많았다. 늙으신 어머니와 아내, 아들 셋과 딸 하나, 그리고 요절한 형님들이 남긴 조카들과 형수들까지 그야말로 대식구였다. 이렇게 많은 식구를 데리고 현감 직을 수행하는 것을 두고 어떤 이들은 이순신을 비난했다. 거느리는 식솔이 많으면 그만큼 공유물을 탐할 가능성도 높다는 것이 이유였다. 그러나 이순신은 한마디로 이들의 추측을 일축했다.

> 내가 차라리 식구를 많이 데리고 온 죄를 지을지언정 이 의지할 곳이 없는 것들을 돌보지 않을 수 없다.
>
> 《이충무공행록》

　나라와 백성에 대한 사랑 못지않게 이순신은 가족을 사랑하고 아꼈다. 어머니에 대한 효심은 말할 것도 없고 아들 셋과 아버지를 일찍 여읜 조카들도 끔찍하게 아꼈다. 임진왜란이 한창일 때도 아산에 머물던 이들의 안부를 묻고, 가족이 진영으로 찾아올 때마다 반가워하고 떠날 때마다 마음 아파했다. 제 식구도 사랑하지 못하는 사람이 어떻게 남을 사랑하고 백성을 귀히 여기고 나라를 위해 목숨을 바칠 수 있겠는가?
　남의 이야기하기를 좋아하는 사람들의 허튼소리와 상관없이 이순신은 정읍현감으로 똑 부러지게 일을 해냈다. 공무에 있어서는 빈틈이 없었고 백성들에게는 자애로운 원님이었다. 다음과 같은 기록이 이를 짐작케 한다.

겸관의 자격으로 태인읍에 이르니 이때 태인은 오랫동안 원이 없어 공문 서류가 쌓여 있었으나 이순신이 신속히 판결을 내려 끝을 내니 그곳 백성들이 둘러서서 듣고 또 옆에서 보다가 탄복하지 않은 자가 없었다. 그래서 어사에게 글을 올려 이순신을 태인현감으로 보내주도록 청하는 자까지 있었다.

《이충무공행록》

태인은 정읍에서 멀지 않은 곳이다. 고을이 크지 않다 보니 정읍과 태인의 일을 모두 봐야 했던 모양이다. 밀린 일을 신속하게 매듭짓고 백성들의 목소리에 귀를 기울이니 지방 수령들의 부정부패가 만연하던 그 시절에 이보다 더 좋은 원님이 또 어디 있었겠는가?

하지만 이런 생활도 고작 7개월뿐이었다. 전란의 조짐이 곳곳에서 감지됐고 류성룡은 전쟁에 대비할 방편을 궁리하고 있었다. 그는 정읍현감이던 이순신을 전라좌수사로 추천했고 조정은 이순신의 파격 인사를 놓고 격한 논쟁을 벌였다. 그 사이에 이순신은 진도군수와 가리포첨사 직을 제수받았으나 부임하지 못하고 임진왜란이 일어나기 1년 전에야 전라좌도수군절도사로 임명됐다. 조정 중신들이 격렬하게 반대할 만큼 파격적인 인사였지만 이순신의 가족에게는 달콤하고 평화로운 시절의 끝을 알리는 신호이기도 했다. 이순신에게도 그의 가족에게도 힘겨운 시련의 시간이 시작된 것이다.

이순신의 아내, 방 씨

정읍에서 나는 이순신의 아내 방 씨를 떠올렸다. 겨우 7개월 동안 여염집 부부처럼 얼굴을 맞대고 생활할 수 있었다고 생각하니 부인이 참 딱하기도 하고 대단하게 느껴지기도 했다. 사실 이순신이 마음 편하게 변방을 떠돌거나 임진왜란이 터진 후 전쟁에만 집중할 수 있었던 데는 부인의 역할이 정말 컸다. 이순신은 그 강직한 성품 때문에 나라에서 받은 녹 이외에는 다른 수입이 없었다. 그 녹마저도 헐벗은 병사들을 위해 쓰느라 집에 가져가지 못할 때가 많았다고 한다. 그런 가운데 방 씨는 많은 식솔들의 생계와 시어머니 봉양을 책임지고 아이들 교육까지 반듯하게 해냈으니 그 공을 어찌 소소하게 볼 수 있겠는가?

이순신이 방 씨와 혼인한 것은 스물한 살 때의 일이다. 방 씨는 강단 있는 성품의 무관으로서 보성군수를 지냈던 방진의 딸이다. 이순신의 이야기를 하면서 방진을 빼놓을 수 없는 이유는 바로 그가 이순신을 무관의 길로 안내했기 때문이다. 장인은 사위에게 무과 시험을 볼 것을 권유했고 그때부터 이순신은 말 타는 연습과 활쏘기, 병법 공부를 하기 시작했다. 이순신이 왜 그토록 늦은 나이에 무과 시험에 응시했는지 짐작할 수 있는 대목이다.

이순신 관련 사료와 책을 읽다가 나는 부인인 방 씨는 어떤 사람이었을까, 자주 생각하곤 했다. 부인에 대한 기록이나 자료가 거의 없기 때문에 더욱 궁금했다. 《난중일기》에 잠깐씩 언급될 뿐 그에 대한 기록은 전혀 없다시피 했다. 그래서 함께 답사를 다니기도 했던 이천용 씨에게 물어보았다.

"충무공의 부인이신 방 씨는 어떤 분이신가요? 혹시 집안에 남아 있는 기록은 없나요?"

"글쎄. 저도 그게 궁금했던 적이 더러 있었는데, 없더라고요. 《이충무공전서》의 〈상주방씨전〉에 나오는 일화가 다일 겁니다."

"그러면 이름도 모르는 건가요? 그냥 상주 방씨?"

"네, 저희도 모릅니다. 그저 굉장히 여장부 스타일이었다, 그 정도만 알고 있어요."

《이충무공전서》는 방 씨의 대범한 성품을 이와 같은 일화로 기록하고 있다.

> 정경부인 상주 방씨는 이순신의 부인이다. 부친의 이름은 진인데 벼슬은 보성군수를 지냈다. 부인은 어릴 적부터 영민한 품이 어른과 같았다. 부인의 나이 겨우 12세 때 화적들이 안마당까지 들어오므로 방진이 화살로 도둑을 쏘다가 화살이 다 떨어지자 방 안에 있는 화살을 가져오라고 했다. 그러나 도둑들이 이미 계집종과 내통하여 화살을 몰래 훔쳐 나갔으므로 남은 것이 없었다. 그러자 부인이 "여기 있습니다" 하고 급히 베 짜는 데 쓰는 대나무를 한 아름 안아다 다락에서 던지니 소리가 마치 화살을 떨어뜨리는 것 같았다. 도둑이 본래 방진의 활 잘 쏘는 것을 두려워했던 바라 화살이 아직 많이 있는 것으로 알고 곧 도망갔다.
>
> 《이충무공전서》

어린 나이에 이 정도면 정말 대범하고 기지가 넘치는 여인이었

이순신의 영원한 벗이자 지지자인 류성룡의 시문집 《서애집》. 이순신과 류성룡의 인연을 담은 일화가 등장한다.

을 것이다. 또 이순신과 오랜 세월에 걸쳐 우정을 나눴던 류성룡의 시문집인 《서애집》의 〈잡저〉 부문에도 방 씨에 관한 일화가 전해 온다. 그 내용은 외동딸의 혼사에 관한 것이다.

> 경기도의 남양부에서 내가 정극기를 만났는데 그가 말하기를 "통제 사인 여해 이순신의 집에서 사위를 맞아들였는데 사위는 홍가신의 아들 홍비로서 몸집이 작았습니다. 여해의 부인 방 씨는 성품이 매우 엄했는데 홍비의 모습을 보고는 마음에 들지 않아서 크게 화를 내어 쫓아내려고 했으나 친척들이 권하고 말려서 간신히 혼인의 예식은 올릴 수 있었습니다. 그 뒤에도 몹시 박대하므로 홍비는 다만 그 아내 와 더불어 이웃집에 나가서 임시로 머무르고 있었는데 홍도가 그때 해주에 있었으므로 홍비가 가서 아버지를 뵙고자 했으나 방 씨는 종

과 타고 갈 말을 내주지 않았으며 이여해에게 아들이 몇 사람이 있지만 그 어머니를 두려워하여 감히 종과 말을 내주지 못했습니다"라고 하므로 나는 말하기를 "여해의 여러 조카들이 자못 사리를 알고 있을 것인데 어찌 그 숙모에게 권하여 말리지를 않았던 것인가?" 하니 정극기는 말하기를 "방 씨의 성격이 워낙 엄하기 때문에 다른 사람은 감히 한마디도 할 수가 없으며 그에게 말을 하여도 또한 들어주지도 않습니다. 노복들을 거느리고 농사를 지어서 가업은 매우 넉넉한 편입니다"하므로 나는 말하기를 "참으로 장수의 가문에는 장수의 아내가 있구나" 하면서 이 일 때문에 한차례 웃기까지 했다.

《서애집》,〈잡저〉

류성룡이 정극기를 만나 방 씨 부인이 사위를 본 이야기를 들었던 모양이다. 이순신에게는 딸이 하나 있었는데 이웃에 살고 있는 홍가신의 아들 홍비와 혼담이 오갔다. 그런데 방 씨 부인은 예비 사위가 마음에 차지 않았다. 사람이 작고 인물도 별로라는 것이다. 마음 같아서는 그냥 쫓아버리고 혼담도 없던 걸로 하고 싶었으나 같은 동네 양반들끼리의 혼사라 여의치 않았다. 혼담이 깨지면 좋을 게 없으니 그냥 시집보내라는 친척들의 말도 있었을 것이다. 그러나 방 씨는 딸을 시집보내고서도 사위가 마음에 들지 않아서 문전박대를 했던 모양이다. 어찌나 성격이 엄하고 한 번 품은 생각은 변함이 없는지 세 아들은 물론이고 조카들까지 감히 어쩌지 못했다. 거기다 방 씨는 하인들을 모두 거느리고 농사를 지어서 식솔들 먹고살 걱정까지 없게 했으니 감히 누가 이 여장부에게 토를 달겠는가? 류성룡의 말처럼 장수의 아내다웠던 것이다.

《서애집》에 실린 이 일화만 보면 이순신의 아내가 너무 사나운 것 같지만 후일담을 듣고 보면 부인의 마음을 이해할 수 있다. 사위의 집안은 문인이었고 이순신의 집안은 무인이었는데 당시만 해도 문인보다 무인을 아래로 보았다. 그러니까 방 씨는 이순신 집안을 무인 집안이라고 내려봤기에 그렇게 덜 된 인물로 혼담을 넣었다고 생각한 것이다. 거기다 남편도 없는 상황이라 더욱 분했을지 모른다. 한마디로 '우리 집안을 어떻게 보고' 하는 오기가 치밀었던 모양이다. 딸의 혼사에 관해 어머니라면 응당 그럴 수도 있겠다 이해되기도 한다.

이런 일화와 《난중일기》의 기록들 그리고 이순신의 빈자리를 훌륭하게 채워나간 점을 고려해 나는 나름대로 부인의 면면을 상상해보곤 했다. 그녀의 아버지도 무관이었으니 어릴 때부터 무예와 병기, 전투 등이 낯설지 않았을 것이다. 아버지의 공직 생활을 지켜봤다면 무관이라는 벼슬이 얼마나 고달픈 것인지도 알았을 것이다. 집에 있을 때보다 외지에 나가 있을 때가 더 많다는 것도 잘 알고 있었을 것이다. 그래서 남편이 없는 동안에는 집안의 살림과 아이들 교육을 혼자 감당해야 한다고 다짐했을 것이다. 두 시숙이 모두 일찍 세상을 떠났기 때문에 남편이 맏아들 역할을 할 수밖에 없다는 것, 그래서 손윗동서와 조카들까지도 품 안에 들여야 한다는 사실도 이해하고 있었을 것이다. 넉넉지 않은 살림에 식구는 많고 가장은 늘 집을 비우고……. 굳이 요즘 기준을 갖다 대지 않아도 최악의 결혼 생활이다. 아무리 이순신이라지만 가정생활에서만큼은 높은 점수를 줄 수가 없다. 하지만 부인은 묵묵히 자신에게 맡겨진 소임을 잘 해나갔고 덕분에 이순신은 아무 걱정 없이 나라와 백

성을 위해 일할 수 있었다. 전쟁으로 백척간두에 서 있는 나라의 운
명에만 집중할 수 있었던 것이다.

《난중일기》에서 이순신은 아내에 대해 간간이 적고 있다. 어머
니나 아들에 비하면 무척 작은 비중이지만 그렇다고 해서 이순신
이 아내를 사랑하지 않았다고 단정할 수는 없다. 아내를 향한 이순
신의 마음은 보통 남녀 간의 사랑이라기보다는 마음 깊은 곳에서
우러나오는 깊은 신뢰의 관계, 배우자에 대한 믿음을 기반으로 한
애틋한 사랑이 아니었나 싶다.

> 이날 아침에 탐후선이 들어왔는데 아내의 병세가 매우 위중하다는
> 것이다. 벌써 생사가 바뀌었는지도 모를 일이다. 그렇지만 나랏일이
> 이에 이르렀으니 어찌 다른 일에까지 생각이 미칠 수 있으랴. 세 아
> 들, 딸 하나가 어떻게 살아갈 것인가. 마음이 아프고 괴롭다.
>
> 《난중일기》, 갑오년(1594년) 8월 30일

임진왜란이 한창이던 1594년 여름, 부인이 많이 아팠던 모양이
다. 아산에서 온 기별에 이순신은 마음을 졸였다. 가보고 싶지만 전
쟁 중이라 진영을 비우지도 못할 처지다. 그는 밤에 잠을 이루지 못
할 정도로 아내의 병세를 걱정했다. 점을 쳐서라도 아내의 회복을
바랄 만큼.

> 맑음. 앉았다 누웠다 잠을 이루지 못했다. 촛불을 켠 채로 뒤척이며
> 밤을 지새웠다. 이른 아침 세수하고 조용히 앉아 아내의 병세에 대해
> 점을 쳤다. '중이 환속하는 것 같다'는 괘를 얻고 다시 쳤더니 '의심

이 기쁨을 얻은 것과 같다'는 괘를 얻었다. 아주 좋다. 또 병세가 나아갈 것인지 어떤지에 대해서 점을 쳐보니 '귀양 간 친척을 만난 것과 같다'는 괘였다. 이 또한 오늘 중에 좋은 소식을 받을 징조였다.

《난중일기》, 갑오년 9월 1일

세상에는 많은 종류의 사랑이 있다. 모든 것을 불사를 만큼 열정적인 사랑도 있지만 온돌의 온기처럼 서서히 달아올라 오래 지속되는 사랑도 있다. 불처럼 타오르는 사랑은 아름답고 황홀하지만 그 열기가 너무 세서 서로를 힘들게 하고 나를 파괴하거나 상대에게 지울 수 없는 상처를 줄 수 있다. 하지만 온돌 같은 사랑은 서로를 이끌어주고 보듬는 성숙한 사랑이다. 이순신과 방 씨의 사랑은 후자 쪽이 아니었을까 생각해본다. 아니 그랬다고 믿고 싶다. 전시라는 극한 상황과 마주하고 있는 현실적인 조건을 생각하면 이런 사랑이야말로 서로에게 최선이 아니었을까. 내가 진정 간직하고 싶었던 사랑이 이런 것이었는지도 모르겠다.

충무공원에 앉아 매화 향기에 도취된 채 나는 그 옛날 이곳에서 가족과 단란한 한때를 보냈을 이순신의 모습을 상상해보았다. 매일 마주하는 부인의 얼굴과 무럭무럭 잘 자라는 아들딸 그리고 따스한 미소를 머금고 이순신을 바라보는 그의 어머니. 충무공원에 내리쬐는 부드러운 봄 햇살과 같은, 그런 분위기였을 것이다. 아니 그런 분위기였다면 좋겠다. 역사의 전면에 그 모습을 드러내면서부터 단 한 번도 편안하지 못했던 이순신의 생애에 그래도 이런 한때나마 있었기를 바라서다. 그에게도 내리쬐는 봄 햇살을 진정으로 따스하게 느낄 수 있는 그런 시간이 있었다면 좋겠다.

전라좌수영의 도시 여수

이순신은 임진왜란이 일어나기 1년 전에 전라좌도수군절도사가 되었고
임지에 당도하자마자 전란에 대비하는 작업을 시작했다.
전선을 건조하고 무기를 만들고 병사들을 훈련시켰다.
임진왜란이 발발하자 전라좌수영은 조선 수군의 본영이나 다름없는 곳이 되었고
이순신과 그의 병사들은 이곳을 중심으로 승첩을 쌓아갔다.
여수는 전라좌수영의 중심이었으며
임진왜란의 역사적 흔적이 산재해 있는 도시다.
그리고 이순신의 23전 23승, 무패의 신화가 시작된 도시이기도 하다.

돌산대교 © 이지미

전라좌수영의 중심
진남관

여수는 태어나서 처음 가보는 곳이었
다. 천하절경이라는 오동도에 대한 기억도 그저 부모님이 예전 단
체 관광을 떠났던 여행지라는 것뿐이었다. 그러니 내가 이곳을 내
발로 이렇게 찾아오리라고는 꿈에도 생각하지 못했다. 전라좌수영
이 여수에 위치해 있다는 걸 알기 전까지는.

지도 보고 이정표 보고 사람들에게 물어물어 가장 먼저 찾아간
진남관. 진남관은 전라좌수영의 흔적이 가장 또렷하게 남아 있는
곳으로, 400년을 이어온 조선 수군의 본거지 중 하나다. 이순신이
옥포해전을 비롯해서 사천해전, 당항포해전, 한산대첩 등의 승첩
을 쌓아갔던 곳도 바로 이곳 전라좌수영이다.

번잡한 여수 중앙동 네거리를 지나면 언덕이 시작되는 곳에 진

남관이 보인다. 진남관은 현존하는 국내 최대의 단층 목조건물로, 국보 304호로 지정돼 있다. 도대체 얼마나 크기에 가장 큰 목조건물이라고 하는 것일까? 높이 14미터, 길이 75미터, 둘레 2.4미터나 되는 큰 기둥이 68개. 바로 이 기둥들이 지붕을 떠받치고 있는데 그 모습은 정말 입이 떡 벌어질 정도로 웅장하다. 진남관 건물 평면의 길이는 53미터가 넘고 넓이가 240평에 이르니 그 크기가 어느 정도인지 대충 가늠할 수 있을 것이다.

이곳에서 이순신은 업무를 보고 장수들과 이런저런 회의도 했을 것이다. 진남관에서 만난 연세가 지긋한 문화해설사 어르신의 말씀이 그랬다. 그런데 안타깝게도 임진왜란 때 일부가 불에 타 소실되기도 했고 또 숙종 때 한 번 더 화재를 겪기도 했단다. 그러나 무엇보다도 이곳이 일제 강점기 때 소학교로 쓰였다는 사실만큼 안타까운 것은 없다. 문화해설사의 말에 따르면 일본인들은 이곳이 이순신이 근무했던 유서 깊은 장소라는 점과 여수를 대표하는 문화유산이라는 점을 고려해서 일부러 그리했다고 한다.

진남관은 옛 전라좌수영의 중앙부에 자리 잡고 있었다. 진남관을 중심으로 해서 망해루와 객사, 고소대, 병사들의 기거지, 훈련장 등 중앙동과 군자동 일대가 모두 전라좌수영이었다. 진남관 바로 아래의 기념관에는 옛 전라좌수영을 재현해낸 모형도가 있는데 이를 통해 전라좌수영이 상당히 넓고 풍요로웠음을 미루어 짐작할 수 있다. 그 흔적은 현재 기념관 건물을 따라 남아 있는 성벽으로도 짐작할 수 있다. 좌수영성은 성종 때 수군절도영이 설치되고 수군절도사가 부임해오면서 처음 쌓기 시작했다. 이순신이 1591년에 전라좌수사로 부임해오면서 이 성의 서쪽 문에 해자가 만들어지기도 했다.

현재 전라좌수영은 여수 중앙동과 군자동 일대의 몇몇 유적을 통해서 그 규모를 짐작할 수 있을 따름이다. 진남관과 그 옆의 망해루 그리고 도로 하나를 건너 언덕에 위치한 고소대까지 길게 이어 보면서 '이곳이 전라좌수영이었구나' 하고 상상해볼 도리밖에 없다. 그런데 이렇게 전라좌수영지가 뚝뚝 끊어지게 된 것도 일제의 짓이란다. 좌수영성이 연결된 주요 지점에 도로를 뚫으면서 성을 자연스럽게 없애버렸고 성내에 있던 건물들도 하나 둘씩 해체해버렸다는 것이다. 어디 그뿐인가? 승첩을 기리는 좌수영대첩비(통제이공수군대첩비)와 타루비까지 몰래 내다버렸다. 그나마 지금은 대첩비와 타루비가 고소대에 돌아와 있지만 고소대 한쪽에 쓸쓸하게 서 있는 대첩비와 타루비를 보면 눈물을 흘리지 않을 수 없다.

진남관 뜰에는 웅장한 목조건물 못지않게 사람들의 눈길을 끄는 조각이 있으니 바로 석인상이다. 석인상은 임진왜란이 한창일 때 이순신이 전술적 차원에서 만든 사람 모양의 돌조각이다. 거북선을 추가로 건조할 무렵 왜적들의 염탐과 공세가 하도 심해지자 그들의 눈을 속이기 위해 사람 모양의 돌조각 일곱 개를 만들어 세웠다고 한다. 싸우기에 앞서 갖가지 방법으로 적의 기를 꺾어놓았던 이순신의 지략을 엿보게 하는 대목이다. 하지만 안타깝게도 이것 역시 거의 다 없어지고 겨우 한 구만 남아 있다.

임진왜란 당시 왜적을 맞아 연전연승을 거두면서 일본의 조선 침략의 야욕을 꺾었던 전라좌수영은 역설적으로 일제 강점기에 참 많은 수난을 겪었던 지역이기도 하다. 300년 전 그네들에게 패배의 쓰라림을 안겨주었던 이순신의 흔적을 일제는 어떻게 해서든 지워

버리고 싶었을 것이다. 그랬으니 남의 나라 귀한 문화재를 예사로 파괴하고 훔쳐가고, 무덤을 파헤치고 온 산하 곳곳에 말뚝을 박아 지맥을 끊어놓은 것이다. 일본이 전라좌수영의 길을 자르고 성벽을 동강내고 비석과 조각상도 함부로 내다버렸을 때 지하에 누워 있던 이순신의 심정은 어땠을까?

전라좌수영의 중심, 진남관

눈물로 세운 비석이 있는 곳

고소대

진남관 맞은편 2차선 도로를 건너서 골
목길을 따라 한참 올라가다 보면 기와를 인 작은 사당이 보인다.
화려하게 가꿔놓은 유적지와는 거리가 멀지만 한눈에 조선시대 어
느 시점부터 있어온 문화유적지인지 짐작할 수 있다.

고소대는 이순신이 전라좌수사 시절 작전 계획을 세우고 군령을
내리던 곳이다. 여수시 고소동 해발 117미터의 계산 정상에 위치한
고소대는 이순신이 군령을 어긴 병사 황옥천의 목을 베어 군율의
지엄함을 세운 곳으로도 유명하다. 첫 출전인 옥포해전을 앞두고
왜군에 대한 병사들의 두려움이 극에 달했을 때 이순신은 탈영한
황옥천을 참수해 군기를 다잡았다.

이날 여도의 수군 황옥천이 집으로 도망갔는데 잡아다가 목을 베어 군중 앞에 높이 매달았다.

《난중일기》, 임진년 5월 3일

이순신은 고매한 인격과 따스한 인품을 가진 인물이었지만 매우 엄격한 사람이었다. 특히 전란 중에는 휘하 장수부터 병졸까지 모두 엄격하게 군율을 적용했으며 진중의 질서를 흐리고 아군에게 피해가 되는 일을 범한 이에게는 엄하게 그 죄를 물었다. 필요하다면 효시도 서슴지 않았다. 그래서 장졸과 백성들은 이순신을 몹시 따르면서도 한편으로는 두려워했다고 한다. 국운이 풍전등화와 같았던 때 만일 이순신이 그처럼 엄격하고 원칙에 충실하지 않았다면 진중은 큰 혼란에 빠졌을 것이고 23전 23승이라는 빛나는 승첩도 쌓지 못했을 것이다.

고소대에는 좌수영대첩비와 그 유명한 타루비가 있다. 타루비는 글자 그대로 눈물이 떨어진다는 뜻을 가진 비석이다. 이순신이 노량해전에서 전사한 후 그 부하와 백성들이 이순신의 죽음을 슬퍼하고 그의 공덕을 기리기 위해서 이 비석을 세웠다.

좌수영 소속 군졸들이 통제사 이순신을 위해 비를 세우고 짧은 비명을 지어 눈물 떨어뜨린다 하니 이는 저 중국 양양 땅 사람들이 양우를 사모하여 그의 비를 바라보면 반드시 눈물을 떨군다는 고사에서 나온 것이다. 만력(1603) 가을에 세우다.

타루비에 새겨진 글

고소대에 들어서 있는 좌수영대첩비, 타루비, 동령소갈비(왼쪽부터). 이순신의 공덕과 승리를 기린 비석이지만 일제 강점기의 상흔까지 덧씌워져 있다.

타루비 옆에는 이순신의 승첩을 기리기 위한 좌수영대첩비가 서 있다. 좌수영대첩비는 국내 비석 중 가장 길이가 긴 것으로 유명하다. 높이가 3미터나 되고 폭이 1.24미터로 조선 후기인 1615년(광해군 7)에 제작됐다. 이 비는 하나의 돌로 만들어졌는데 비석 아래에는 거북받침돌을 두었고 머릿돌은 중앙의 여의주를 중심으로 두 마리의 용이 구름에 둘러싸인 채 다투고 있는 모습을 하고 있다. 비 뒷면은 구름무늬와 꽃무늬가 있고 맨 위에는 꽃무늬의 보주가 있다. 비를 만들 때 쓴 거대한 돌은 이순신의 부하로 있다가 전라좌수사를 지낸 유형이 보내왔다. 비의 명칭인 '통제이공수군대첩비統制

李公水軍大捷碑'는 김상용의 글씨로 쓰였고, 이항복이 지은 비문의 글씨는 당대 명필 김현성의 것이다.

이처럼 아름다우면서도 그 뜻이 깊은 대첩비가 수난을 당한 것은 일제 강점기. 이 비석이 이순신의 승첩과 공덕을 기리는 것임을 안 당시 여수경찰서장 마쓰끼松木가 1942년 봄에 대첩비각을 헐고 대첩비와 타루비를 반출해서는 어딘가에 내다버렸다. 그 후 행방이 묘연해진 이 비석들은 해방 후인 1946년 서울 국립박물관 뜰에서 발견됐다. 이 무뢰한이 비석을 뽑아내긴 했는데 버릴 데가 마땅찮았던 모양이다. 어디를 어떻게 떠돌다 국립박물관 뜰에 버려진지는 몰라도 참으로 통탄할 일이다. 이순신의 공덕과 승리를 기린 비석이 그 누구도 아닌 왜인들의 손에 의해 이처럼 처참하게 훼손을 당했으니 이를 어찌 망국의 한으로만 여길 것인가? 못난 우리 후손들은 그의 영면조차 제대로 지켜내지 못했던 것이다.

좌수영대첩비와 타루비는 1948년에 다시 여수로 옮겨졌고 세 칸짜리 맞배지붕의 비각 고소대를 만들어 대첩비와 타루비, 그리고 동령소갈비를 나란히 세워 지금에 이르고 있다. 대첩비와 타루비는 함께 보물 571호로 지정되었는데 1998년에 타루비를 따로 떼어 보물 1288호로 지정했다. 모두가 이곳 여수 주민들의 건의로 이루어진 일이라고 한다.

고소대에서 여수 시내를 바라보았다. 지금은 주택가지만 이순신이 좌수사로 있을 때는 바다를 한눈에 내려다볼 수 있는 군사상 주요한 곳이었을 것이다. 저 멀리 여수 앞바다가 보이고 진남관을 비롯한 좌수영지가 한눈에 내려다보였다. 어쩌면 이순신은 이곳에서 바다의 서걱거리는 소리와 달빛에 젖어들어 근심에 휩싸였는지도

고소제월姑蘇霽月, 고소대에서 바라보는 달빛은 옛 여수 팔경 중 하나였다. 엄격하게 군율을 다잡아야 했던 이순신의 결연함이 배어 있어서일까. 고소대는 슬픔이 낮고 무겁게 깔린 사당이다.

모른다. 나라의 안위를 걱정하고 전란을 어떻게 끝낼 것인가 고심하며 때로는 어머니와 가족을 그리워했을 것이다. 그렇게, 나 역시 고소대에서 한참을 머물다 왔다.

최초의 사액 사당

충민사

이순신을 향한 사모와 그리움은 시대를 가리지 않고 면면히 이어져왔다. 아산의 현충사와 통영 충렬사, 한산도 제승당의 충무사, 남해 충렬사 등의 숱한 사당이 바로 그리움의 징표들이다. 그중에서도 여수의 충민사는 이순신에 대한 사모와 그리움의 정이 시작된 최초의 사당이라는 점에서 큰 의미를 지닌다. 그것도 민간에서 지은 것이 아니라 왕명에 의해 지어진 최초의 사액 사당이라는 점이 의미심장하다. 이순신을 의심하여 그에게 파직과 백의종군이라는 불명예를 안긴 선조가 그를 위한 사당을 세우라 명한 데는 어떤 의도가 숨어 있는 것일까? 이순신의 생애와 그의 빛나는 승첩을 떠올릴 때마다 선조와의 악연을 생각하지 않을 수 없다. 이순신이 바다에서 연전연승을 거둘 때 선조의 마음은 어땠을까? 학식이 높고 시문에 능했으나 심약했고 왕권 강화를 위해 당파를 이리저리 이용했던 임금의 마음이 궁금해졌다. 과연 군왕에게 이순신이라는 신하는 어떤 존재였을까?

선조는 임진왜란과 정유재란이 끝난 5년 후인 1601년에 영의정 이항복의 계청을 받아들여 충민사 건립을 명한다. 이것은 아산에 세워진 현충사보다 103년 빨리 지어진 것이다. 다음은 이항복이 쓴 《충민사기》에 나오는 한 대목으로 선조가 충민사 건립을 명령하는 교지의 내용이다. 적어도 문서에서만큼은 왕도 충직한 신하의 죽음을 애달파하는 것 같다.

> 금상 34년 정월에 신 항복에게 명하여 남쪽 지방의 군사를 시찰하게 했는데 부름을 받고 편전에 이르니 전교하기를 "고 통제사 신 이순신은 왕실에 마음을 다하다가 끝내 왕사에 죽었으므로 내가 그를 총애하며 가엾게 여긴다. 그러나 아직껏 사당을 세우지 못했으므로 이 때문에 그대를 명하여 그의 공적을 밝히게 하는 바이다" 했다.
>
> 《충민사기》

그러나 이순신과 관련된 수많은 유적지가 그랬듯 충민사 역시 구한말과 일제 강점기를 편히 넘기지 못했다. 고종 5년 흥선대원군의 서원철폐령과 함께 단만 겨우 쌓아두는 수난을 겪다가 그로부터 5년 후 여수 주민들에 의해 새로이 중수됐다. 하지만 1919년 일제의 탄압으로 충민사는 다시 버려진 사당이 되어야 했다. 또다시 복원한 시기는 광복 후인 1947년이다.

충민사는 여수시 초입에 있다. 말끔하게 단장된 공원과 기념관

선조도 실은 이순신의 충정을 알고 있었던 것일까. 충민사에 서면 정치와 전쟁의 소용돌이 속에서 격정의 세월을 살아야 했던 인물들의 감춰진 이면이 궁금해진다.

도 함께 들어서 있지만 조성한 지 얼마 되지 않아 오래되고 깊은 맛은 별로 없다. 다만 이순신의 어록과 일기, 편지 등에서 발췌한 글을 새긴 돌로 뜰을 장식해 이곳이 이순신을 위한 공간임을 짐작케 한다.

충민사로 올라가기 위해서는 여느 사당에서나 그렇듯 내삼문을 지나야 하는데 이 내삼문이 산 중턱에 위치하고 있어 제법 가파른 계단을 걸어 올라가야 한다. 충민사에 도착하자 이순신을 위한 최초의 사당이라는 말답게 세월의 흔적이 곳곳에 남아 있는 것이 눈에 띄었다. 이끼 낀 담장과 고목, 군데군데 잡풀이 성성한 기와지붕이 그랬다.

중건된 이후 충민사는 이순신을 주벽으로 모시고 있으며 그 외에 이억기와 안홍국도 함께 배향하고 있다. 이순신이 전라좌수사일 때부터 그와 뜻을 같이하고 함께 나가 싸웠던 이억기의 영정을 이곳에서 만나니 친한 지인을 본 듯 반가웠다. 전라우수사 이억기는 왕족이었으며 칠천량해전이 있기 전까지 이순신과 함께 크고 작은 전공을 세웠던 인물이다. 잘 알려져 있다시피 그는 이순신의 파직 이후 통제사에 오른 원균이 이끄는 칠천량해전에서 전사했다. 안홍국은 보성군수로 《난중일기》에도 자주 등장하는 인물이다. 그 역시 칠천량에서 이억기와 함께 전사했다.

사당에 들어가 향을 피우고 참배를 마쳤다. 이억기의 영정에도 역시 예를 갖췄다. 그리고 아무도 오지 않는 그곳에 한참 동안 앉아 있었다. 그 옛날, 이 자리에 처음으로 이순신을 추모하는 사당을 세웠을 때 전라좌수영의 백성들은 어떤 마음이었을까? 지금 이곳에 있는 나의 마음, 그것과 같지 않았을까?

곁에 있어도 그리운 어머니

고음천

여수에 가면 꼭 고음천(고음내, 곰내)을 가
보고 싶었다. 이순신이 어머니를 전라좌수영 가까운 마을에 모셔
두고 조석으로 생각하며 자주 문안을 드렸다는 곳이 어떤 곳인지
궁금했다. 좌수영에서는 어느 정도 떨어져 있으며 마을의 풍광은
어떠하고 또 어머니의 흔적은 조금이라도 남아 있는지, 이것저것
궁금한 게 많았다.

안내책자에서 '충무공 자당 기거지' 라고 지칭하는 고음천은 옛
전라좌수영에서 그리 멀지 않은 작은 마을이다. 현재의 행정구역
은 여수시 웅천동 송현 마을. 마을 부근에서부터 '충무공 어머니
사시던 곳' 이라는 표지판이 띄엄띄엄 세워져 있었다. 이순신의 어
머니 변 씨는 친정이 충남 아산이었다. 가세가 기울면서 가족들과

함께 친정으로 내려왔고 이후 쭉 아산에서 살았다. 이순신이 늦은 나이에 무과에 급제해서 변방의 임지를 떠돌 때도 어머니 변 씨와 부인 방 씨 그리고 그의 가족들은 모두 아산에서 살았다.

임진왜란이 발발한 후 이순신은 어머니를 고음천에 모셨다. 전란이 터지고는 한 번도 아산으로 갈 수 없었던 데다가 왜군의 손에 떨어진 충청도 역시 그의 가족에게는 안전하지 못하다고 판단한 것이다. 이순신은 어머니께 아침저녁으로 문안을 드리고 서둘러 해전에 나갈 때도 반드시 인사를 하고 나갔다 한다. 이순신의 효성이 얼마나 지극했는지는 남아 있는 많은 기록을 통해 분명하게 알 수 있다.

> 흐리되 비가 오지 않았다. 아침에 어머님을 뵙기 위해 배를 타고 곧바로 고음내에 닿았다. 남의길과 윤사행, 조카 분과 함께 갔다. 어머님께 가니 아직 주무시고 계셨다. 웅성거리는 바람에 놀라 깨셨다. 기운이 가물가물해 앞이 얼마 남지 않으신 듯하니 애달픈 눈물만 흘릴 뿐이다. 그러나 말씀하시는 데 착오는 없으셨다. 적을 토벌할 일이 급해서 오래 머물지 못했다.
>
> 《난중일기》, 갑오년 1월 11일

옛 고음천을 처음 찾은 것은 2005년 여름. 하지만 이순신의 어머니가 기거하던 곳을 찾는 일은 수월치 않았다. 표지판은 있었지만 입구를 찾는 일부터 영 쉽지 않았다. 더욱이 송현 마을은 여느 시골 마을과 다르지 않아서 과연 이런 곳에 자당 기거지라는 것이 있을까 싶은 생각마저 들었다. 돌산대교와 선소 가는 길 중간을 몇 번이나 돌고 돌아 겨우 찾아간 송현 마을. 때마침 비가 내리고 난 뒤라 마을에는 인적이 드물었다.

마침내 '충무공 어머니 사시던 곳'이라는 표지판을 발견하고는 안도의 한숨을 내쉬었다. 좁은 골목에는 갖가지 여름풀이 무성했고 감나무엔 땡감이 주렁주렁 매달려 있었다. 비를 맞은 호박꽃은 봉우리를 배배 말고 있었다. 우리네 시골에서 볼 수 있는 정겨운 풍경들. 풀 냄새, 나무 냄새, 땡감 냄새를 맡으며 아무도 없는 골목길을 걷노라니 어린 시절 외할머니 집에 온 것처럼 마음이 푸근해졌다. 마을엔 오직 나의 발자국 소리만 크게 울려 퍼지고 그 소리를 들은 개들이 이집저집에서 짖어대기 시작했다.

하지만 어머니가 살던 곳을 꼼꼼히 들여다보지는 못했다. 그 집 앞까지 갔는데 큰 개가 마구 짖어대는 통에 너무 놀라 혼이 달아난 데다가 아무도 없는 남의 집을 기웃거리기가 너무 미안했기 때문이다. 이순신의 어머니가 기거하던 곳은 창원 정씨 문중의 집으로 당시 정대수가 홀어머니를 모시던 곳이라고 한다. 정대수는 임진왜란이 일어나자 의병을 모집해 이순신 휘하에 들어가 용감히 싸운 무관이다. 1930년 초에 개축을 해서 현재는 정대수의 14대손이 살고 있다고 하는데 누군가가 살고 있는 집을 무턱대고 들어가서 본다는 것이 나로서는 영 개운치 않았다. 게다가 집주인은 불편하지 않을까? 유적지 푯말만 덜렁 세워놓으면 정씨 가족들의 사생활은 어떻게 되는 건가? 모르는 사람들이 정씨 집 마당에 마음대로 오갈 텐데 말이다. 신문에서도 이런 내용을 기사로 다룬 적이 있다. 그저 전시행정으로 그치는 문화유적 복원이 아니었으면 좋겠다.

좁은 골목길을 다시 빠져나오면서 아쉬운 마음에 자꾸만 뒤를 돌아보았다. 멀리 구름 사이로 파란 하늘이 조금씩 보였다. 8월 장마철의 오락가락하는 비처럼 이순신의 어머니를 그렇게나마 만나고 돌아오는 내 마음도 이 생각 저 생각으로 만감이 교차했다.

고음천을 다시 찾아간 건 2007년 5월 늦은 봄, 때 이른 더위에 제법 여름 냄새가 나던 날이었다. 처음 여수를 찾았던 날과 달리 이날은 햇살이 눈부시게 쏟아져 내렸다. 진남관에 도착했을 때도 햇볕이 어찌나 따갑던지 진해루에서 진남관으로 이어지는 계단을 오르는데 이마에 땀이 송송 맺혔다. 더운 날씨 때문인지 진남관 마루에 많은 사람들이 앉아 더위를 피하고 있었다. 이 거대한 건축물은 바람이 성성하게 잘 통해서 여름철에는 더위 피하기 안성맞춤이다. 마루에는 여러 어르신이 모여 있었는데 모두 이곳에서 문화해설사로 일하고 있는 분들이었다.

여자 혼자서 여수까지 온 게 기특해서인지 어르신들은 내게 큰 호의를 보이며 진남관에 대한 이런저런 이야기를 들려주었다. 2년 전에 왔을 때보다 진남관이 훨씬 깔끔해지고 여기저기 손본 곳도 많아 보인다고 하자 어르신들은 여수시가 계획하고 있는 전라좌수영지 복원사업에 대해 설명하기 시작했다. 말인 즉, 진남관에서 고소대까지 구름다리를 놓아서 더 많은 관광객을 유치한다는 것인데 나는 그만 충격을 받고 말았다. 웬 구름다리? 그게 전라좌수영지 복원이랑 무슨 상관이 있는데? 내가 그건 좋지 않은 생각이라고 말했더니 어르신들은 여수 사람보다 여수 걱정을 더 많이 한다며 껄껄 웃었다.

내친김에 이순신 유적 답사 중이라는 말을 했더니 모두 고개를 끄덕끄덕하시며 '이순신 하면 여수'라고 입을 모아 이야기했다.

이순신이 꿈에서도 그리던 어머니가 기거하시던 곳. 뒤뜰의 이충무공비가 없다면 그 흔적을 알고 찾기 쉽지 않다.

내가 아직 이순신의 어머니가 사시던 집을 제대로 못 봤다 했더니 어르신들은 갑자기 부산해졌다. "우리가 안내하는 게 맞다"면서 서로의 일정을 챙겨보더니 성이 서씨인 어르신이 안내를 자청하고 나섰다.

　이 어르신 덕분에 나는 고음천을 다시 찾을 수 있었다. 그리고 이순신의 어머니가 살던 집도 자세히 둘러볼 수 있었다. 집 앞까지 와서 발걸음을 돌려야 했던 첫 방문 때와는 달리 집 안에 인기척이 있어서 허락을 받고 집 주변과 안쪽 뒤뜰에 세워진 이충무공비도 살펴보았다. 이 비석에는 《난중일기》의 한 대목과 변 씨의 유물인 절구통과 밥솥, 반열책(병기 인수인계서) 등이 소개되어 있다. 하지만 이 유물들은 지금 어떻게 됐는지는 아무도 알 길이 없다고 한다.

여느 시골집과 다르지 않은 충무공 자당 기거지. 뒤뜰의 이충무공 비가 없었다면 어떤 의미가 있는 곳인지 알 수 없었을 것이다. 집도 옛 모습이 아니고 집 주변을 둘러싸고 있는 고목들도 300년을 넘지 않은 것이니 그 모습을 기억할 리 만무했다. 이순신과 어머니의 살뜰한 정이 담긴 곳이라고 하기에는 너무나 스산한 곳, 그저 초여름 햇살 속에서 잎을 나풀거리는 신록의 숨소리가 크게 들릴 뿐이었다.

지형지세를 이용한 지략
무술목

무술목이라는 말을 처음 들었을 때 참
이름이 묘하구나 싶었다. '무술'에 각각 모음 'ㅜ'가 들어가 서늘
한 느낌이 드는데다 자음 'ㅅ'까지 겹쳐지면서 스산한 느낌의, 물
빛이 가득한 애잔한 풍경이 떠올랐기 때문이다. 무술목이 있는 여
수도 마찬가지다. 여수는 '애수'라는 단어를 연상케 했다. 바다를
끼고 있는 물기 가득한 도시, 그 물기는 눈물 같기도 하고 이른 아침
에 피어오르는 해무 같기도 하다. 나에게 여수는 늘 이런 느낌이었
다. 무술목이 임진왜란 격전지였다는 사실은 잠시 미뤄두고 이곳
여수에서 무술목이라는 단어가 주는 감흥을 한껏 느끼고 싶었다.

여수 시내에서 돌산대교를 건넌 후 17번 국도를 따라가다 보면
전라남도 수산종합관이 보인다. 이 커다란 건물 뒤편으로 무술목

이 펼쳐져 있다. 무술목은 바다가 양쪽 산자락 속에 폭 파묻힌 듯한 모양을 하고 있다. 말 그대로 '목'인 것이다. 북쪽의 소미산과 남쪽의 대미산 사이로 바닷물이 들어차 있다. 무술목은 '무실목'이라고도 하는데 여기엔 두어 가지 유래가 전해온다. '무서운 목'이라고 부르다가 무실목이 됐다는 설도 있고 양쪽 땅을 이어주는 가느다란 곳이라는 의미의 '뭍의 목'에서 유래했다는 말도 있다. '무서운 목'에서 무술목이 됐다는 일화는 이순신과 깊은 관련이 있다.

임진왜란 당시 이곳은 조수간만의 차가 아주 심했다고 한다. 썰물 때면 바다 밑의 암반이 드러나 사람들이 걸어서 양쪽 지역을 오갈 수 있을 정도였다. 바로 이러한 지형적 특성을 이용해 이순신은 이곳에서 왜군을 무찔렀다. 해남 울돌목에서 벌어진 명량해전에서 대패한 일본군이 부산 쪽으로 도망가던 것을 조선 수군이 무술목으로 유인했다. 이순신은 이곳을 해협처럼 보이게 해서 왜군을 끌어들였고, 영문도 모르고 무술목으로 들어온 왜선 60여 척이 좌초되면서 왜군 300여 명이 섬멸됐다. 그때부터 이 목을 '무서운 목'이라 부르기 시작했고 훗날 사람들이 무술목이라고 불렀다는 것이다. 지형지물을 이용한 이순신 특유의 전술이 무술목에서도 펼쳐진 것이다. 그래서 여수의 이순신 유적 답사 코스에는 무술목이 빠지지 않는다. 소미산 아래에는 이충무공유적기념비가 세워져 있고 무술목 유원지의 조각공원에서는 이순신을 연상케 하는 조각품들을 전시하고 있다.

무술목은 해돋이로도 유명한 곳이다. 해안에는 커다란 몽돌이 깔려 있고 파도는 속삭이듯 잔잔하다. 내가 무술목에 도착했을 때는 마침 밀물 때라 모래사장을 보지 못했다. 썰물 때면 넓은 백사장이 펼쳐져 근사한 해수욕장이 된단다. 초여름 무술목에는 인적이 드물었다. 멀리 한두 사람이 몽돌 위를 뒤뚱뒤뚱 걷는 모습만 보일 뿐 쉴 새 없이 들고나는 파도 소리만이 이곳의 정적을 깨고 있었다.

몽돌 위에 앉아서 한참 동안 바다를 바라보았다. 남해 바다를 바라볼 때마다 그랬지만 이처럼 고요하고 평화로운 바다에서 피비린내 나는 전투가 일어났다는 것이 실감나지 않았다. 그러나 긴 세월을 두고 파도에 깎여서 동글동글하게 변한 무술목의 몽돌은 기억할지 모른다. 이순신의 진두지휘 아래 두려움 없이 바다로 나가 싸웠던 이름 모를 병사들의 모습을. 극한 상황에 처하면 단 한 가지만 생각하는 법이다. 조선 수군들은 아비규환 속에서 다른 생각은 하지 못했을 것이다. 오직 앞으로 나아가 왜적을 무찔러야 한다는 생각뿐.

무술목 바다 전경

거북선의 그림자

시전동 선소

2005년 11월 9일, 한국전쟁 이후 55년 만에 한강에서 서해안으로 이어지는 물길이 다시 열렸다. 한국전쟁은 끝난 전쟁이 아니라 잠시 쉬고 있는 전쟁, 즉 휴전이다. 1953년, 전쟁을 잠시 멈추자며 정전협정에 서명한 지 어느덧 50여 년이 흘렀다. 하지만 협정의 주체는 우리가 아니었다. 북한 인민군 대표와 유엔군 대표가 서명한 협정이 지금까지도 효력을 발휘하고 있으며 우리는 그 때문에 세계에서 유일하게 분단된 상태에서 전쟁을 쉬고 있는 나라가 돼버린 것이다.

한국전쟁이라는 현대사의 비극은 수백 년을 이어온 우리의 물길조차 막아버렸다. 한강을 타고 서해 바다로 나가자면 비무장지대를 통과해야 하는데 현재의 정전협정상으로는 이 문제를 우리 마음대로 할 수 없다. 2005년에 한강 물길이 다시 열린 것도 유엔군 사령부의 허가를 받고서야 가능했다는 점을 상기해보면 이해될 것이다. 우리는 아직도 끝나지 않은 전쟁 속에서 잠시 잠깐 포화의 악몽을 잊고 살아가는 것은 아닌지⋯⋯. 그래서 그해 서울에서 출발해 서해와 남해로 나가기 위해 한강 위에 둥둥 떠 있던 거북선은 당당하기보다는 애처로워 보였고 희망에 차 있기보다는 근심에 싸여 있는 듯했다.

이촌 나루터에서 출발을 기다리고 있던 거북선은 11월 11일 오후 비무장지대를 통과해 서해를 거쳐 남해로 향했다. 종착지는 경남 통영시 한산도. 이순신이 거북선을 돌격선으로 내세우고 남쪽 바다를 호령하던 곳이다. 임진왜란 당시 조선 수군의 전진기지였으며 삼도수군통제사의 위용이 저 멀리 일본 땅까지 떨쳤던 곳, 이순신의 한산도다.

비록 반쪽짜리 출발이었지만 한강 물길이 다시 트인 것을 축하하며 힘차게 물질하던 거북선을 보면서 나는 그해 여름에 다녀온 여수의 선소를 떠올렸다. 전라좌수영 시절, 곳곳에서 감지된 전란의 조짐에 대비해 거북선을 만들었던 선소 말이다.

현재 전남 여수시 시전동에 위치하고 있는 선소는 이순신이 거북선을 건조하고 수리했던 곳이다. 임진왜란이 일어나기 1년 전 이순신은 전라좌수영의 수사로 부임하면서 왜적의 침입에 대한 대비를 서둘렀다. 판옥선을 새로 건조하고 무기를 재정비했으며 군사들을 강한 수군으로 기르면서 단 하루도 허투루 보내지 않았다. 이런 가운데 이순신은 새로운 형태의 돌격선이 필요하다는 사실을 절감했고 그리하여 마침내 거북선을 탄생시켰다. 물론 거북선은 이순신이 창안한 발명품은 아니다. 거북선은 조선 초에도 이미 존재했고 실제로 임진왜란 당시 거북선 건조의 책임을 맡은 인물은 나대용이다. 하지만 거북선을 조선 수군의 새로운 돌격선으로 삼겠다고 한 것은 이순신이었으며 많은 어려움과 시행착오를 겪으며 건조를 지휘한 것도 그였다. 따라서 거북선을 역사의 전면에 등장시켜 우리 민족의 창의성을 전 세계에 알린 것 역시 그의 공로라 하지 않을 수 없다.

임진왜란 당시 이순신의 지휘 하에 탄생한 거북선은 모두 세 척이었다고 한다. 바로 이 세 척의 거북선이 여수 일대에 분포해 있던 선소 세 곳에서 탄생했다. 전라좌수영 본영 앞의 선소, 돌산 방답진 선소, 쌍봉 선소가 바로 그곳이다. 전라좌수영 본영 앞 선소의 위치는 현재의 여수 진남관 아래쪽과 중앙동 로터리 중간부였다고 하고, 돌산 방답진 선소는 지금의 돌산읍 군내리 부근으로 추정된다. 마지막 쌍봉 선소는 지금도 그 흔적이 남아 있는데 현재의 여수시 시전동 선소부락 자리에 위치해 있었다.

시전동의 선소는 선소부락이라는 말에서 짐작할 수 있듯이 배를 건조하는 일을 오랫동안 해온 마을이다. 임진왜란이 한창이던 1593년까지는 순천부 선소에 속해 있다가 삼도통제영으로 승격되면서 여수 본영에 소속되었고 그때부터 이곳에 선소창의 지휘소가 들어섰다고 한다. 구전에 의하면 1800년대까지도 건물이 남아 있었다고 하는데 1910년경 일본인들의 손에 상당히 많은 유물과 자료, 흔적들이 소실되고 말았다.

그런데 일제의 만행은 거기서 끝나지 않았다. 그로부터 20여 년 후 1930년경에 일제는 선소 앞에 간척지 제방을 쌓는다면서 선소

창을 아예 다 뜯어내버렸다. 대장간에서 사용하던 물통과 석인, 주춧돌, 유허비, 공덕비 등 이순신과 그 휘하 수군들, 목수, 대장장이들이 사용하던 각종 유물을 훔쳐내서는 일부는 일본으로 가져가고 나머지는 바다 속에 던져버리거나 굴강 주변에 쌓여 있던 돌과 함께 둑 속에 처넣어 제방을 쌓았다고 한다. 이순신에 대한 일본인들의 복수는 참으로 가혹했다. 남해안 일대에 이순신의 흔적이 남아 있는 곳이면 그곳이 어디든지 이처럼 참혹한 수모를 겪었으니 말이다.

세계에서 그 유래를 찾아보기 힘든 돌격선이자 우리 민족의 과학기술과 창의성의 결정체인 거북선. 하지만 거북선이 건조되던 선소에 서면 이 화려한 찬사가 무색해진다. 일제 강점기를 거치면서 파손됐다는 것을 감안하면 그래도 이만한 것이 어디냐고 말할 수 있겠지만 사정을 들어보니 그것도 아닌 것 같았다. 시전동 선소가 국가 사적 392호로 지정된 것은 1995년이다. 그 후 주변을 정비하고 수군이 칼을 갈았다는 세검정지를 새로 단장하긴 했지만 그것뿐이라고 한다. 배를 정박시켰다는 인공구조물 굴강이 썰물 때가 되면 바닥을 드러내는 건 그렇다 치더라도 무기를 제작하고 수리를 했다는 대장간은 형식적인 복원에 그치고 말았다. 그나마 세검정지는 깔끔하게 정비했지만 이곳이 정확하게 무엇을 하던 곳인지 알 길이 없었다. 수군이 칼을 갈 때 썼다는 숫돌도 없고 검은 빛깔의 범상치 않아 보이는 집채만이 그곳을 지키고 있을 뿐, 왜란이 한창이던 시절의 그 번화한 모습은 짐작키가 어려웠다.

또한 이곳은 상주 관리인조차 없는 실정이다. 한 기사에 따르면 여수시가 선소 관리에 쓰는 예산은 월 70만 원 선. 그래서 가끔 주

거북선을 건조했던 세 곳의 선소 중 유일하게 그 흔적이 남아 있는 시전동 선소. 일제 강점기 훼손의 흔적이 너무 역력해 가슴이 아팠다.

민들이 자비를 들여 화장실을 청소하기도 한단다. 그뿐이 아니다. 관리가 이렇게 소홀하다 보니 선소 주변에서 술판을 벌이는 젊은 이들이 있는가 하면 세검정지의 문지방과 마룻바닥을 마구 훼손하는 일도 적지 않다고 한다. 심지어 이곳 주민들 사이에서 선소는 유적지가 아니라 연애당이라고 불리기도 한단다.

어느 지방자치단체나 마찬가지겠지만 지자체는 늘 재정난에 허덕이고 먹고사는 일에 급급하여 문화 예산 편성에 별다른 신경을 쓰지 않는다. 문화 부문에 예산을 많이 책정했다 하더라도 그것은 대부분 축제나 이벤트, 행사에만 집중된다. 전형적인 전시행정의

조선 수군이 무기를 다듬고 관리했던 세검정지. 상주관리인조차 없는 실정이지만 역사를 되새기는 이들에게는 범상치 않은 곳이다.

표본이다. 여수시만 탓할 일도 아니고 지자체를 나무랄 일도 아니다. 정부 당국을 책망한다고 해결될 일도 아니다. 이것은 우리가 문화를 인식하는 태도에서 비롯된 결과이기 때문에 모두가 함께 반성하고 책임져야 한다. 문화재 관리 수준이 곧 우리 사회의 수준인 것이다.

선소에 서서 퇴락한 굴강의 모습을 보니 마음이 착잡해졌다. 전쟁을 일으킨 왜인들에게 전쟁의 책임을 묻지도 못한 채 어정쩡하게 끝나버린 7년 전쟁. 그러나 전쟁이 끝난 후에도 조선의 임금과 조정은 그 참혹했던 기억을 반면교사로 삼지 않았다. 임진왜란을 계기로 일본은 도쿠가와 이에야스德川家康가 정권을 잡으며 새로운 시대를 열었고 중국에서는 명이 망하고 청이 섰다. 하지만 조선은 옛 모습 그대로 아무것도 변하지 않은 채 다시 임진왜란 전으로 돌아갔다. 고인 물은 썩기 마련이다. 그래서 조선은 일본에게 다시 주권을 내줘야 했고 거북선을 만들었던 선소와 굴강도 일본인들에게 유린당했던 것이다.

　역사는 돌고 돈다. 누구는 역사는 진보한다, 앞으로 나아간다고 말하지만 그것은 역사를 통해 교훈을 얻은 자에게만 해당되는 이야기다. 역사를 통해 아무것도 느끼지 못하고 배우지 못한 사람에게 세계는 고인 물일 따름이다. 그 물속에서 우리는 잠깐 안분지족 할 수 있을지 모른다. 그러나 고이고 썩어가는 물속에서의 안분지족이 무슨 의미가 있겠는가? 나도 모르는 사이에 내 몸이 썩고 있는 것을…….

2차 출전의 현장을 따라
사천에서 율포까지

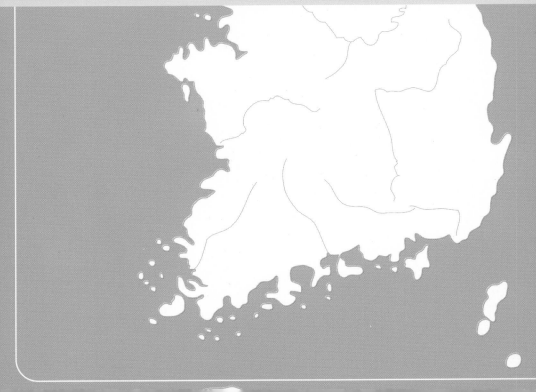

거북선이 처음으로 출전한 이순신 함대의 2차 출전은
아름다운 해안선과 남해안 최고의 일몰 풍경을 자랑하는
경남 일대를 무대로 하고 있다. 사천 선진리성에서
삼천포대교로 이어지는 실안해안도로와 공룡 화석으로 유명한
고성 당항포, 통영시와 한려수도가 한눈에 내다보이는
미륵도의 당포 그리고 거제 율포로 이어지는 2차 출전은
거북선을 전면에 내세운 역사적인 해전인 동시에 조선 수군의 기개가
하늘을 찌를 듯했던 전투였다. 그리고 이 전투에서
이순신은 적의 총탄을 맞아 부상을 입게 된다.

실안해안도로의 아름다운 낙조

2차 출전의 첫 전투지

사천

처음 사천을 찾아갔던 2005년 10월, 출
발지는 거제도였다. 옥포해전지를 둘러본 후 통영 쪽으로 방향을
틀었다. 통영과 거제 사이의 견내량을 지나 통영시 외곽 도로를 따
라 고성군 쪽으로 향했다. 고성에서 서쪽으로 길을 틀어 77번 국도
와 50번 지방도로를 타면 길은 사천으로 이어진다. 남해안의 절경
이 파노라마처럼 펼쳐지는 77번 국도를 타고 가던 중에 나는 몇 번
이나 차를 멈췄는지 모른다. 뉘엿뉘엿 넘어가는 초가을의 햇살이
산과 들과 바다 속으로 스며들어가고 남쪽 어촌의 정겨운 모습들
이 그림처럼 펼쳐졌다. 땅거미가 질 무렵 삼천포에 도착했다. 항구
의 불빛이 반짝이고 저 멀리 창선·삼천포대교의 불빛이 보이기
시작했다. 그 즈음에서 나는 길을 다시 북쪽으로 돌려 3번 국도를

탔다. 사천해전이 있었던 선진리성으로 가기 위해서다.

깜깜한 밤길을 더듬어 드디어 선진리성이 있는 선진 마을에 도착했다. 이곳은 횟집과 식당, 숙박시설이 모여 있는 관광객을 위한 어촌 마을이다. 잠들기 전에 바깥에 나가 해안가를 서성였다. 파도 소리는 나직했고 멀리 보이는 삼천포 대교의 불빛은 영롱했다. 거북선이 위용을 떨쳤을 바다, 이순신의 어깨를 뚫은 총탄, 죽고 죽이는 아수라장 같은 전투……. 그날 밤 나는 쉽게 잠들지 못하고 오랫동안 뒤척였다. 숙소 바로 앞의 사천 바다가 꿈속에서도 어른거렸기 때문이다.

다음날 해가 뜰 무렵 잠을 깼다. 가을 아침의 안개가 바다 위에 사뿐히 드리워져 있었다. 아니, 바다 위가 아니다. 땅인가? 어젯밤에는 분명 파도가 일렁이던 바다였는데 어느새 땅으로 변해 있었다. 이것이 밀물과 썰물의 힘이란 말인가? 그때까지 나는 제대로 된 밀물 썰물을 본 적이 없었기 때문에 조수간만의 차가 심한 바다 풍경은 정말 경이로워 보이기까지 했다. 이순신이 밀물과 썰물의 차이를 이용해서 전략을 짠 이유가 단번에 이해됐다. 백문이 불여일견이다. 저런 바다에서는 밑바닥이 뾰족한 왜군의 전함 아다케는 힘을 쓰지 못한다. 어젯밤 바다였던 곳이 하루아침에 땅으로 변해버리는 지형에서는 역시 밑이 평평한 판옥선이 제격인 것이다.

이순신은 바닷물이 빠지고 드는 것을 보면서 얼마나 많은 고민을 했을까? 그 시간을 정확히 계산하고 그것을 전략에 이용하기 위해서 얼마나 많은 밤을 새웠을까? 그런 생각에 잠겨 있는 사이 해무가 걷히면서 동쪽 하늘이 붉게 물들기 시작했다. 해가 뜨기 시작했다. 사천에서 체험한 가장 아름다운 순간이었다.

거북선의 등장과 이순신의 부상

임진왜란이 발발한 이후 거북선이 처음으로 출전한 전투가 사천해전이다. 사천해전은 2차 출전의 첫 전투였다. 임진년 5월 29일, 전라좌수영군은 스물여섯 척의 함대를 이끌고 노량으로 나아가다 사천 앞바다에서 원균이 이끄는 경상우수영군과 합류한다. 그리고 해안선을 따라 사천 선창으로 도망가는 왜군 척후선을 격침시키고 계속 사천 포구로 나아갔다. 포구에 정착해 있던 왜군을 유인해서 먼 바다로 나온 조선 수군은 먼저 거북선을 앞세워서 적의 전열을 흩뜨리고 판옥선으로 왜선을 섬멸했다. 이때 격침한 배가 열 척이다. 이순신 함대는 하룻밤을 모자랑포에서 보낸 후 6월 1일 아침에 나머지 두 척의 배도 격침한다. 모두 열세 척의 배가 부서졌고 2,600명의 왜군들이 죽었다. 첫 출전인 옥포해전에서의 승리에 이은 또 한 번의 장쾌한 승리였다. 그런데 이순신은 여기서 부상을 입었다.

> 비록 죽음에 이를 만큼 다치지는 않았습니다만 연일 갑옷을 입고 있
> 는데다 다친 곳에 구멍이 넓게 헐어 진물이 줄줄 흘러 아직도 옷을
> 입을 수 없으며, 밤낮을 잊고서 혹 뽕나무 잿물로 혹 바닷물로 씻어
> 보지만 아직 별로 차도가 없어서 민망합니다.
>
> 《이충무공 서간첩》

《난중일기》에서 발견된 이순신의 편지 중 하나로, 서애 류성룡에게 쓴 것이다. 사천해전에서 입은 총상에 대해 소상하게 언급한 것으로 볼 때, 두 사람의 신뢰가 얼마나 두터웠는지 어렵지 않게 짐

작할 수 있다. 적의 탄환에 맞아 생긴 상처가 곪고 있는 것이다. 변변한 치료도 하지 못하고 갑옷을 벗을 새도 없어서 진물이 흘러내리는 상처를 어찌지 못한 것이다. 큰 상처가 아니라고 하지만 정말 그럴까?《이충무공행록》을 보면 조금 다친 것이 아님을 알 수 있다.

> 그날 공도 철환을 맞아 철환이 왼편 어깨를 뚫고 등까지 박혀서 피가
> 발꿈치까지 흘러내렸지만, 공은 그대로 활을 놓지 않고 종일 독려하
> 다가 싸움이 끝난 뒤에 칼끝으로 살을 쪼개고 철환을 파내었는데 깊
> 이가 두어 치나 되었다. 온 군중이 비로소 알고 놀라지 않은 이가 없
> 었지만 공은 웃고 이야기해가며 태연해했다.
>
> 《이충무공행록》

총알이 어깨를 뚫고 지나갔다. 어깨뼈를 다친 것이다. 군영에는 변변한 치료약이 없었던 것일까? 무더운 여름 날씨에도 불구하고 한시도 갑옷을 벗을 수 없어서였을까? 상처는 쉽게 낫지 않았고, 훗날 이순신은 이 상처로 말미암아 자주 아팠던 것 같다.

임진왜란 연구가들은 사천해전의 특징을 다음과 같이 정리한다. 지형과 조수를 이용한 이순신 특유의 전략과 더불어 돌격선인 거북선을 실전에 투입해 성공을 거뒀고, 이는 앞으로의 해상 전투에서 조선 수군이 훨씬 더 유리한 입장에 서게 된다는 것을 의미한다고. 세계 해전사에 길이 남을 한산대첩도 거북선이 있었기에 가능했다는 점을 고려해본다면 사천해전의 승리는 더욱 값진 것이라고 할 수 있다.

그러나 승리한 싸움이었지만 최고 지휘관이 상처를 입었으니 손

종가에서 소장하고 있는 〈거북선도〉와 서울 용산의 전쟁기념관에 세워진 거북선 모형.

실이 적다고 볼 수만은 없다. 더욱이 거북선을 만든 군관 나대용도 총에 맞아 다쳤다. 최고의 돌격선을 만들기 위해서 동분서주했던 이순신과 나대용의 작품이 사천 앞바다에 등장해 왜적들을 혼비백산하게 만들었지만 두 사람 모두 총을 맞고 부상을 입었으니 이 얼마나 아이러니한 상황인가?

일본이 심은 벚꽃 군락지, 선진리성

숙소 바로 뒤편 산책길은 선진리성으로 이어져 있었다. 산책길은 제법 가파른 산등성인데 이곳이 바로 임진왜란 때 왜군들이 쌓았다는 선진리성 혹은 사천 왜성이다. 임진왜란 당시 일본군은 남해안 일대에 28개의 왜성을 쌓았다. 왜성은 일본에 있던 도요토미 히데요시의 명령에 따라 치밀한 계획하에 축조됐다. 남해안의 주요 요충지마다 왜성을 쌓은 것은 우선 장기 주둔이 목적이었다고 볼 수 있다. 그리고 일종의 병참기지이기도 했다. 일본 장수들은 왜성을 진지로 삼고서 전투를 벌였고 전투의 전리물을 챙겨 성안에 쌓아두기도 했다. 포로로 납치한 조선 백성들과 수많은 문화재들이 왜성마다 넘쳐났다. 한마디로 왜성은 일본군의 전략적 기지였으며 조선인들의 포로수용소요, 문화재 약탈의 중심지라고 정리할 수 있을 것이다.

하지만 선진리성은 남해안의 다른 왜성과는 성격이 조금 다르다. 이 성은 정유재란이 일어났던 1597년 10월, 왜군 장수 모리 요시시로毛利吉城에 의해 만들어졌다. 사천만 쪽으로 깎아지른 절벽 위에 흙으로 성을 쌓기 시작했는데 여타 왜성과는 달리 급하게 만들어진 것이 특이한 점이다. 정유재란 초기에는 왜군이 유리했지만 이순신이 명량해전에서 전세를 역전시키면서 전쟁은 박빙의 승부가 되었고 왜군은 다시 동쪽으로 밀려가고 있는 상황이었다. 그때 만들어진 것이 바로 사천 왜성. 거의 두 달 만에 완성했을 만큼 빠른 속도로 축성됐다.

그 무렵 전열을 가다듬은 조선군은 명군과 더불어 사로병진四路竝進 전략을 취한다. 남해안 일대에 산재한 왜군의 요새를 육지와 바다에서 동시에 공격하겠다는 것이었다. 그때 왜군 장수 시마즈 요시히로島津義弘는 사천 왜성에 주력 부대 만여 명을 배치하고 전투태세를 갖추고 있었다. 명군 3만 4,000명과 조선군 2,200명은 이곳을 공격했다. 하지만 난공불락. 결국 5,000여 명의 희생자를 내고 퇴각했다. 그런데 승리를 한 시마즈도 이내 이 성을 버렸다. 도요토미 히데요시가 사망하면서 귀국 명령이 내려진 것이었다. 왜군은 사천 왜성을 급하게 축성했고 그 속도만큼이나 빠르게 이곳에서 철수했다.

선진리성은 2005년에 대대적인 발굴 조사가 이루어졌다. 왜성의 성문터가 발견되면서 선진리성의 숨은 역사가 속속 드러나기 시작한 것이다. 그중 하나는 선진리성이 임진왜란 때 급하게 축조됐다가 이듬해에 한 번 더 축조됐다는 사실이다. 성벽에서 고성 기와가 다량 출토되면서 이 일대 관아와 향교의 건물을 철거해 성을 쌓았다는 주장이 힘을 얻게 됐다.

또 왜성이기 이전에 이미 고려시대부터 토성이 있었던 자리라는 것이 확인되기도 했다. 12세기 중반 이후의 것으로 보이는 상감청자 대접 조각이 출토됐기 때문이다. 실제로 선진리성 곳곳에는 도자기 조각들이 엄청나게 많았다. 2005년 12월, 이순신을 매개로 블로그에서 만나 친해진 전우람이 씨, 윤효정 씨와 함께 선진리성을 두 번째 방문했을 때 그 흔적을 눈으로 확인할 수 있었다. 고미술을 공부하는 대학원생으로 조선백자가 전공인 효정 씨는 선진리성을 둘러보다가 갑자기 발아래를 두리번거리더니 금세 도자기 조각을 몇 개 찾아냈다.

"역시 이 지역은 도자기가 유명하군요. 이건 조선 전기 백자 조각 같아요. 사천, 곤양 등 이쪽은 도공들이 많았던 곳이에요. 흙이 정말 좋거든요."

왜성은 일본군이 장기 주둔을 목적으로 쌓은 성이지만 사천 왜성에서는 오래 머물 수 없었다. 시마즈의 후손이 심었다는 벚나무가 봄이면 꽃을 피워 장관을 이룬다.

역시 아는 만큼 보인다는 말이 맞다. 효정 씨는 도자기 파편을 주워 담으며 임진왜란 당시 가장 큰 고초를 겪었던 조선의 도공들에 대해 이야기했다. 조선의 문화를 높은 수준으로 이끌었으되 천한 신분이라는 이유로 사람대접을 받지 못했던 도공들. 이들은 임진왜란이 터지자 일본으로 대거 끌려갔다. 낯선 곳에서 도자기를 빚어야 했고 그곳에서 많은 이들이 죽었다.

임진왜란은 '도자기 전쟁'이라고도 부른다. 당시 일본에서는 센노 리큐千利休가 완성한 다도의 영향으로 조선의 다기가 최고의 예술품 대접을 받았다. 이 때문에 왜군의 선봉장이었던 무사 영주들은 너도나도 앞다투어 조선의 자기를 약탈했고 도공들까지 강제로

끌고 갔다. 왜성을 쌓은 왜장 시마즈도 전북 남원성에서 도공 80여 명을 납치해갔다고 한다. 장수 한 명이 마을 한 곳에서 80여 명을 데려갔으니 얼마나 많은 도공이 끌려갔던 것일까? 또 얼마나 많은 도자기가 반출됐을까? 그 수가 오죽 많았으면 임진왜란을 도자기 전쟁이라고까지 했을까.

선진리성 유원지는 진해 못지않은 벚꽃 군락지로 유명하다. 나는 가을과 겨울에 이곳을 찾았기 때문에 화사하게 피어나는 벚꽃의 향연을 보지는 못했지만 1,000여 그루가 넘는다는 벚나무 수만 봐도 봄의 풍경이 얼마나 아름다울지 짐작이 간다. 그러나 이곳 벚나무의 역사는 그렇게 아름답지 않다. 일제 강점기에 시마즈의 후손들이 선진리성 일대를 매입한 후에 공원으로 만들면서 벚나무를 심었다고 하니 말이다. 그들은 또한 사천신채첩지비라는 비석을 세우기도 했다. 사천신채. 당시에는 사천 왜성을 이렇게 불렀다고 한다. 시마즈의 후손은 이곳이 자신의 조상이 만든 왜성임을 강조하기 위해 이런 비석을 세웠을 것이다. 물론 지금 그 비석은 존재하지 않는다. 해방 이후 주민들이 없애버렸다고 한다.

선진 마을의 뒤편 돌계단을 이용해서 성에 오른 후에 반대편 계단으로 내려오니 선진리성 공원의 입구 쪽으로 이어졌다. 주차장의 작은 사무실에는 문화해설사가 근무하고 있었다. 혼자서 이순신 유적을 답사하는 중이라고 하자 문화해설사 박재산 할아버지는 구수한 경남 사투리로 나를 반갑게 맞아주었다. 사천해전에 대한 설명이 상세하게 이어졌고 사천 왜성에 대해서도 옛이야기를 들려주듯 재미나게 알려주었다. 오래 간직해온 듯한 손때 묻은 공책에는 한글과 한자, 일어가 번갈아가며 적혀 있었다. 선진리성을 찾는 사람들에게 이순신과 임진왜란 이야기를 더욱 자세하게, 그러면서도 사료에 근거한 객관적인 시선으로 알려주기 위해 공부하고 노력하는 모습이 참 보기 좋았다.

박재산 할아버지는 선진리성은 이중의 해자로 둘러싸여 있다고 하면서 성의 크기와 성벽의 위치를 직접 가르쳐주었다. 헤어질 즈음 조명연합군의 무덤이 어디에 있느냐고 묻자 "공부 많이 하고 오셨네"라면서 기특한 듯 내 어깨를 툭툭 두드려주었다. 선진리성에서 국도로 빠지는 길옆에 거대한 무덤이 보일 것이라면서 꼭 들러보고 가라며 몇 번을 당부했다.

고향으로 돌아가지 못한 자들의 쉼터

조명군총

조명군총은 정유재란 때 사천 왜성 전
투에서 전사한 조선과 명나라 군사들의 무덤이다. 임진왜란을 일으
킨 도요토미 히데요시는 군사들에게 전과의 증거로 적의 코와 귀를
잘라서 보내라고 명령했다. 그 때문에 왜군은 죽은 이들의 코와 귀
를 자른 후 그 목을 베어 사천 왜성 밖에다 묻었는데 그 수가 너무
많아서 악취가 심했다. 그래서 성에서 조금 떨어진 현재의 위치로
옮겨졌다고 한다. 무덤이 워낙 커서 멀리서도 금세 눈에 띈다. 하기
야 수천 명의 목이 묻힌 곳이니. 일본 측 기록에 따르면 무술년(1598)
10월 1일 사천 왜성 전투에서 사망한 조명연합군 수는 3만 명이 넘
는다. 선조실록도 7,000~8,000명으로 기록하고 있다. 일본은 자신
들의 승리를 부풀린 것일 테고 실록은 전쟁 중에 억울하게 죽은 백

전쟁으로 낯선 땅에 묻힌 사람들이 어디 이들뿐이겠는가. 사천의 조명군총(좌)과 일본 교토의 중심가에 있는 미미즈카(우)는 고향으로 돌아가지 못한 민초들의 무덤이다.

성들의 수까지 포함하여 기록한 것으로 추정하고 있다. 임진왜란 연구자들은 전사한 병사들의 수를 5,000여 명 선으로 보고 있다.

조명군총에 묻힌 이들은 다시 고향에 돌아가지 못한 자들이다. 명 나라 병사들은 낯선 이국땅에서, 조선의 병사는 고향이 아닌 객지에 서 목숨을 잃었다. 전쟁으로 사지를 절단당한 채 낯선 땅에 묻힌 사 람이 어디 이들뿐이겠는가? 일본의 고도 교토의 중심가에 있는 미 미즈카耳塚(귀무덤) 역시 고향으로 돌아가지 못한 조선인들의 한이 서 린 무덤이다. 임진왜란 당시 왜군이 소금에 절여 보낸 12만 6,000여 조선인들의 코와 귀가 바로 여기에 묻힌 것이다. 이 무덤이 도요토 미 히데요시를 배향하는 도요쿠니 신사豊國神社 바로 앞에 있다는 점 은 매우 의미심장하다. 무덤의 혼들은 쉽게 잠들 수 없었으리라.

귀무덤에 얽힌 사연은 측은하지만 놀랍게도 관리가 아주 잘 되고 있었다. 무덤 맨 꼭대기에는 일종의 공양탑인 석탑이 있고 무덤 앞에는 항상 무궁화가 놓여 있다. 교토의 재일교포들이 자주 들러서 무궁화를 두고 간다고 한다. 청소도 말끔하게 되어 있다. 알고 보니 무덤 근처에 사는 일본인이 관리를 하고 있다고 한다.

아흔을 훌쩍 넘긴 시미즈 씨. 그는 할아버지와 아버지의 대를 이어서 귀무덤을 관리해오고 있다. 청소도 하고 벌초도 하고 방문객들이 오면 직접 설명을 해주기도 한다. 조부와 부친이 해오던 일이라 어린 시절부터 자연스럽게 이 묘를 관리하게 됐는데 자신의 조상들이 조선 땅에서 지은 죄를 용서받는 마음으로 이 일을 하고 있다고 한다.

시미즈 씨 같은 일본인을 보면 복잡한 생각이 든다. 대개 일본인들은 개인적으로 만나면 좋은 사람들이 참 많다. 모두 친절하고 성실하며 원칙을 지키고 도의를 실천하려고 애쓴다. 그런데 이들이 일본이라는 단어 아래 서게 되면 사정이 달라진다. 이웃나라를 침략하고 역사를 왜곡한다. 설령 그것이 본인의 생각과는 관계없는 일이라 하더라도 동조하거나 침묵한다. 전체 속에서 개인은 덧없고 개인의 자리와 목소리는 너무나도 작다. 마치 한 무더기로 폈다가 꽃잎 한 장 한 장이 사방으로 흩어져버리는 벚꽃처럼.

교토의 미미즈카와 사천의 조명군총은 모두 고향으로 돌아가지 못한 자들이 잠든 곳이다. 아비규환의 혈전 속에서 죽어간 이들이 너무 많다. 조명군총 주변의 갈대와 억새풀이 바람에 흔들리며 스스스 소리를 낼 때면 땅속에 갇힌 400년 전의 원혼이 흐느끼는 것 같다. 교토의 미미즈카 위로 벚꽃잎이 흩날린다. 집으로 돌아가지 못한 이들의 눈물 같은 벚꽃잎이.

사천해전의 현장을 따라

실안해안도로와 모충공원

선진리성을 떠나 우리나라에서 낙조가 가장 아름답다는 실안해안도로를 달렸다. 사천까지 온 김에 남해안 최고의 비경을 보겠다는 생각도 있었지만 선진리성에서 실안도로가 시작되는 지점에 있는 모충공원에 들러야 한다는 생각이 먼저였다.

모충공원은 송포동 바닷가에 위치하고 있는데 자세히 살펴보지 않으면 그냥 지나치기 십상이다. 모충공원에는 별로 특별한 것이 없다. 시대에 뒤떨어진 이순신 동상과 그 아래 쓰인 황당하기 짝이 없는 문구가 실소를 자아내게 한다. 이순신을 소개하는 문구의 제목은 '이순신 장군 약력'인데 1545년 서울에서 태어나 1598년 노량대첩에서 전사한 것으로 되어 있다. 탄생과 사망을 약력으로 소개

실안해안도로가 시작되는 지점에 자리한 모충공원. 유적 안내문은 다소 실망스럽지만 공원에서 바라본 바다는 정말 아름답다.

한 것도 어색하지만 결정적으로 전라좌수사가 된 연도가 틀렸다. 이순신이 전라좌수사가 된 것은 임진왜란이 일어나기 1년 전인 1591년인데 1589년으로 돼 있다. 거북선을 '발명' 했다는 것도 역시 어색하다. 지금은 고쳐졌는지 모르겠다.

하지만 모충공원에서 바라본 바다와 하늘은 정말 아름다웠다. 실안해안도로가 시작되는 지점이라는 것이 실감 날 정도다. 거기다 이곳에서는 사천해전 중 하룻밤을 지새운 모자랑포가 내려다보인다. 고즈넉한 공원 한쪽에 서서 바다를 바라보고 있자면 푸른 물결 위에 반짝이는 햇살 조각들이 나비들의 군무처럼 느껴진다.

모충공원에서 삼천포대교로 이어지는 실안도로는 푸른 바다와 오밀조밀한 해안선, 죽방렴, 등대와 한데 어우러져 그림 같은 풍경을 만들어낸다. 도로 주변의 포도밭에서는 달콤한 포도향이 흘러나오고 소박한 어촌 마을이 정겹다. 남해안에서 바다로 지는 노을이 가장 아름다운 이곳은 우리나라 9대 일몰 풍경 중 하나로 꼽힌다. 해가 질 무렵 매일매일 새로운 황금빛 풍경화가 그려진다고 하면 괜찮은 표현일까?

그런데 그 명성 때문인지 이곳 지자체가 이 일대의 관광산업을 활성화하기 위해 해안도로를 새로 정비하면서 다소 인공적인 분위기로 변해버렸다. 자연은 그냥 있는 그대로 두는 것이 가장 자연답지 않을까? 그저 사람이 오갈 수 있는 정도의 길만 있는 것이 천하절경을 만든다는 사실을 사람들은 왜 자꾸 잊어버릴까? 콘크리트와 페인트는 자연의 빛깔을 따라가지 못한다. 자연에서 늘 튀는 건 인간이기 때문이다.

당포해전의 격전지
미륵도

남해안의 이순신 유적지를 답사할 때 다양한 루트를 만들 수 있는데 그중 이순신이 치렀던 해전의 순서대로 따라가보는 것도 좋을 듯하다. 1592년 5월 29일에서 6월 10일까지 이어진 이순신의 2차 출전지도 그렇게 따라가보는 것이 어떨까?

이 여정은 사천에서부터 시작된다. 먼저 사천 선진리성을 들렀다가 실안해안도로를 따라 남하한다. 그리고 삼천포에서 77번 국도를 타고 고성의 당항포 유원지를 찾아간다. 당항포해전이 있었던 역사적인 장소를 공룡박물관과 함께 둘러본 후에 다시 통영으로 방향을 잡아 미륵도로 간다. 당포해전이 있었던 삼덕리에 들렀다가 미륵도의 아름다움을 만끽할 수 있는 산양일주도로를 타고 섬을 한 바퀴 돈다. 그리고 마지막으로 통영에서 견내량을 지나 거제도로 들어가 거제도 북단의 구영에 도착해 율포해전지를 돌아본다. 물론 시간이 허락된다면 이 여정 사이사이에 통영과 한산도, 거제도의 칠천량과 옥포를 끼워넣어도 좋다.

사천해전에서 열세 척의 배를 격침하고 2,600명의 왜군을 사살한 후 조선 함대는 모자랑포에서 하룻밤을 보내고 다음날 경남 고성의 사량도 앞바다까지 나와 다시 하룻밤을 지냈다. 사천에서 부상을 당했으면 그냥 여수로 돌아갈 만도 한데 이순신은 흔들리지 않았다. 오히려 지휘관의 부상 때문에 걱정과 실의에 빠져 있던 병사들을 일일이 위로하면서 그들의 사기를 높이기까지 했다. 이순신 함대는 사량도 부근에서 한숨을 돌리면서 이억기가 이끄는 전라우수영 함대를 기다렸다. 그리고 6월 2일 아침에 당포 선창에 왜선이 정박해 있다는 정보에 당포로 함대를 몰아갔다. 당포 앞바다에 정박한 20여 척의 왜선 중 유난히 눈에 띄는 것이 왜군 장수가 탄 배였다. 장수의 이름은 카메이 코레노리龜井慈矩. 나이는 서른 밖에 되지 않았지만 오만할 정도로 당당해 보였다. 누각을 세워 화려하게 치장한 것으로 카메이의 성정을 짐작할 수 있었다. 임금에게 올리는 장계에는 이에 대해 더욱 자세히 적고 있다.

> 왜선은 크기가 판옥선과 같은 것이 아홉 척, 중·소선을 합한 것 열두 척이 선창에 분박하고 있었습니다. 그중에 한대선 위에는 높이가 30~40장이나 될 듯한 높은 층루가 우뚝 솟았고 밖으로는 붉은 비단 휘장을 두르고 회장의 사면에 황黃자를 크게 썼습니다. 그 속에 왜장이 있는데 앞에는 붉은 일산을 세우고 조금도 두려워하지 않는지라…….
>
> 《임진장초》, 〈당포파왜병장〉

그러나 왜장 카메이의 기고만장도 얼마 가지 못했다. 이순신의 전략전술은 언제나 속전속결이기 때문이다. 직장인과 CEO, 교사와 학생들로 구성된 이순신 연구 모임으로 《이순신과 임진왜란》이라는 책을 펴낸 '이순신역사연구회'의 말을 빌리면, 이순신은 언제나 다양한 정보 수집망을 이용해서 치밀한 전략을 짰으며 공격을 시작하면 절대 시간을 오래 끌지 않고 신속하게 전투를 끝냈다고 한다. 당포해전도 겨우 20~30분 만에 끝이 났다. 왜장 카메이가 화살을 맞고 쓰러졌고 조선 수군은 그의 목까지 베어버림으로써 왜군들의 전투 의지를 단번에 꺾었던 것이다.

> 먼저 거북선으로 하여금 층루선 밑으로 직충하여 용의 입으로 현자 철환을 치쏘게 하고 또 천자 · 지자 총통과 대장군전을 쏘아 그 배를 당파하자 뒤따르고 있던 여러 전선들도 철환과 화살을 교발했는데 중위장 권준이 돌진하여 왜장이라는 놈을 쏘아 맞추자 쿵 하는 소리를 내며 떨어지므로 사도첨사와 군관 홍양 보인 진무성이 그 왜장의 머리를 베었습니다.
>
> 《임진장초》, 〈당포파왜병장〉

당포에서 격침된 왜선은 21척, 사살된 왜군의 수는 헤아리기 어려울 만큼 많았다고 한다. 격침된 배들이 화염에 휩싸인 채 바다 위에 둥둥 떠다니고 적들의 시신이 어지럽게 흩어져 있었다. 아비규환 같았던 그날을 저 바다는 숨죽여 바라보고 있었을 것이다.

당포해전지는 통영에서 충무교와 통영대교를 건너면 쉽게 갈 수 있는 섬, 미륵도에 있다. 다리를 지나 바다를 끼고 있는 아름다운

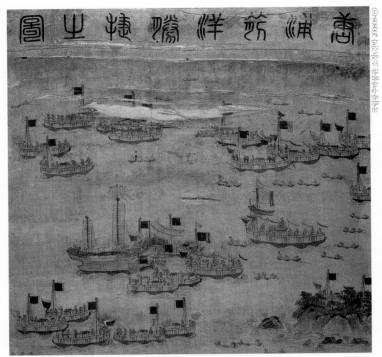

〈당포전양승첩도〉. 임진왜란 직후인 1604년, 당포에서 왜군을 물리친 그림이다. 당포해전 당시의 전선모습이나 전선을 짐작해 볼 수 있다는 점에서 귀중한 자료로 평가받고 있다.

산양일주도로를 따라 달리다 보면 오른편에 당포 포구가 보인다. 지금은 삼덕항이라고 부르는 이 포구의 앞바다가 이순신의 다섯 번째 해전, 당포해전의 격전지다. 삼덕항 뒤편 야산에는 당포성이 있다. 고려 공민왕 대에 왜구의 침략을 막기 위해서 최영이 병사와 주민들을 동원해서 쌓은 성이다. 임진왜란 발발과 함께 이 성은 왜군들이 점령해버렸지만 당포해전 이후 탈환됐다.

삼덕 항구에서 바다를 바라보다가 다시 산양일주도로에 올랐다.

동백나무 가로수 길을 따라 남쪽으로 한참 달리다 보면 '달아공원'이라는 표지판이 보인다. 이 공원은 남해 다도해를 조망하기에 좋은데, 얼마나 장관이면 이곳에서 바라본 일몰이 통영 팔경에 속할까? '달아'라는 명칭은 이곳 지형이 코끼리의 어금니를 닮아서 붙여진 것이다. 그런데 지금은 '달구경하기 좋은 곳'이라는 뜻으로 더 많이 쓰인다. 공원 안에 서 있는 관해정에 올라가면 수많은 섬이 드문드문 바다 위로 솟아 있는 풍광이 한눈에 들어온다.

미륵도의 남쪽 끝자락에 위치한 달아공원에서 다시 북쪽으로 길을 잡아 달린다. 숲은 울창하고 바다는 눈부시고 작은 마을은 평화롭다. 시간이 된다면 미륵산에 오르는 것도 좋겠다. 미륵도의 동쪽에 서면 한산도가 보이는데 미륵산에 올라가면 한산도뿐만 아니라 눈이 시리게 푸른 바다 위에 점점이 박힌 섬들이 그림같이 조화를 이룬 한려수도를 바라볼 수 있다. 미륵산을 두고 사람들은 미륵불이 내려온 곳이라고 믿었다. 섬의 이름도 미륵도니 이 섬이 불교와 깊은 관련이 있는 곳임을 어렵지 않게 짐작할 수 있다. 섬 안에 위치한 미래사와 용화사 그리고 여러 암자들은 불교와 이 섬의 인연을 설명해주고 있다.

미륵산을 지나 통영전통공예관을 거쳐 해저터널에 도착하면 23킬로미터의 산양일주도로는 끝이 난다. 나는 미륵도를 돌아본 후 새삼 남해 바다 어느 곳도 이순신의 발길이 닿지 않은 곳이 없다는 생각이 들었다. 어느 곳 하나 아름답지 않은 곳이 없다는 생각도 했다. 크고 작은 섬들이 어깨를 맞대고 평화롭게 살아가는 이 바다에 이순신은 절대 피를 뿌리고 싶지 않았을 것이다. 그러나 지금 우리는 한려수도의 아름다움에 그냥 취해버려도 좋다. 이순신 역시 전쟁 중에도 바다를 바라보며 그 아름다움에 취하곤 했다. 대신 이순신이 목숨을 바쳐 이 바다를 지켜냈기에 오늘날 우리가 이 바다를 마냥 아름답게 바라볼 수 있는 것이라는 사실을 잊어서는 안 된다.

승리의 영광이 깃든 곳
당항포 관광지

경상남도 고성 하면 공룡발자국이 가장
먼저 떠오른다. 방송 일을 하다보면 이것저것 잡다한 정보를 많이
접하게 된다. 주로 사람들의 관심을 끌 만한 화젯거리가 대부분인
데 고성의 공룡발자국도 아마 그렇게 해서 알게 된 것 같다. 고성은
세계적인 공룡발자국 화석지로 유명하며 이 때문에 2006년에 공룡
세계엑스포가 열리기도 했다. 고성 북동쪽에 조성돼 있는 당항포
관광지는 엑스포 행사장이기도 했다. 이곳에는 공룡발자국 화석이
남아 있는 해안과 자연사박물관, 수석전시관 등이 있어 가족 단위
의 관광객들이 많이 찾는다.

물론 공룡 관련 볼거리만 있는 것은 아니다. 당항포 관광지는 이
순신 함대가 두 번에 걸친 당항포해전을 승리로 이끌었던 곳이다.

그래서 그 승첩을 기념하기 위해 다양한 볼거리들도 함께 조성해 놓았다. 아이들과 함께 이곳을 찾는다면 태곳적 지구의 역사와 임진왜란사를 동시에 보고 느끼고 체험할 수 있을 것이다.

내가 당항포 관광지를 처음 찾은 것은 2005년 10월 어느 가을날이었다. 마산에서 통영으로 이어지는 14번 국도를 타고 가다가 고성 땅에 들어서자 공룡을 테마로 한 구조물들이 시선을 끌었다. 이윽고 '당항포 국민관광단지'라는 표지가 보였고 웅장한 관광단지가 한눈에 들어왔다. 입장료는 어른 4,000원, 주차비까지 해서 6,000원이다. 전국의 이순신 유적지 중에서 관람료가 가장 비싼 곳이다.

당항포 관광지가 처음 만들어진 것은 1987년이다. 당항포해전을 기념하는 사업에서 시작했는데 공룡화석지까지 발굴되면서 지금과 같은 대규모 관광단지로 변모했다. 단지 안으로 들어서면 호수같이 물결이 잔잔한 바다가 보인다. 가장 먼저 눈에 들어오는 것은 20미터 높이의 전승기념탑. 탑 주변에는 1, 2차 당항포해전에 대한 상세한 설명도 곁들여져 있다. 기념탑 뒤편에 위치한 당항포해전관에서 승전에 대한 더 자세한 정보를 보고 들을 수 있다.

해전관 주변에는 실물 크기의 거북선 모형이 서 있다. 길이 22미터, 폭 7.2미터에 이르는 거북선인데 안으로 들어가서 거북선의 이모저모를 자세히 살펴볼 수 있다. 이순신 유적지마다 거북선 모형이 많이 있지만 당항포의 것이 가장 보기가 좋았다. 비교적 최근에 만든 것이라 내부가 깔끔하고 설명도 충실하다.

거북선 모형은 대부분 정조 때 발간한 《이충무공전서》의 통제영 거북선을 기준으로 만들어졌다. 거북선은 2층으로 구성돼 있는데 1층은 선실과 무기고로 쓰였고 2층은 전투를 하는 곳이었다. 2층의

당항포 관광지에는 당항포해전의 승리를 기념해 세운 당항포해전비와 실물 크기의 거북선을 비롯해 특이한 볼거리가 많이 있다.

포문은 좌우 각각 열두 칸이고 거북 머리에도 두 개의 포 구멍이 뚫려 있다. 포문 아래 1층의 아랫방 역시 좌우 열두 칸인데 이중 두 칸은 철물을 간직하는 곳으로, 세 칸은 화포와 화살, 검 등을 보관하는 무기고로 쓰였으며 나머지 열아홉 칸은 군사들의 휴식소로 쓰였다. 선장은 왼쪽 포판 위 방 한 칸에 거처하고 맞은편 오른쪽 방에 장교들이 거처했다. 군사들은 1층 아랫방에서 쉬고 전투시에는 2층으로 올라와서 쉴 새 없이 포를 쐈다. 이런 구조는 당항포의 거북선이나 남해 노량과 여수 돌산대교 아래 거북선이나 비슷하며 모두 직접 안으로 들어가서 내부 구조를 둘러볼 수 있다.

그런데 2008년에 들어와 거북선이 3층이라는 주장이 제기돼 그

동안 논란이 끊이지 않았던 거북선의 구조에 대해서 다시 관심이 모아졌다. 거북선이 2층이라면 노를 젓는 격군과 포를 쏘는 포수들이 한 공간에서 움직여야 하는데 이것은 불가능하다는 것이 '3층설'을 주장하는 사람들의 의견이다. 이들은 1층은 군졸들의 휴식처와 군량미, 무기 창고로 쓰였고 2층은 격군과 활을 쏘는 사수들의 공간으로, 3층은 포수들이 전투를 하는 공간으로 쓰였다고 주장한다. 또 다른 한편 임진왜란 당시 거북선은 2층이었으나 18세기에 들어와서 3층으로 변했다는 주장도 제기됐다.

거북선의 외부 모양이나 내부 구조에 대한 논란이 계속되는 것은 그만큼 거북선에 대한 관심이 높다는 증거지만 아직도 이순신에 대한 연구는 진행 중이라는 반증이기도 하다. 사료가 남아 있는데 그것에 대한 논란이 끊임없이 일어나는 것도 위정자들이 필요에 따라 이순신을 입맛대로 이용했던 전력 때문이 아닐까 싶다. 거꾸로 이야기하면 이순신 연구가들이 앞으로 풀어야 할 숙제가 그만큼 많다는 것이다.

당항포의 거북선 모형 옆에는 거대한 이순신의 투구가 서 있다. 투구 안으로 들어가면 오디오 드라마로 만든 이순신의 일대기가 펼쳐진다. 특이한 조형물이라 아이들이 특히 좋아한다. 산비탈 쪽에는 이순신의 위패와 영정을 모신 숭충사가 있다. 숭충사에 서면 당항포해전이 있었던 당항만의 모습이 한눈에 들어온다. 이렇게 좁고 굴곡이 심한 바다에서 어떻게 전투를 치렀을까? 물결이 잔잔한 대신 지형이 구불구불 복잡해서 전투하기가 만만치 않았을 것이다. 그런데도 이순신은 이곳에서 두 번이나 승리했고 모두 지형지물을 이용했으되 각각 다른 작전을 구사했다.

격물치지의 승리
1차 당항포해전

1차 당항포해전은 사천해전과 당포해전에 이어 1592년 6월 5일과 6일 이틀에 걸쳐 치러졌다. 당포해전을 끝내고 창신도까지 물러나 숨을 고르던 조선 함대는 다음 전투를 위해 탐망선을 띄우고 백성들을 통해 여러 정보를 수집했다. 그리고 이억기가 이끄는 전라우수영 함대 25척과 합류한다. 전라우수영군의 합세는 병사들의 사기를 더욱 높였다. 연이은 승전에 원군까지 왔으니 함대는 축제 분위기였다.

이제 함대는 전라좌수영 전선 23척, 전라우수영 25척, 원균의 경상우수영 3척까지 모두 51척이 되었다. 최고의 돌격선인 거북선에다 화포와 중무기로 무장한 판옥선까지 51척이면 든든하기 짝이없다. 거기다 병사들의 사기는 하늘을 찌를 듯했다. 최고의 함대가 남쪽 바다에 버티고 서 있는 것이다. 그러나 이순신은 서두르지 않았다. 오히려 더욱 경계를 강화하고 지형지세를 연구하여 정교한 작전을 짜나갔다.《이순신과 임진왜란》에 따르면 이처럼 바다에서 넓은 경계망과 탐색망을 24시간 가동하는 것이 이순신 해전의 특징이다. 이순신은 입수한 정보들을 분석해서 다양한 해전 프로그램을 짰고, 적의 동향을 파악하는 즉시 각 단위의 함대에 세부 작전을 내려 탐색망에 걸린 왜선은 반드시 요격했다는 것이다. 세계 해전사에서 그 유래를 찾아보기 힘든 전승의 기록은 저절로 이뤄진게 아니다.

> 당항포 바다 어귀의 형세를 물어보니 거리는 10여 리 정도로 넓어서 배가 들어갈 만하다 하므로 먼저 몇 척의 전선을 시켜서 "지리를 조사해오되, 만약 적이 추격해오면 짐짓 물러나 적을 끌어내도록 하라"고 엄하게 지시하여 보냈습니다. 신들의 함대는 몰래 숨어 있다가 저격할 계획을 세웠는데 포구로 들여보냈던 전선이 바다 어귀로 되돌아 나오면서 신기전을 쏘아 변을 알리며 "빨리 들어오라" 했으므로 전선 네 척을 바다 어귀에 머물며 복병하도록 지시한 뒤에 노를 재촉하여 들어가니 양편 산록이 강을 끼고 20여 리며 그 사이의 지형이 그리 좁지 않아서 싸울 수 있을 만한 곳이었습니다.
>
> 《임진장초》,〈당포파왜병장〉

당항포는 오래전부터 '당목'이라고 불렀다. 당항만에 들어오려면 좁은 해협을 통과해야 하는데 그 지형이 닭의 목처럼 길고 좁다고 해서 그렇게 부른다. 또한 암초가 많고 조수간만의 차가 심해 큰

당항포해전관에 전시된 당항포해전 모형도. 이순신의 전략전술을 읽어낼 눈은 나에게 없다. 하지만 승첩의 기록 앞에 설 때마다 마음이 경건해진다.

배가 여러 척 들어가기도 힘들지만 들어간다고 하더라도 시간에 맞추지 않으면 갯벌 위에서 오도 가도 못하는 낭패를 볼 수 있다. 이순신이 이러한 지형적 특색을 그냥 지나칠 리 없었다. 문제는 왜군도 이러한 사실을 모르지 않았다는 것이다. 이순신은 그 점까지도 놓치지 않았다. 그래서 당항포만 어귀에 전선 네 척을 잠복시켜두고 왜군의 함대가 정박해 있는 포구 쪽으로 들어가서는 다시 후퇴하는 시늉을 하다가 따라나오는 왜군을 공격했던 것이다.

이처럼 지형지세를 자유자재로 이용하는 이순신 특유의 전법에 대해 이순신역사연구회는 이순신이 격물치지格物致知를 평생의 철학으로 삼아온 무장이었기에 가능했던 것이라고 말한다. 일어날 수 있는 모든 가능성과 자신이 이용할 수 있는 모든 것을 염두에 두고 전략전술을 짰다는 의미로 볼 수 있다. 결국 이길 수 있는 전쟁만을 한다는 것인데, 이는 뜬구름 잡는 호언장담이 아니고 신중에 신중을 거듭한 끝에 나온 완벽한 전략전술을 근거로 한 것이다.

1차 당항포해전에서 왜군 대선 9척과 중선 4척, 소선 13척 모두가 전멸하다시피 했다. 도주하는 패잔병들을 소탕하기 위해서 한 척을 남겨두기는 했지만 이 전선 역시 방답첨사 이순신李純信(무의공)에 의해 괴멸됐다.

당항포 일대에는 해전과 관련된 재미난 지명이 많다. 이 지역 사람들은 당항포 일대를 '속싯개'라고 부르는데 이는 왜군을 속여서 승리했다는 데서 유래한 명칭이다. 여기에는 고성의 기생 월이의 일화가 전해온다. 월이는 남해안 일대에서 정보를 수집하던 첩자를 알아보고는 그에게 술을 먹여 크게 취하게 했다. 그러고는 첩자가 품고 있던 지도를 조작했다. 고성읍 수남리와 지금은 간척지로 변모한 지소강이 서로 연결돼 있는 것처럼 고친 것이다. 또 동해면과 거류면을 섬으로 만들어버렸다. 이 덕분에 조선 함대가 왜군을 속여서 소소포, 즉 지금의 두호 마을까지 유인해 크게 무찔렀고 그때부터 당항포 일대를 속싯개라 불렀다는 것이다.

속싯개 외에도 '잡은개'라는 재미난 이름도 있다. 배둔리 남쪽 해안지대를 가리키는 지명인데 왜병을 잡았다고 해서 잡은개라고 부른다. 또한 '핏골'은 당항리 동쪽의 골짜기로, 왜군들이 어찌나 많이 죽었는지 골짜기가 온통 피로 물들었다고 해서 붙여진 이름이다. 왜군이 도망간 길목을 뜻하는 '도망개'라는 이름도 웃음을 자아낸다. 아군의 함정이 어선으로 가장해 숨어 있다가 왜선이 만으로 들어가는 순간 포위해 격침시켰다는 봉동리의 '어선개', 왜병들을 섬멸시킨 진지라는 뜻의 '군진 마을', 왜병이 떼죽음을 당해서 그 시신을 모두 묻었다는 '떼무덤', 도망가던 왜병의 잘린 목이 셀 수도 없이 떠밀려온 곳이라는 '머리개', 왜군의 시체가 무덤을 이뤘다는 '무덤개', 왜병의 잘린 머리가 마을 앞바다까지 떠왔다고 해서 붙여진 '두락정'까지 정말 많기도 하다. 이런 지명들은 백성들에 의해 만들어졌고 그들의 입에서 입으로 전해내려온 것들이 대부분이다. 이 지역 백성들에게 당항포해전의 의미가 그만큼 컸다는 것이다. 상상해보라. 마을 어귀 커다란 나무 아래에 모여 앉아 이순신과 조선 수군의 활약상을 이야기하고 또 이야기할 필부필부들匹夫匹婦을. 아들딸, 손녀, 손자를 무릎에 앉히고 그들의 고향에서 일어났던 드라마틱한 무용담을 들려주면서 내 일처럼 기뻐했을 것이다.

이름 없이 스러져간 넋을 위로하다

숭충사 앞에 서서 당항포 바다를 바라보다가 해안을 따라 잘 닦아놓은 산책로를 천천히 걸어보았다. 전승기념탑으로 올라가는 계단 입구에 조선 수군 인형이 서 있었다. 제법 잘 만들어서 실제 사람을 보는 것 같았다. 오가는 사람들이 모두 이 조형물 옆에서 기념 촬영을 했다. 이순신을 전적으로 신뢰하고 고된 훈련과 노역을 묵묵히 참아내며 최고의 수병으로 우뚝 섰던 그들. 그들이야말로 세계 해전사에 그 이름을 또렷하게 남겨야 할 이들이다.

　이순신은 그들을 늘 마음에 두었다. 조선 수군의 몸이 곧 자신의 몸이라 생각했고 바로 그들이 조선의 바다를 지키는 주역이라고 생각했다. 그래서 가능한 한 전공을 그들과 골고루 나누고자 했다. 2차 출전의 과정과 결과를 장계로 올린 〈당포파왜병장〉에는 이순신이 이들의 공을 제대로 인정하고 그에 합당한 대우를 해줄 것을 임금과 조정에 요청하는 대목이 있다. 이 글을 보면 장수와 병졸이 따로 없고 신분이 천하다고 해서 그 이름을 빠뜨리는 일도 없다는 것을 알 수 있다.

> 신이 타고 있는 배의 정병 김말산, 우후선의 방포 진무 장언기, 순천 1선의 사부이며 사삿집 종 배귀실, 순천 2선의 격군이며 사삿집 종 막대와 보자기 내은석, 보성 1선의 사부이며 관청의 종인 기이, 흥양 1선의 전장이며 관청의 종인 난성, 사도 1선의 사부이며 진무인 장희달, 여도선의 사공이며 토병인 박고산, 격군 박궁산 등은 철환에 맞아 죽었으며 …… 여도선의 사부 석천개, 유수, 선유석 등은 화살에 맞았으나 중상에 이르지 않았습니다.
>
> 《임진장초》, 〈당포파왜병장〉

　죽은 이의 이름을 계급과 신분에 관계없이 모두 장계에 올려 그 죽음을 애도했고 유가족과 부상자에게는 법과 원칙에 따라 합당한 예우를 해주었음을 꼼꼼히 기록하고 있다.

> 죽은 사람의 시체는 각기 그 장수에게 명하여 별도로 소선에 실어서

고향으로 보내 장사 지내게 했는데 그들의 처자들은 휼전에 의하여
시행하시옵소서. 중상에 이르지 아니한 사람들은 약물을 지급하여
충분히 치료하도록 하라고 각별히 신칙했으며 여러 장수에게는 "한
번 승첩했다 하여 소홀히 생각하지 말고 군사들을 위무하고 전선을
다시 정비해두었다가 변보를 듣는 즉시 출전하되, 처음과 끝을 한결
같이 하도록 하라"고 엄하게 신칙하고 진을 파했습니다.

《임진장초》,〈당포파왜병장〉

　　오늘날 많은 연구자들은 이순신의 경영법이 매우 현대적이라고
평가한다. 적의 머릿수가 전공의 평가 기준이던 시대에 장수에서
부터 병졸에 이르기까지 각각의 역할과 전공을 정확하게 파악해서
그에 맞게 예우를 한다는 것은 혁신적인 사고의 전환이 없고서는
불가능한 일이라는 것이다. 서로 다른 욕망이 한데 뒤섞여 있는 현
대 직장 생활에서 이런 상사가 있다면 얼마나 일할 맛이 날까?
　　그런데 원칙에 따른 바르고 공평한 인사고과는 차가운 이성만으
로는 한계가 있다. 여기에는 사람을 바라보는 따스한 시선, 뜨거운
감성도 함께 필요하다. 이순신은 아랫사람을 사랑했고 부하들에
대한 마음 씀씀이도 남달랐으며 백성들을 늘 애틋하게 바라봤다.
그랬기에 이러한 평가를 내릴 수 있었다.
　　나는 이순신이 죽은 병졸들을 위해 썼다는 제문을 보고 큰 감동
을 받았다. 삼도수군통제사 정도 되는 위치라면 그런 것은 아래 장
수들에게 맡기거나 굳이 하지 않아도 될 텐데 그는 손수 제문을 지
어 이름 없이 죽어간 병사들의 원혼을 위로했다. 1595년 7월 14일
에 이순신은 녹도만호 송여종을 시켜 죽은 부하들의 제사를 지내

도록 했다. 직접 지은 제문과 함께 쌀 두 섬을 주면서 말이다.

윗사람을 따르고 상관을 섬겨 부하를 위로하고 사랑하는 일
나는 그런 덕이 모자랐노라.
그대 혼들을 한자리에 부르노니 여기에 차린 제물 받으오시라.

《이충무공전서》

우리 땅 아닌 곳이 없거늘
2차 당항포해전

　　2차 당항포해전은 1차 당항포해전이 있은 2년 후인 1594년 3월 4일에 일어났다. 이순신이 이끄는 조선 수군이 남해안의 제해권을 쥐고 있으면서 전쟁이 교착상태에 빠져 있을 때였다. 개전 초기 왜군은 육군이 파죽지세로 북진하면 수군이 남서해를 이용해 한양까지 물자를 보급한다는 작전을 취하고 있었다. 하지만 조선 수군 때문에 왜군의 수륙병진책이 무산됐고 여기에 전투에 나서길 원치 않았던 명군이 개입하면서 휴전 아닌 휴전 상태가 계속되고 있었다.

　　왜군은 명군을 상대로 강화 교섭을 진행하면서도 조선 전 국토에 걸친 살인과 노략질을 멈추지 않았다. 이런 와중에 이순신은 거제도를 중심으로 한 남해안 일대에서 왜군이 살인과 납치, 약탈을 일삼고 있고 일본 군선이 고성 당항포와 진해 오리량 등지로 향하고 있다는 보고를 받는다. 곧바로 출동 명령이 떨어졌고 드디어 조선 연합함대 124척이 당항포로 움직이기 시작했다.

2차 당항포해전은 1차 때와는 여러 가지 면에서 달랐다. 우선 이순신이 삼도수군통제사로 명실상부한 조선 수군의 최고지휘관이 되어 전투를 지휘했다. 경상도와 전라도, 충청도 삼도의 수군이 통제사의 지휘 아래 일사불란하게 움직였다. 또 하나는 조선 함대가 더욱 늘었고 수군의 기량이 크게 성장했다는 점이다. 이날 출동한 함대의 수는 124척이었으나 실제로 공격에 나선 것은 어영담이 이끄는 정예 30척이었다. 이 정도 규모로도 충분히 적을 괴멸시킬 수 있을 만큼 조선 수군의 전투력은 뛰어났다. 전투는 3월 4일과 5일 이틀 만에 끝났고 그 결과 30척의 일본 군선을 분멸했다. 하지만 더 이상의 서진은 없었다. 왜군과 협상 중이던 명나라의 선유도사 담종인이 패문牌文을 보내 공격을 멈추고 귀영하라고 엄포했기 때문이다.

> 일본 장수들이 마음을 돌려 귀화하지 않은 자가 없고 모두 무기를 거두어 군사를 휴식시키며 다들 본국으로 돌아가려고 하니 너희들은 여러 전선을 이끌고 속히 제 고장으로 돌아가고 일본 군사들의 진영에 가까이 하여 혼란을 일으키지 말라.
>
> 《이충무공행록》

이렇게 어쩔 수 없이 한산도 통제영으로 돌아온 이순신은 몸에 큰 탈이 났다. 통제영으로 돌아온 날 아프기 시작해서 일주일 내리 심하게 앓더니 같은 달 25일까지 계속 몸이 불편해 누웠다 일어나기를 반복했다. 그러나 이순신은 몸이 아파서 움직이기 힘든 와중

귀영을 명한 담종인의 패문을 받고 이순신은 얼마나 마음이 답답했을까. 답장을 읽으면 속이 다 후련해지지만 이런 글을 써야 했을 그의 마음이 애달프다.

에도 담종인의 패문에 대한 답을 직접 썼다. 부하들이 쓴 글이 마음에 들지 않았기 때문일 수도 있지만 패문의 내용이 너무 황당해서 가만히 누워 있자니 울화가 치밀었던 것이 아닐까 싶다.

> 왜인들이 거제, 웅천, 김해, 동래 등지에 진을 치고 있는 바, 거기는 모두 다 우리 땅입니다. 그런데 우리에게 일본 진영으로 가까이 가지 말라는 것은 무슨 말씀이며 우리에게 속히 제 고장으로 돌아가라고 하니 제 고장은 또한 어디 있는 곳인지 알 수 없으며, 혼란을 일으킨 자도 우리가 아니라 왜인입니다.
>
> 《이충무공행록》

이순신이 쓴 패문의 답장은 속이 다 시원해질 정도다. 하지만 이순신도 담종인과 말이 통할 것이라고 기대하지는 않았을 듯하다. 그래서 병이 쉽사리 낫지 않은 것은 아닐까? 《난중일기》를 보면 '열이 치받쳐 찬 것만 마시고 싶다는 생각이 들었다' 는 대목이 나오는데 아마도 화병까지 겹친 것이 아닐까 짐작해본다.

2차 출전의 종착지

율포

　　　　　　　　　　　　　사천─당포─당항포─율포해전으로
이어지는 2차 출전의 종착지는 경상남도 거제시 장목면 율천리다.
거제도 북쪽의 툭 튀어나온 곳이 장목면인데 이곳은 임진왜란 당
시 많은 전투가 벌어졌던 곳이다. 율포, 영등포, 칠천도가 이 지역
에 있으며 율포에서 남쪽으로 더 내려가면 이순신의 첫 승전지인
옥포가 나온다. 북쪽으로 진해를 바라보고 있고 북동쪽은 부산과
이어진다. 현재는 가덕도와 부산을 잇는 다리가 건설되고 있다. 이
지역은 원균이 수사로 있던 경상우수영 소속인데 7년 전쟁 초기와
후기에 각각 조선 함대가 화염에 휩싸였던 곳이다. 개전 초기에는
원균이 청야작전, 즉 적에게 무기와 식량을 내주지 않을 작정으로
전선과 무기를 없애버리는 작전을 펼치면서 경상우수영 소속 함

대들이 모두 불에 타버렸고 정유재란 때 역시 원균이 이끄는 조선 함대가 칠천도에서 전멸했기 때문이다. 이렇게 거제도는 조선 수군의 승리와 패배가 엇갈렸던 곳이라 들를 때마다 묘한 감정에 휩싸인다.

율천리는 '율포' 혹은 '밤개'라고도 불리던 곳인데 밤이 많이 나는 고장이라고 해서 이런 이름이 붙었다. 구영에서 옥포로 이어지는 58번 국도를 타고 가다 보면 마을 입구에 율포 마을 표지판이 보인다. 작고 조용한 마을이지만 쪽빛 바다가 아스라이 잡힐 듯한 대금항의 풍경은 정말 아름답다. 이 작은 마을 인근 바다에서 조선 연합함대와 왜군 함대가 접전한 것은 1592년 6월 7일, 1차 당항포해전을 마친 직후다.

율포에서의 싸움 역시 속전속결로 끝났다. 조선 수군의 사기가 하늘을 찌를 듯했으니 당연한 일일 것이다. 이순신은 율포해전을 치르면서 마음의 짐을 벗고 기분이 좋아졌던 것 같다. 장계에 '여러 전선의 장병들의 마음이 상쾌했습니다'라고 쓴 걸 보면 2차 출동의 끝은 깔끔했고 결과도 충분히 만족스러웠던 모양이다. 무엇보다도 장졸들의 자신감과 사기가 드높아진 것이 가장 상쾌한 일 아니겠는가?

2차 출동의 결실은 이것만이 아니다. 조선 수군이 남해안에서 승리에 승리를 이어가면서 수세에 몰려 있던 육군도 조금씩 전열을 가다듬게 됐다. 수군의 연전연승에 의병들이 일어나기 시작했고 피난 가기 급급했던 조정도 지휘 체계를 추슬렀다. 파죽지세로 북진하던 왜군도 주춤할 수밖에 없었다.

2007년 12월, 거제도를 세 번째 찾았을 때 우연히 옛 영등포 마을

율포 앞바다

을 들르게 됐다. 칠천도를 찾아가던 길에 들른 곳이었는데 지금은 '구영'이라고 부른다. 구영은 '구 영등포'라는 뜻이다. 구영 마을에는 영등포성의 흔적이 남아 있다. 마을 안으로 들어가 언덕을 올라가다보면 집과 집 사이에 차곡차곡 잘 쌓아놓은 돌들이 보인다. 영등포성의 돌담, 성벽의 흔적이다. 더러는 어느 집의 담장이 돼버렸고 어떤 곳은 밭과 밭 사이를 구분하는 구획선이 됐다. 겨울답지 않게 따사로운 햇볕이 내리쬐던 때라 성벽에 등을 대고 돌의 온기를 느끼며 서 있었다. 구영에서 바라본 바다는 겨울 햇살을 받고 유난스레 반짝였다. 바다가 품고 있던 수많은 이야기를 속닥속닥 들려주기라도 하듯이.

이순신의 도시
통영

윤이상과 통영음악제, 청마 유치환의 시심詩心이 숨 쉬는 거리,
언덕 위의 알록달록한 집들과 실핏줄 같은 골목이 얽혀
이국적인 풍경을 만들어내는 도시, 통영.
육지와 섬을 오가는 배들이 쉴 새 없이 드나들고
포구마다 어부들의 풍어 소리로 생동감이 넘치는
이 아름다운 항구도시는 조선 유일의 계획군사도시이기도 하다.
삼도수군통제영 300년 역사를 이어온 통영은
이순신의 도시라 해서 한때 '충무'로 불리기도 했다.

착량묘에서 바라본 통영 앞바다

이순신의 신위사당

충렬사

열흘 가까이 밤샘을 했다. 2005년 8월 창사 특집 원고의 막바지 작업을 말 그대로 밤낮 없이 '빡세게' 몰아붙여 하고는 이틀을 정신없이 쉬었다. 하지만 잠을 쉽게 이룰 수가 없었다. 몇 달간 바짝 곤두세우고 있던 신경이 다스려지지 않아서였다. 거기다 밤샘 작업을 하는 동안에도 통영에 갈 준비를 하느라 또 다른 신경 하나가 곤두서 있었으니 몸과 마음이 참으로 분주했다.

통영은 한때 '충무'라고 불렸다. 충무는 이순신의 시호 '충무공'에서 따온 것이고 통영은 '삼도수군통제영의 도시'에서 따온 것이니 이래저래 통영은 이순신과 인연이 깊은 곳이다. 실제로 이 도시 곳곳에 그의 흔적이 남아 있다. 그의 영광과 시련, 승리와 좌

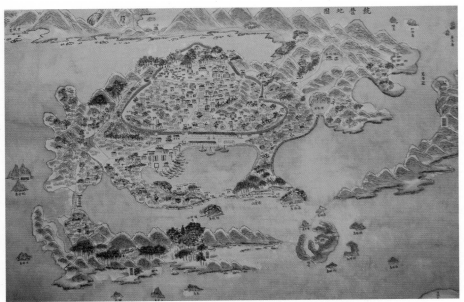
고지도 필사가 최현길 씨가 그린 통영 고지도. 삼도수군통제영 300년 역사를 이어온 통영은 그야말로 '이순신의 도시'다.

절, 그를 향한 추모의 정이 통영 이곳저곳에 산재해 있으니 통영은 '이순신의 도시'라 해도 과언이 아닐 듯하다.

사실 통영은 처음이 아니다. 중학교 수학여행지가 바로 이곳 통영(그때는 충무라 불렸지만)과 한산도였으니 이번이 두 번째라 할 수 있다. 하지만 학창시절 나에게 이순신은 그다지 매력적인 인물이 아니었다. 그래서 통영 충렬사에 들러 이순신의 사당을 본 것 같긴 한데 도대체 그곳에서 뭘 했는지 기억나지 않았다. 오로지 충렬사로 올라가던 긴 돌계단과 말라비틀어진 반찬으로 채워진 싸구려 도시락, 너무 더러워서 덮고 싶지 않았던 여관의 이불 등만 어렴풋이 생각날 뿐. 거기다 한산도는 태풍 때문에 들어가지도 못했다.

통영에 도착하자마자 충렬사로 향했다. 내리쬐는 7월의 햇살이 따가웠지만 이곳이 현충사에 버금가는 이순신의 사당이라는 사실에 가슴 떨려하면서. 박 대통령이 주도한 성역화 사업으로 인해 거대한 사당으로 변신한 현충사와 달리 통영 충렬사는 옛 모습을 비교적 그대로 간직하고 있었다. 임진왜란이 끝나고 7년 후, 선조 39년에 7대 통제사 이운용이 왕명을 받들어 이순신의 위훈을 기리고 추모하기 위해 세운 곳이 바로 충렬사다. 이순신의 신위를 봉인하는 신위사당으로서 지금도 1년에 다섯 번 제사를 모시고 있다.

경내 넓이는 2,700평 정도. 이순신의 위패를 모셔둔 사당을 비롯해서 내삼문, 동제, 서제, 중문, 숭무당, 경충재, 강한루 등이 있고 전시관도 따로 마련돼 있다. 현충사처럼 너무 넓고 커서 참배객들을 압도하지도 않고 아담한 전각들과 소박하게 꾸며놓은 마당, 잠시 더위를 씻고 가도 좋을 누각 등이 있어서 저절로 이곳에 오래 머물게 된다.

충렬사에는 현충사에 모셔둔 것과는 다른 이순신의 영정이 있다. 우리가 흔히 알고 있는 두 개의 표준 영정 중 하나가 이곳에 있는 것이다. 현충사는 이순신의 영정을 모신 사당으로 아산 지방의 유림들이 나라에 청해 세워졌다. 그래서 관복을 입은 영정을 모셔뒀다. 그에 비해 충렬사는 그의 위패를 모셔둔 곳이라 군복을 입은 영정을 모신다. 물론 이 영정들은 모두 후세 사람의 상상으로 그린 것이다. 류성룡은 《징비록》에서 이순신의 외모에 대해 설명하고 있는데 이를 보면 이순신의 외모와 품성이 서로 다르지 않았음을 짐작할 수 있다.

순신은 말과 웃음이 적은 사람이었고 바르고 단정한 용모는 수업 근
신하는 선비와 같았으나 내면으로는 담력이 있었다. …… 순신의 사
람됨엔 대담한 기운이 있어 일신을 잊고 나라를 위해 갔으니 본래부
터 수양해온 까닭이라 하겠다.

《징비록》

    이순신이 세상을 떠난 후 그의 충정을 기리기 위한 사당이 여러
곳에 세워졌는데 아산의 현충사와 통영의 충렬사가 가장 대표적으
로 꼽힌다. 여수에는 충민사가 있고 노량해협이 바라보이는 남해에
도 또 하나의 충렬사가 있지만 네 곳 중 규모나 자태가 이순신의 공
덕을 기리기에 가장 알맞다 싶은 곳이 바로 이곳 통영 충렬사다.

    입구에서부터 차근차근 계단을 밟아 마침내 충렬사 정침에 도착
했다. 이순신의 위패를 모신 곳이다. 이 건물의 주련에는 '욕일보
천맹산서해浴日補天 盟山誓海'라는 글귀가 걸려 있다. 이는 노량해전
당시 이순신의 훈공을 '해를 깨끗이 씻고 구멍 난 하늘을 때운 공浴
日補天之功'이라고 극찬했던 명나라 도독 진린의 말과 이순신이 직
접 지은 한시 〈진중음〉의 구절─산에 맹세하니 풀과 나무가 알고
바다에 맹세하니 고기와 용이 감동하더라誓海魚龍動 盟山草木知─에
서 따온 것이다.

    사당 중앙에 모셔둔 신위와 영정 앞에 고개를 숙였다. 이순신의
영정 앞에 서면 항상 아무런 생각이 나지 않는다. 머릿속이 텅 비는
것 같고 동시에 산란했던 마음도 잔잔해지는 듯하다. 이순신을 찾
아올 때만 해도 머릿속은 잡념으로 가득하고 하고픈 이야기도 많
았는데 말이다. 어쩌면 나는 이 같은 잔잔한 평화를 얻기 위해 수많

이순신 표준영정을 모시고 있는 통영 충렬사. 명나라 선종이 이순신에게 내린 명조팔사품이 사당 내부에 펼쳐져 있다.

은 이순신의 흔적을 찾아가고 있는지도 모르겠다.

사당 내부의 좌우에는 팔사병풍이 둘러쳐져 있다. 이 팔사병풍
은 명나라 선종이 이순신에게 수군 도독을 제수하면서 준 것이다.
이때 황제는 명나라 황실전용 제작소에서 만든 참도와 귀도 등 열
다섯 점의 하사품을 함께 보내왔다. 충렬사는 명에서 보낸 보물들
이 유난히 많은 곳이기도 하다. 그중 명조팔사품(보물 440호)은 이순
신의 인품과 전략전술에 감동한 진린이 명나라 황제에게 건의해서
그에게 내린 것이다. 명조팔사품은 현충사 유물관에도 전시돼 있
는데 이는 모조품이고 통영 충렬사에 전시되어 있는 것이 진품이
다. 이 외에도 학익진을 펴고 있는 조선 수군들의 위풍당당한 모습,
일종의 해군관함식을 그린 열두 폭짜리 수조도병풍이 전시관 한
켠에 넓게 펼쳐져 있어 감동을 더해준다. 이순신의 친필과 함께 정

조가 발간을 주도했던 그 유명한《이충무공전서》도 볼 수 있다.

이순신에 대한 모든 것,《이충무공전서》

충렬사에 서면 정조가 이순신을 얼마나 존경했는지 쉽게 짐작할 수 있다. 그 마음의 결정체가 바로 1795년(정조 19)에 발간된《이충무공전서》다. 모두 14권 8책으로 구성된 이 책은 이순신이 조정에 올린 장계, 일기, 한시와 글 등 이순신에 관한 모든 것을 총망라한 이른바 '이순신 백과사전'이라고 할 만하다. 만일 정조가 이 책을 만들지 않았다면 우리는 이순신에 관해 이토록 많이 알지 못했을 것이다.

《이충무공전서》는 일제 강점기였던 1918년에 최남선이 두 권의 책으로 간행했고 1931년에는 여섯 권으로 나오기도 했다. 한글세대를 위한 국역주해본은 1960년에 이은상이 쓴 두 권의 책이 있는데 그 이후 한동안은 아무도 새로운 버전을 만들 생각을 하지 않은 것 같았다. 아니, 엄두를 못 냈을 수도 있다. 21세기에도 1960년 판《이충무공전서》를 읽을 수밖에 없다니, 나처럼 이순신을 존경하고 사랑하는 사람들에겐 매우 아쉬운 점이었다. 1960년 판《이충무공전서》는 솔직히 한글세대들이 보기에는 너무나도 난해하다는 생각을 많이 했다. 그런데 다행히 2007년에 새로운 버전의 이충무공전서가 출간됐다.《충무공 이순신 전서》라는 제목으로 박기봉 씨가 모두 네 권으로 정리해 출간했는데 덕분에 이제 젊은 세대들도 이충무공전서를 부담없이 읽을 수 있게 됐다.

《이충무공전서》를 보고 있는데, 문득 정조가 10년만 더 살았다면 세상은 어떻게 달라졌을까 하는 의문이 들었다. 그리고 전란 당시 이순신이 없었다면? 그러나 역사에 만약이란 없다.

　정조는 《이충무공전서》를 발간하기 위해 임금의 사유재산인 내탕금 500민까지 내놓았다. 그리고 책이 완성되자 한 질을 통영 충렬사에 내려보냈다. 그뿐만이 아니다. 발간을 기념하려는 듯 직접 제문을 지어 편액으로 만들고 충렬사 정침의 중문 위에 걸게 했다. 검정색 판에 흰 글씨를 촘촘히 새긴 이 사제문판 편액에는 이순신의 우국충절과 훈공이 절절히 묘사돼 있다. 아울러 정조는 당시 삼도수군통제사인 이득제에게 이순신의 제례에 대한 지시를 내렸다. 제를 올릴 때는 꼭 갑옷과 투구를 착용하고 잔을 올리라는 것이다. 이득제는 이 내용을 목판에 새겨 충렬사 정침 서쪽 문에 걸었는데 이것이 바로 어제기판 편액이다. 여기에는 이순신에 대한 정조의 마음과 제례에 관한 내용이 담겨 있고 전라우수사 이억기와 이순신이 가장 아꼈던 부하 장수 정운의 자손에게도 《이충무공전서》를 한 질씩 전해준다는 글이 쓰여 있다.

충렬사에 가면 정조가 얼마나 이순신을 존경했는지 쉽게 짐작할 수 있다. 사제문판 편액은 그 마음을 새긴 제문이다.

　　충렬사의 마당에는 무궁화가 활짝 피어 있었다. 이순신의 발자취를 좇아 남해안을 여행하다 보면 어김없이 만나게 되는 무궁화. 무궁화를 심어둔 이유는 아주 단순할 것이다. 나라꽃이고, 그 나라를 사랑했던 이순신의 충정을 기리기 위해서. 사실 무궁화는 참 아름다운 꽃이다. 하지만 살아오면서 무궁화가 예쁜 꽃이라고 생각해본 적은 별로 없었던 것 같다. 아마도 나라꽃이기 때문에 소중하게 생각해야 한다는 강요 아닌 강요에 괜히 반항이라도 하듯 애써 무궁화를 외면해왔던 것 같다. 무슨 청개구리 심사인지 모른다. 하지만 남해에서 만난 무궁화는 묘한 울림을 주었다. 충렬사의 무궁화 위로 7월의 햇살이 화살처럼 내리꽂히고 있었다.

이순신 사당의 효시
착량묘

중학교 수학여행으로 처음 통영 땅을 밟았을 때 이 도시에 해저터널이 있다는 말을 들었던 것 같다. 해저터널. 이 얼마나 아찔한 단어인가? 바다 속에 사람이 걸어다닐 수 있는 터널이 있다니. 《해저 2만리》와 《스타워즈》에 열광했던 국민학생 때 통영에 왔다면 나는 더욱더 해저터널이 궁금했을 것이다. 하지만 솔직히 생각이 잘 나지 않는다. 어쩌면 내가 상상했던 해저터널과 눈앞의 해저터널 사이에 너무 큰 간극이 있었기 때문이었을 것이다. 밝고 환한 조명 아래 우주복을 입고 걸어가는 사람, 터널 벽은 투명한 특수유리로 되어 있어 바다생물들의 모습이 훤히 보인다…… 이 정도는 돼야 해저터널이지! 그런데 당시 동양 최초라고 자랑하던 해저터널은 왜 그리 어둡고 시시해 보이던지. 어린 나로서는 처음으로 본 해저터널의 초라함을 받아들이기 힘들었던 것 같다. 거기다 이 터널이 일제 강점기에 일본인들이 뚫은 것이라는 사실에 더욱 실망스러웠다. 지금 생각해보면 우습기도 하고 바보스럽기도 했던 시절이지만 어린 나에게 통영은 이순신의 도시라는 말보다 해저터널의 도시라는 말이 더 매력적으로 다가왔다.

물론 해저터널은 이제 더 이상 나의 관심사가 아니다. 통영 사람들도 마찬가지일 것이다. 해저터널은 일본인들이 자기 조상들을 위해서 만들었다. 임진왜란 당시 이 일대에서 죽은 선조들의 원혼을 조선 사람들이 함부로 밟지 못하게 하기 위해 터널을 판 것이다. 한때는 통영과 미륵도를 잇는 터널로 쓰이기도 했지만 통영교와 충무대교가 개통되면서 이제는 잊고 싶은 역사의 흔적으로 남아 있을 따름이다.

그런데 이 해저터널 옆에 이순신 사당의 효시가 되는 착량묘가 있다는 걸 아는 이들이 얼마나 될까? 이순신에 대해 특별한 관심이 있지 않고서는 그냥 지나치기 십상일 만큼 착량묘는 그다지 눈에 띄지 않는 곳에 있다. 통영항구의 중심 강구안에서도 조금 벗어나 있고 통영대교 아래쪽이라서 더욱 눈에 띄지 않는다. 하지만 이곳은 이순신을 향한 통영 사람들의 존경이 넘쳐나는 곳으로 이순신 답사를 위해 통영을 찾았다면 꼭 빠뜨리지 말고 둘러봐야 할 장소다.

착량묘가 처음 만들어진 것은 1599년, 지옥 같았던 7년 전쟁이 끝난 바로 이듬해다. 이순신과 함께 바다에서 싸웠던 수군들과 통영 주민들이 마음을 모아 바다가 바라보이는 착량 언덕에 초가집을 짓고 이순신의 위패를 모신 것이 착량묘의 시작이다. '착량' 은 당항포해전에서 참패한 왜적들이 미륵도와 통영반도 사이에 가늘

착량묘는 통영에 갔다면 꼭 들러야 할 이순신 유적지다. 조선 수군과 통영 주민들은 바다를 내려다볼 수 있도록 시야가 탁 트인 착량 언덕 한 자리에 이순신의 위패를 모셨다.

게 이어진 곳을 파서 다리를 만들어 도망쳤다고 해서 붙여진 이름이다. 바로 현재 해저터널이 있는 곳인데 이 지역 사투리로는 '폰데'라고 부른다. 폰 데는 '판 곳'의 경상도 사투리다. 그러니 착량묘의 위치는 왜적이 달아나던 곳을 이순신이 내려다볼 수 있도록 꽤 신경을 써 정한 것이다.

착량묘를 찾은 것은 통영을 다섯 번째 방문했던 2007년 12월의 이른 아침이었다. 전날 한산도를 다녀온 뒤 충무김밥으로 끼니를 때우고 맥주 몇 잔 마신 것이 머리를 무겁게 했는데 이튿날 아침에는 언제 그랬느냐는 듯 머리가 맑았다. 맑은 공기 덕분에 머릿속뿐만 아니라 폐 속 깊은 곳까지 깨끗해진 것 같았다.

　오전 아홉 시, 사당이 문을 여는 시간에 맞춰 도착했다. 따사로운 햇살을 등에 지고 계단을 올라 착량묘에 이르자 고요함 속에 상쾌한 아침 향기가 피어오르고 있었다. 참새들이 쉴 새 없이 지저귀고 나와 일행의 발자국 소리만 들릴 뿐 마당은 조용했다. 그때 어디선가 비질하는 소리가 들려왔다. 사당을 관리하는 분이 청소를 하고 있었다. 외부를 잠시 둘러보고는 관리하는 분에게 닫힌 사당문을 열어달라고 부탁했다. 끼익 하는 소리와 함께 문이 열리자 사당 안으로 햇살이 들이찼다. 상쾌한 기분이 절정에 달했다. 오래된 나무 향기, 비질 소리 그리고 이순신의 위패. 이른 아침은 그를 만나기 좋은 시간이다. 해가 지는 오후에는 서글픔이 더해지지만 아침 참배는 기운을 북돋아준다. 앞으로 예정된 답사에도 좋은 일만 생길 것 같은 예감이 들었다.

은하수로 병기를 씻다
세병관

착량묘, 충렬사와 함께 이순신 답사의
필수 코스로 손꼽히는 세병관(국보 305호)을 찾아갔다. 세병관은
1604년에 6대 통제사 이경준이 삼도수군통제영을 이곳으로 옮기
고 그 이듬해에 창건한 객사 건물이다. 이순신을 기리기 위해서 지
었으며 경복궁의 경회루, 여수의 진남관과 함께 우리나라 3대 목축
건물에 속한다.

세병관은 통제영의 상징적인 건물인 동시에 통영시의 역사와 정
체성을 설명해준다. 통영은 원래 남해안에서 흔히 보는 작은 포구
중 하나였다. 그러다가 전라도와 경상도, 충청도를 아우르는 삼도
수군통제영이 통영의 구룡포에 설치되면서 통영은 조선 수군의 총
사령부 통제영의 중심도시로 거듭나게 된다. 한때 이 도시가 충무

라고 불리다가 다시 통영이라는 이름을 되찾은 데에는 통제영의 도시, 조선 유일의 계획군사도시라는 자부심도 한몫했을 것이다.

6대 통제사 이경준은 통제영을 이곳으로 옮기면서 통영은 그 위치와 형세가 국방의 요충지로 적합하다고 말했다. 동쪽은 견내량, 서쪽은 착량이며 북쪽은 육지요 남쪽은 큰 바다다. 거기다 육지와 섬 사이는 구불구불하고 좁고 복잡하다. 물길의 속도도 변화무쌍하다. 이순신이 이 일대에서 한산대첩을 비롯해 수많은 해전에서 승리를 거둔 것도 바로 이러한 지형지세를 백분 활용했기 때문이다.

최근 통영시는 세병관을 중심으로 해서 옛 통제영지를 하나 둘 복원하고 있다. 통제영은 을미사변이 있었던 1895년(고종 32)에 폐지됐고 일제 강점기를 거치면서 성곽과 관아가 모두 헐렸다. 세병관과 통영성 일부만 남아 있을 뿐 나머지는 모두 불운한 역사의 뒤안길로 사라졌다. 현재 복원을 마친 곳은 세병관과 통제사가 부하 장수들과 함께 전략을 짜고 회의를 했다는 운주당, 통제사의 집무실이며 이순신의 뜻을 크게 우러러본다는 뜻을 가진 경무당, 통제사의 사택인 내아 등이다. 나머지 건물들도 차차 복원해나갈 계획이라고 한다.

건물 정면의 '세병관洗兵館'이라고 쓰인 시원한 글씨는 136대 통제사 서유대의 것이다. 세병관은 '만하세병挽河洗兵', 즉 '은하수를 끌어와 병기를 씻다'라는 두보의 시에서 따온 말이다. 은하수를 끌어와서 병기를 씻는다니 이 얼마나 심오하고 낭만적인가? 무기는 남을 치기 위한 것이 아니라 나를 지키기 위해 존재한다는 말이 떠올랐다.

세병관은 매년 8월에 열리는 한산대첩제에서 옛 모습으로 부활

은하수를 끌어와 병기를 씻다, 이 얼마나 낭만적인 이름인가. 한산대첩제 재연 현장에서 나는 전장의 참혹함 속에서도 아름다운 꿈을 꾸곤 했을 이순신과 수군들의 모습을 떠올렸다.

한다. 통제사가 삼도수군을 병선 마당에 집결시켜 점검하던 군사 점호를 세병관에서 재연하는 행사를 열고 있기 때문이다. 일종의 해관사열식이라고 보면 되겠다. 한산대첩제는 세병관을 비롯해 충렬사, 한산도의 제승당과 남망산, 통영 앞바다 등에서 열리는데 전국 곳곳에서 열리는 이순신 관련 축제 중에서 가장 볼만한 축제가 아닌가 싶다. 충렬사에서 이순신에게 축제의 시작을 고하고 나면 세병관에서는 삼도수군 군점이 행해지고 통영시 거리에서는 이순신 퍼레이드 등 다양한 행사가 이어진다. 해가 저물 무렵 통영 앞바다에서는 한산대첩이 재연되는데 선박 120여 척이 학익진을 펼치

한산대첩 해상위령제에 참여해 그 바다에 국화를 헌화하면서 나는 아주 깊이 감사를 드렸다. 당신들이 나라를 지켰다고, 오늘의 우리를 있게 만들었다고.

면서 해상전투 장면을 실연한다.

한산대첩제를 본 것은 2006년 8월이었다. 축제는 통영에 간 김에 봤던 것이고 실은 같은 날 열리는 '한산대첩 해상위령제'가 나의 주목적이었다. 해상위령제는 우리 해군의 군함을 타고 한산대첩이 펼쳐졌던 한산 앞바다로 나가 전사한 장병들의 넋을 위로하는 행사다. 해마다 한산대첩 기념일인 8월 14일에 열리는데 통영시에서 주최하는 한산대첩제도 같은 날에 열린다. 이날 나와 충무공학당 사람들이 승선한 배는 우리 해군의 보급함인 '성인봉함'이었다. 이순신 덕분에 덕수 이씨 충무공 대종회와 인연이 닿았고 충무공학당 사람들과 함께 위령제에 참가하게 된 것이다. 해마다 위령제에 초대해주니 종회 어르신들께 감사하고 그 인연의 끈을 엮어준 이천용 씨는 더더욱 고맙다.

위령제 행사는 이순신의 후예인 우리 해군 장병들과 통영 시민들도 함께 하는데 먼저 위령제문을 낭독하고 바다에 떨어진 혼들을 위해 묵념을 한다. 가장 아름다운 순간은 하얀 국화를 바다에 던지면서 400여 년 전, 나라를 위해 몸을 내던졌던 수병들을 기억하는 것이다. 세계 해전사에 길이 남을 한산대첩의 주역, 바다 위로 학의 날개를 활짝 펴고 나아가 승첩을 일궈냈던 주인공들 말이다. 내가 던진 국화는 바다 위를 둥둥 떠가더니 이내 수많은 국화들과 함께 물결을 따라 이리저리 흔들렸다. 그들은 모두 죽어서 꽃이 되었을 것이다. 아니면 밤하늘의 별이 되었을 것이다. 그것도 아니면 푸른 바다 위에 보석처럼 빛나는 윤슬이 되어 반짝이고 있을지도 모르겠다. 아무런 대가도 바라지 않고 사랑하는 이들을 지키고 싶어했던 순박한 사람들. 그들은 모두 꽃이었고 별이었고 윤슬이었다.

호남을 지킨 나라의 섬
한산도

한산대첩은 임진왜란의 흐름을 바꾼 결정적인 전투로
현대 해전에서나 볼 수 있는 혁신적인 전법을 사용해 승리한 싸움이다.
이런 이유로 한산대첩은 세계 4대 해전 중 하나로 꼽힌다.
한산도의 바다는 한산대첩의 생생한 현장이며
한산도는 이순신의 탁월한 전략전술과 뛰어난 진중 경영을
한눈에 살펴볼 수 있는 곳이다. 삼도수군통제사 이순신의 명성이
절정에 이르렀던 곳 그리고 관민이 힘을 합쳐 국난 극복의 의지를
불태웠던 섬. 푸른 한산도는 하늘과 바다의 빛이 다르지 않다.

수군의 진이 있었던 진두마을 앞바다

세계 4대 해전에 빛나는
한산대첩

한산도로 가기 위해서는 통영여객터미널에서 배를 타야 한다. 아름다운 다도해의 여러 섬을 돌아보는 유람선을 타거나 한산도로 바로 들어가는 카페리를 이용하면 된다. 내가 선택한 배는 한산도 제승당으로 직행하는 카페리였는데 자동차까지 싣고 갈 수 있다고 해서 이 배를 선택했다. 얼마 만에 타보는 카페리인가? 한산도 제승당행 배가 움직인다. 가슴이 뛴다. 바람이 불고, 8월의 햇살이 내린다. 나는 잠시 나의 일상을 뒤로 미뤄둔 채 400여 년 전 그때로 거슬러 올라갔다.

이순신의 1, 2차 출동 이후 조선 수군의 위력을 확인한 왜군은 대규모 함대를 구성한다. 해상에서의 패전을 만회하기 위해 병력을 증강하고 조선 수군과의 전면전을 계획한 것이다. 이때 구성한 왜군 연합함대의 규모는 와키사카 야스하루脇坂安治 휘하에 70여 척, 2진 구키 요시타카九鬼嘉隆 휘하에 40여 척, 여기에 3진의 가토 요시아키加嘉明도 합세했다. 왜군 수는 1만여 명에 달했다. 조선군의 규모 역시 만만찮았다. 이순신은 이억기와 함께 90척을 거느리고 여수좌수영을 출발했고 노량에서 원균의 함선 7척이 합세했다. 《이순신과 임진왜란》에서는 한산대첩(안골포해전 포함)을 두고 조선 해군과 일본 해군 각각 1만 명이 격돌한 중세기 최대 규모의 해전이라고 설명하고 있다. 한산대첩의 장대함이 어느 정도였는지 양측 함대의 규모만으로도 짐작이 가능한 것이다.

한산도가 가까워지자 우리 수군이 와키사카의 함대 70여 척을 학익진으로 완파했던 넓은 한산 앞바다가 한눈에 들어왔다. 조선 수군은 왜군이 버티고 서 있던 견내량으로 판옥선 대여섯 척을 보내 유인 작전을 폈다. 후퇴를 하는 척하며 넓은 바다로 나가자 왜군들이 일시에 쫓아왔다. 그때 우리 수군은 약속한 신호에 맞춰 학익진을 짜기 시작했다. 북이 울리고 호각 소리가 요란했다. 순식간에 조선 함대가 왜군 함대를 에워싸자 왜군들은 당황하기 시작했고 그때 현자총통, 지자총통, 승자총통이 동시에 불을 뿜었다. 일본 함대 66척이 그 자리에서 격파됐다. 수많은 왜군 병사들이 수장됐고 간신히 도망친 400여 명의 왜군들도 13일 동안 굶주리며 바다와 섬을 떠돌다가 겨우 탈출했다.

한산대첩은 지형지물을 이용한 이순신 특유의 전략전술과 학익진이라는 변화무쌍한 작전, 막강한 화력을 갖춘 조선의 판옥선과 거북선, 잘 훈련된 병사들이 하나가 되어 이뤄낸 승리였다. 특히 한산대첩 하면 떠오르는 학익진에 대해 이순신역사연구회는 이렇게 분석하고 있다. '이순신의 핵심적인 해전법으로, 현대 해전사에서나 볼 수 있는 일시집중타의 원조로서 훗날 세계사에 세력의 지각변동을 가져오는 시발점'이라고. 러일전쟁 당시 해전에서 일본을 승리로 이끌어 세계 역사의 흐름을 바꿔놓았던 도고 헤이아치로東鄉平八郎의 학익진이 바로 이순신의 학익진을 응용한 전법이라는 것은 이미 널리 알려진 사실이다. 배를 타고 파도가 넘실대는 한산 앞바다에 서면 장쾌했던 한산대첩, 그 승리의 함성이 들리는 듯하다.

한산도는 거제도와 고성 사이에 있는 섬으로 통영에서 배를 타면 25분 정도 걸린다. 통영과 한산도 사이의 바다는 넓게 펼쳐진 큰 바다여서 이곳에서 배를 잃으면 달리 도주할 곳이 없다. 육지는 멀고 목숨이라도 건질 만한 작은 돌섬들도 많지 않으며 설령 돌섬에 도착하더라도 굶어 죽기 십상이다. 속전속결로 해전을 마무리 짓기에는 더없이 좋은 지형을 갖춘 곳이다.

배 위에서 바라본 한산도 앞바다는 너무나 푸르고 눈부셔서 400년 전 이곳에서 해전이 벌어졌다는 사실이 실감 나지 않았다. 그러나 섬이 가까워지면서 저 멀리 거북선등대가 보이기 시작하자 이곳이 한산대첩의 격전지였음을 상기시켰다. 그리고 조금씩 다가오는 제승당의 수루. 이곳은 이순신이 해전의 신이라 불리며 가장 크게 명성을 떨쳤던 곳, 통제사의 영예와 삭탈관직과 투옥으로 그의 삶에서 가장 힘겨웠던 시간이 엇갈리던 곳이다. 그래서 저 바다는 나라 걱정에 잠 못 이루는 밤이 많았던 곳, 극한 상황에 처한 한 인간의 번뇌가 서린 곳이다.

이순신과 조선 연합함대가 한산에서 대첩을 세운 후 임진왜란의 흐름은 완전히 뒤바뀌었다. 한산대첩 이전에는 일본군이 절대적으

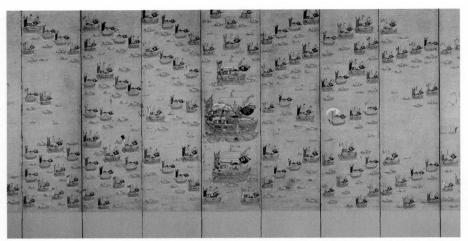

〈수군조련도〉. 이순신이 한산대첩에서 펼쳤던 학익진의 모습을 그린 병풍이다. 이순신의 핵심 전법과 조선 수군의 위용을 한 눈에 들여다볼 수 있는 작품이다.

로 우세한 싸움을 하고 있었다. 부산에 상륙한 왜군은 파죽지세로 경상도와 충청도를 지나 한양을 접수하고 평양까지 점령했다. 이렇게 육전에서 승승장구하는 동안 일본 수군은 남해를 거쳐 서해를 지나 한양으로 입성할 계획을 갖고 있었다. 해로를 통해 육군에게 지원군과 무기, 군량미를 보급하면서 조선의 땅과 바다를 모두 장악할 속셈이었던 것이다. 이순신은 적의 이러한 작전을 꿰뚫어 보았고, 바다에서 싸워 이 보급로를 차단하는 데 전력을 쏟았다. 한산대첩은 왜군의 수륙양병작전을 와해시키는 데 결정적인 역할을 한 것이다. 이순신과 조선 수군이 한산도 일대를 틀어쥐고 있음으로써 일본 수군은 부산 본영에 꼼짝없이 묶이고 말았다. 해상보급로가 차단됐으니 일본 육군도 안심할 수 없었다. 군량미와 무기가 떨어지면 그들은 한반도 안에 갇히는 것이나 다름없는 것이다. 심지어 퇴로마저 걱정해야 할 상황에까지 이르렀다. 전쟁의 흐름은 바뀔 수밖에 없었다.

한산대첩의 승리는 육전에도 큰 변화를 가져왔다. 조선 관군이 조금씩 전열을 가다듬기 시작했고 전국 곳곳에서 의병이 일어났다. 수군의 승리가 육지의 관민들에게 자신감을 심어준 것이다. 뿐만 아니라 한산대첩에 이어 진주성과 행주산성에서도 승전보가 들려왔다. 임진왜란 3대 대첩의 시작점이 바로 한산대첩이었던 것이다. 그래서 역사학자들은 한산대첩이 임진왜란의 전세를 완전히 바꿔놓았다고 평가한다. 또한 바로 그 이유 때문에 영국 해군사관학교는 한산대첩을 살라미스 해전, 칼레 해전, 트라팔가르 해전과 함께 세계 4대 해전으로 꼽고 있다.

한산대첩 이후 조선 수군에도 변화가 있었다. 이순신이 삼도수군통제사에 임명되고 한산도가 삼도수군통제영이 되었다. 한산도는 조선 수군의 전진기지로 조선 수군이 남해 일대를 모두 장악했음을 상징적으로 보여줄 뿐만 아니라 부산의 왜군 본영을 극도로 압박하는 역할을 하게 된다.

천 리 밖의 승리를 구상하던 군막
제승당

한산도 제승당은 이순신의 삼도수군 통제영이 있던 곳이다. 이순신이 업무를 보고 삼도 수군의 여러 장수들과 함께 전략을 짜던 운주당과 한산도 앞바다가 한눈에 바라보이는 수루 등이 있는 곳이며 지금은 전국에서 현충사 다음으로 가장 잘 정비된 이순신 사당이 있는 곳이기도 하다.

조선의 바다를 호령하던 이순신이 있던 곳이라 한산도 통제영은 늘 왜군의 목표가 되었다. 이 때문에 정유재란 때 칠천량에서 패배한 원균은 왜군이 현지에서 식량을 조달할 수 없도록 한산도에 바로 청야작전을 폈다. 왜군이 이곳을 먼저 접수하기 전에 통제영을 태워버린 것이다. 이로써 이순신이 업무를 보던 운주당은 불에 타 폐허가 돼버리고 뒤이어 한산도에 들이닥친 왜군에 의해 통제영 전체가 왜군의 손아귀에 들어가는 수모를 겪었다. 그러다가 왜란이 끝나고 142년 만인 영조 대에 와서 한산도 통제영을 다시 복원했다. 그리고 107대 통제사 조경이 폐허가 된 운주당 터에 새로 집을 짓고 이를 제승당이라 이름 붙인 것이 오늘에까지 이른 것이다.

1년 내내 방문객들의 발길이 끊이지 않는다는 말을 증명이라도 하듯 이날도 전국 곳곳에서 온 많은 사람들이 제승당을 찾았다. 하긴 이곳은 역대 대통령들도 한 번은 꼭 찾는 곳이고 정치인들의 발길도 잦다고 하지 않은가? 이들은 선거 때가 되면 단골 메뉴처럼 이순신을 들먹인다. 부정을 저지르고 잠시 권력에서 밀려나면 백의종군 하겠다고 떠들어댄다. 이순신이 부정을 저질러 백의종군을 한 것도 아닌데 그들은 너무 쉽게 백의종군을 말한다. 과연 백의종군의 진정한 의미를 알기나 하는 것인지…….

포구에서 입구인 대첩문까지의 길은 고즈넉하다. 이따금 방문객들의 즐거운 웃음소리가 울려 퍼지긴 하지만 이곳에 들어서면 남녀노소 모두가 옷깃을 여미게 된다. 대첩문은 1970년대에 한산도 유적지를 새로 단장하면서 만든 문이다. 원래는 부두에서 높은 계단을 거쳐 제승당으로 올라가게 돼 있었는데 지금은 문을 만들고 길을 내서 사람들이 드나들기 좋게 만들었다. 대첩문 바로 앞에는 방문객들이 목을 축일 수 있는 우물이 있다. 이 우물은 이순신과 그 휘하 장졸들이 3년 8개월 동안 제승당에 머물면서 사용했다고 전해진다. 바다와 인접해 있는데도 짠맛이 전혀 없고 수질이 매우 좋으며 양도 풍부하다. 다른 건 몰라도 마실 물 걱정은 하지 않았다는 이야기다. 그 옛날 이순신이 마셨을 물이라고 생각하며 나도 물 한 바가지를 들이켰다. 시원하고 달았다.

대첩문에서 시작되는 길은 그다지 길지 않지만 오래된 나무들이 커다란 그늘을 짙게 드리우고 있어 삼림욕하는 기분으로 걸을 수 있었다. 그래서인지 금세 제승당 앞에 도착한 것 같다. 제승당은 《난중일기》에도 자주 나오는, 이순신이 업무를 보던 곳이며 장수들과 더불어 진법을 연구하고 전략을 짰던 곳이고 삼도수군 지휘부의 심장으로 불리던 곳이다.

"군막 안에서 작전을 세워 천 리 밖에서 승리를 쟁취한다運籌於帷幄之中 制勝於千里之外."《한서》와《사기》의 〈고조본기〉에 나오는 '운주제승運籌制勝'에서 그 이름이 유래한 운주당 혹은 제승당은 과연 이름값을 했다. 밤잠을 잊어가며 진법을 연구하고 장수들과 전략을 짜면서 한산대첩을 필두로 수많은 전쟁에서 승전고를 울린 곳이 바로 이곳 아니던가?

현재 제승당 안에는 이순신의 전적을 그린 다섯 폭의 그림이 전시돼 있다. 〈진중생활도〉와 〈우국충정도〉, 〈한산대첩도〉와 〈사천해전도〉 그리고 이순신의 마지막 전투인 〈노량해전도〉가 바로 그것이다. 또 막강한 조선 수군의 화력을 보여주는 현자총통, 지자총통의 모형과 거북선 모형도 볼 수 있다. 그리고 방 한쪽에 세워져 있는 커다란 제승당 현판이 눈에 띄는데 140대 통제사 김영수가 쓴 것이라고 한다.

제승당에는 이순신의 필체를 그대로 옮겨 쓴 〈한산도야음〉 나무패가 걸려 있다. 이순신 서체를 집자해서 만든 것으로 보인다. 한참 동안 바라보고 사진도 찍고 슬쩍 만져보기도 했다. 왜군과의 대치로 늘 팽팽한 긴장감에 사로잡혀 있었을 텐데 그 와중에도 이렇게 아름다운 시를 쓸 수 있는 감수성을 잃어버리지 않았다니 놀랍다.

삼도수군통제영의 중심지 제승당. 포구에서 제승당까지 산책하는 기분으로 걷다 보면 막힌 가슴도 시원하게 뚫리는 듯하다.

한산섬에 가을빛이 저무니
추위에 놀란 기러기 떼 높이 나는구나
근심스런 마음에 잠 못 이루는 밤에
새벽달만 활과 칼을 비추는구나

　마당에 서면 정면에는 제승당이 보인다. 오른쪽에는 수루가 있고 왼쪽에는 활터와 사당이 있으며 뒤쪽에는 유허비가 있다. 어느 쪽을 먼저 봐야 할까 잠시 망설였다가 결국 사람들이 적은 쪽부터 보자는 생각에 제승당에 이어 수루로 향했다.

　수루는 제승당에서 가장 인기 있는 곳이다. 대한민국 국민으로

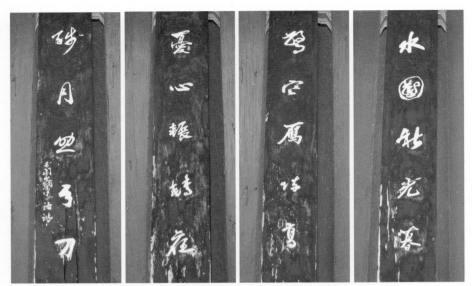

제승당 기둥에 걸어놓은 〈한산도야음〉 나무패. 문무를 겸비한 선비의 풍모와 인간적인 감수성이 엿보인다.

정규 교육과정을 거친 사람이라면 누구나 다 아는 시, '한산섬 달 밝은 밤에'로 시작하는 시가 이 수루에 걸려 있다. 이순신의 인기를 실감하려면 수루에 올라가보라. 아이 어른 할 것 없이 이 시를 줄줄 외고 있다. 나 역시 수루로 향하며 시를 읊었다.

한산섬 달 밝은 밤에 수루에 홀로 앉아
큰 칼 옆에 차고 깊은 시름 하는 차에
어디서 일성호가는 남의 애를 끊나니

수루에 올라서면 고뇌와 번민으로 가득 찬 이순신의 마음이 느껴진다. 잠 못 이루는 밤이면 그는 수루에 올라서서 바다를 바라봤

수루. 장수였기에 근심했고, 인간이기에 번민했던 이순신의 내면을 느낄 수 있는 곳이다.

을 것이다. 적들의 움직임을 향해 모든 신경이 칼날같이 서 있고, 항상 적보다 한발 먼저 내다보고 그들을 이길 방도를 찾아내기 위해 고심했을 테니 쉽사리 잠을 이룰 수가 없었을 것이다. 생각하고 고민하고 내일 무엇을 해야 할 것인가 준비하고 일주일 후, 한 달후 심지어는 전란이 끝난 후까지 무엇을 해야 할지 밤마다 상념을 펼쳐나갔을 것이다. 그뿐인가? 멀리 있는 가족들을 그리워하고 그들이 무탈한지 궁금했을 것이다. 물결을 금실로 수놓은 듯 바다 가득 달빛이 비칠 때면 아이들이 보고 싶고 아내 얼굴이 떠오르고 어머님이 걱정되어 더더욱 잠을 이루지 못했을 것이다.

바다를 사이에 둔 활터
한산정

제승당 뒤로 돌아가면 조선 수군의 연이은 승전보를 실감케 하는 장소가 있으니 바로 이순신의 활터 한산정이다. 이순신은 거의 매일이라고 해도 좋을 만큼 활쏘기를 즐겼다. 휴식을 취할 때도 활을 쏘았고 기쁜 일이 있을 때도 활터로 나갔다. 노여운 일이 있거나 마음을 다잡아야 할 때는 더더욱 활쏘기에 매달렸는데 이로 미루어 보아 이순신에게 활쏘기란 심신을 두루 다스리는 의례 같은 것이 아니었나 싶다.

물론 혼자서 활을 쏜 것은 아니다. 부하들과 함께 활쏘기를 하면서 격의 없는 대화를 나누었고 기분이 좋아지면 내기를 걸고 시합을 하기도 했다. 때로는 장수와 병사들까지 가세해 편을 나눠 시합을 하기도 했는데 그럴 때면 시끌벅적한 술판이 벌어지기도 했다.

우수사가 이곳에 왔다. 여러 장수들이 관덕정에서 활을 쏘는데 우리
편의 장수들이 이긴 것이 66푼이다. 그래서 우수사가 떡과 술을 장만
해 왔다.

《난중일기》 계사년(1593년) 3월 15일

식사를 하고나서 작은 산봉우리에 과녁을 쳐매달아 놓고 순천부사,
광양현감, 방답첨사, 사도첨사 및 우후·발포만호가 편을 갈라 활을
쏘아 자웅을 겨루다가 날이 저물어 배로 내려왔다.

《난중일기》 계사년 5월 13일

한산정을 가보면 모두가 놀란다. 나는 거의 경악할 지경이었다.
과녁이 저렇게 멀리 있다니 그것도 바다를 사이에 두고 말이다. 한
산정은 절벽 끝에 지어져 있고 과녁은 바다 건너 반대편 산 중턱에
설치돼 있다. 한산정에서 과녁까지의 거리는 무려 145미터. 나로서
는 상상도 할 수 없는 거리다. 이런 곳에서 매일 활을 쐈단 말인가?
안 그래도 이순신의 함대라면 벌벌 떨었던 왜군들인데 만일 이 광
경을 봤다면 공포에 질렸을 것이다. 한산정은 바다를 사이에 두고
있는 활터로는 유일한 곳이다. 바다를 사이에 두고 활을 쐈기 때문
에 장수들과 병졸들은 함대 위에서 적을 향해 활을 쏘는 것같이 훈
련을 할 수 있었다. 밀물과 썰물의 교차를 이용해서 활쏘기를 수련
함으로써 실제 해전에서 적선과의 사정거리를 측정할 수 있었다고
하니 이순신의 치밀함에 혀를 내두르게 된다.
　이 외에도 한산정은 아주 특별한 의미가 있는 곳이다. 바로 1594
년 이곳에 과거 시험장이 개설됐기 때문이다. 해전 경험이 풍부하

고 진중 생활이 몸에 밴 우수한 인물을 뽑기 위해서 이순신이 조정에 특별히 청을 넣어 치렀던 '진중 특별무과시험'이 바로 이곳에서 열렸던 것이다. 일부 조정 대신들의 반대와 견제에 맞서 강행한 이 시험에서 100여 명의 무관이 배출됐다. 모두가 그의 휘하에서 풍부한 해전 경험을 쌓았던 출중한 예비 장교들이었다.

한산정에 서서 맞은편 산기슭에 설치된 과녁을 한참 바라보았다. 한산정 밑으로 바닷물이 소리 없이 흐르고 오래 묵은 수목 사이로 불어오는 바람에는 여름 숲의 향기가 짙게 배어 있었다. 눈을 감고 잠시 그 옛날 활터 풍경을 상상해보았다. 145미터를 날아가 과녁 한가운데 꽂혔을 이순신의 화살 그리고 위풍당당한 조선 수군들의 화살. 그저 놀라울 따름이다.

수루와 활터 한산정

일제 강점기에 세워진 이순신의 사당

충무사

제승당의 왼쪽, 이순신의 영정을 봉안
한 사당 충무사는 1932년에 설립됐다. 특이할 만한 점은 한산도 섬
사람들이 성금을 모아서 지은 사당이라는 것이다. 1932년이 어떤
시대인가? 일제의 폭압이 극에 달했던 그때 이순신의 사당을 지었
다는 것은 여러 가지 면에서 뜻하는 바가 크다.

 1895년에 300년 가까이 이어져 온 통제영이 없어지고 곧이어 일
제에게 주권마저 빼앗기게 되자 제승당은 제대로 관리될 수 없었
다. 일제의 횡포가 극심하던 시절이라 지방의 유림들이 겨우 명맥
을 이어갈 뿐 제승당은 변변한 국가의 지원 한 푼 받지 못한 채 점
점 쇠락의 길을 걷게 된다. 이를 보다 못한 통영군민들이 1932년 3
월 15일 '한산도 제승당 중건기성회'를 창립하고 모금운동을 벌였

다. 여기에 한산도 주민들까지 나서서 '모충계'를 결성하고 충무영당 건립과 충무공 영정 봉안을 추진했다. 그렇게 제승당이 새롭게 중건된 것이 1933년 6월 2일, 이날 한산도 제승당 준공식과 충무공 영정 봉안식이 동시에 거행됐다.

이 무렵 지어진 건물은 세 칸짜리 목조건물이었는데 이때 사당에 봉안된 이순신의 영정은 이상범 화백이 그린 것이었다. 이상범 화백은 친일 논란에 휩싸인 인물이기도한데 지금은 그가 그린 영정도 당시의 사당도 없다. 충무사라는 이름의 현재 사당은 1976년에 다시 지어진 것이고 영정도 정형모 화백이 그린 것이다. 충무사는 통제영이 있던 곳이기 때문에 철릭(군복)을 입은 이순신의 영정이 모셔져 있다.

충무사로 들어가는 곳에는 세 개의 유허비가 있는데 모두 이곳을 재건하거나 중수할 때 세운 것이다. 영조 때의 통제사 조경이 통영에 운주당을 재건하면서 사당을 새롭게 단장하며 초서로 쓴 '고통제사충무공 한산제승당 유허비', 이순신의 후손이며 고종 때 통제사를 지낸 이규석이 세운 '한산도 제승당 유허비', 나머지 하나는 한글 유허비로 가장 최근에 만든 것인데 이순신의 업적과 제승당의 의미 등을 담고 있다.

한산도를 찾아간 날, 스쳐간 많은 방문객 중에 나처럼 혼자서 이곳을 찾은 이가 있었다. 20대로 보이는 이 청년은 나보다도 더 꼼꼼하게 제승당을 살펴보고 그 면면을 하나라도 놓치지 않으려는 듯 카메라 셔터를 끊임없이 눌러댔다. 그를 충무사 사당 앞에서 다시 만났다. 단체 방문객들이 참배를 마치고 빠져나가기를 그도 나도 기다리고 있었다. 내가 먼저 참배를 하자 그는 자리를 잠시 비켜주

그도 나와 같은 심정이었을까? 사당 앞에서 깊게 머리를 조아리던 그를 보며 어쩌면 아주 많은 사람들이 저마다의 사연을 간직하고 이순신을 만나고 있을지 모른다는 생각이 들었다.

었다. 그가 참배를 할 때 나 역시 자리를 피해주었다. 온전히 자기만의 시간을 가지라고. 멀리서 참배하는 그의 모습을 지켜봤다. 놀랍게도 그는 무릎을 꿇고서 이순신의 영정을 마주하고 있었다. 뭔가 이순신에게 할 말이 많아 보였다. 그와 이순신만의 대화가 계속되는 모습을 보면서 사당을 빠져나왔다. 그는 이순신과 무슨 이야기를 했을까?

충무사 참배를 끝으로 제승당을 나왔다. 한산도를 둘러보기 위해 발길을 돌리려는 차에 많은 적송이 내 눈에 들어왔다. 제승당 입구부터 영당 뒤를 돌아 한산정의 과녁이 있는 산 끝까지 온통 소나무 숲이었다. 그 길이만도 1킬로미터가 넘고 넓이도 18만 평이나 된다고 한다. 제승당의 수려한 경치는 저 소나무 숲 때문이기도 하다. 아니, 한산도의 어느 한 곳도 아름답지 않은 곳이 없다. 바다를 호령하던 삼도수군통제사 이순신, 그가 이곳에 있기 때문이다.

나라의 보장 호남을 지키다
한산도

제승당을 둘러본 후 한산도 전체를 돌아보기로 했다. 하룻밤 묵을 요량으로 선착장의 아저씨에게 민박집을 좀 알아봐달라고 했더니 아주 친절하게 숙소를 알선해주었다. 작은 섬의 인심은 대체로 후한 편이다. 경남관광안내소에 들렀을 때 한산도는 그나마 남해의 수많은 섬 중에서 제법 큰 곳이라 민박집이 꽤 있다는 말을 들었다. 육지의 관광지처럼 근사한 펜션이나 화려한 호텔은 없지만 사람 인심이 묻어 있는 민박집은 어렵지 않게 찾을 수 있다.

섬을 반 바퀴 돌 수 있는 해안도로를 따라 한산면 소재지 쪽으로 향했다. 천천히 차를 몰아 도로를 달리기 시작하자 내 눈앞에 펼쳐지는 아름다운 다도해! 남해의 푸른 물결과 보석처럼 떠 있는 섬들이 어우러져 절경을 만들어냈다. 이토록 아름다운 풍광을 이순신은 잠시라도 즐길 수 있었을까? 눈부시게 아름다운 저 바다가 이순신에게는 적과 대면해야 할 싸움터였다는 사실이 너무나 역설적이다.

한산도는 조개가 많이 잡히고 멸치가 유명한 곳이다. 멸치가 바다의 특산품이라면 마늘은 섬에서 나는 특산품이다. 수산물이 섬사람들의 주 수입원이긴 하지만 한산도에는 경작지도 제법 있어 농업에 종사하는 이들이 많다. 벼농사도 짓고 있고 마늘과 참깨, 무와 배추도 재배한다.

이순신이 한산도를 통제영으로 삼고 조선 수군의 전진기지로 삼은 것은 지형지세 때문이기도 하지만 이곳이 둔전을 일구기 유리하고 먹거리를 자급자족할 수 있는 풍족한 섬이었기 때문이다. 한산도를 둘러보면서 나는 그것을 내 눈으로 확인하고 싶었다. 과연 이 섬에 통제영의 장졸들이 먹을 군량미와 피난 온 백성을 먹여 살릴 만한 경작지가 있는 것일까? 하지만 나의 이런 의심은 오래가지 않았다. 한산도 곳곳에는 싱그러운 초록빛의 벼가 무럭무럭 자라고 있었고 마늘밭의 매콤한 냄새도 끊임없이 코를 자극했다.

조정으로부터 아무런 지원을 받을 수 없었던 이순신은 이 섬에 백성들을 살게 하고 그들로 하여금 땅을 갈게 했다. 어부들은 물고기를 잡아올리고 사기장들은 그릇을 구웠으며 대장장이들은 칼과 창을 별렀다. 한산도에서 얻은 쌀과 마른 고기는 군량미 창고를 채워갔고 무기와 화포는 언제라도 출전이 가능하게끔 준비돼 있었다. 한산도 통제영은 이렇게 풍요로웠다. 통제영 군사들의 끼니를 챙겨주던 눈 맑은 조선의 백성들이 전란 따위는 없다는 듯이 구슬땀을 흘리던 한때가 있었던 것이다.

해안도로를 달리다가 눈에 들어오는 표지판 하나, 한산대첩기념
비다. 대첩비라는 단어에 혹해서 한산면으로 가는 길을 접고 무작
정 대첩비 쪽으로 향했다. 하지만 금방이면 나올 것 같던 대첩비는
결국 섬의 최상단까지 올라가서야 볼 수 있었다. 게다가 알고 보니
대첩비는 박 대통령이 만든 것이었다. 한산도에 들어올 때 멀리서
봤던 대첩비, 바로 그 콘크리트로 만든 거북선 기념비였던 것이다.
그러나 섬 꼭대기에서 바라본 한산도와 바다는 전혀 실망스럽지
않았다. 오히려 이곳까지 오지 않았다면 이 절경을 보지 못했을 터,
풍경이 너무도 아름다워 을씨년스럽기 짝이 없는 콘크리트 기념물
따위는 안중에 없었다.

한산도로 진을 옮기면서 이순신은 아주 유명한 말을 하나 남겼
다. "호남을 잃으면 나라를 잃는 것과 같다." 장군의 먼 인척이며
이따금 편지를 주고받았던 현덕승에게 보낸 편지에서 이 글을 발
견할 수 있다.

저는 전쟁에서 노고에 쌓여 있지만 나라의 은혜가 망극하게도 정헌
대부로 품계를 올려주시니 너무도 감격스럽습니다. 곰곰이 생각해
보건대 호남은 나라의 보장이 되는 곳입니다. 만약에 호남이 없어지
면 이는 곧 나라가 없어지게 되는 것입니다. 그래서 어제 한산도로
진을 옮겨 왜적이 움직이는 바닷길을 가로막을 계획입니다.

《이순신 서간첩》

이 편지는 1593년 7월 16일 한산도로 진을 옮기고 이틀 후에 쓴
것이다. 호남은 곡창지대일 뿐만 아니라 일본군의 수로 보급로를

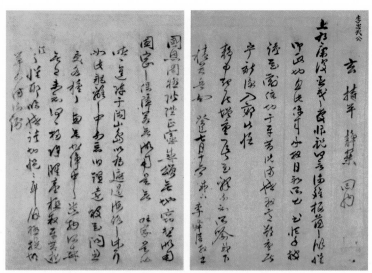
이순신이 현덕승에게 보낸 편지. '호남을 잃으면 나라를 잃는 것과 같다'는 이순신의 글에서 한산도로 진을 옮길 당시 그의 비장한 마음을 읽을 수 있다.

차단하기 위한 전략적 요충지다. 아군의 군량미를 확보하면서 동시에 적군의 군량미 보급을 차단할 수 있는 곳이 바로 이 한산도라는 것이다. 한산도가 조선 수군에게 어떤 곳이었는지 이 유명한 글귀 한 줄에서 어렵지 않게 짐작할 수 있다.

마을 곳곳에 새긴 이름

2005년 여름에 이어 한산도를 다시 찾은 것은 2007년 겨울이 막 시작되는 12월 초였다. 이천용 씨와 동행했는데 이번 답사의 목적은 임진왜란 당시 삼도수군의 흔적이 남아 있는 지명과 그 위치를 찾아보는 것이었다.

출발은 여객선이 들어오고 나가는 제승당 포구에서 시작했다. 한산도 해안도로를 타고 몇 분만 달리면 호수 같은 포구가 보인다. '염개'라고 부르는 이곳은 이름 그대로 소금을 굽던 곳이다. 군수용으로 쓸 소금을 공급하던 염전이 바로 이곳에 있었는데 '염포'라고도 하고 '고포'라고도 한다. 이곳에 무슨 염전이 있었을까 의아했지만 조수간만의 차가 뚜렷한 걸 보고는 고개를 끄덕였다. 도착할 때만 해도 물이 모두 빠져나가 갯벌 같았는데 너추리를 다녀오면서 다시 보니 어느새 포구 안으로 물이 가득 차 있었다.

너추리는 염개에서 방향을 북쪽으로 잡아 조금만 달리면 한눈에 들어오는 여차 마을을 말한다. 코발트 빛 바다를 바라보는 이 작은 마을은 '내추리'라고도 부르던 곳으로 삼도수군통제영의 군함에 필요한 노를 만들어 공급했던 곳이다. 내추리, 너추리라는 명칭은 노를 가리키는 '뇌추리'에서 변형된 것으로 보인다. 굴 양식을 많이 하는지 방파제와 포구 일대에 굴 껍데기가 수북이 쌓여 있었다.

너추리에서 다시 염개로 나와 해안도로를 따라 남쪽으로 향했다. 숯이나 기타 연료를 조달하던 숯덩이골과 질그릇을 만들던 독안바위가 보였다. 숯을 굽던 곳도 그릇을 빚던 도가도 보이지 않아 한 번에 찾기가 쉽지는 않았지만 지도와 사진 자료를 비교해가면서 옛 모습을 짐작해보았다.

이번에는 창동이다. 군량미 창고가 있던 마을인데 지금은 평범한 어촌 마을이다. 한산도 통제영이 그 이름을 한창 드높일 때 이곳 창고에 군량미를 3,000석이나 쌓아뒀다고 한다. 창동을 지나 다시 해안을 따라 남하하다 보면 한산도와 추봉도를 연결하는 다리가 보인다. 그리고 이내 한산면 소재지에 당도하는데 이곳이 바로 진두 마을, 우리 수군이 진을 치고 있던 곳이다. 진두 마을에서 바라보는 바다는 거칠었으나 무척 아름다웠다. 진두 마을 앞바다는 큰 바다로 이어지기 때문에 바다낚시를 즐기는 강태공들이 많이 찾는다. 면 소재지의 많은 상점이 낚싯배를 빌려주고 있는 것만 봐도 쉽게 알 수 있다.

진두 마을 바로 옆의 야소 마을은 군기창이 있던 곳이다. 이순신은 이 마을에 대장간을 설치해서 병장기를 만들고 수리하도록 했다. 마을에 대한 자부심이 큰지 입구에 표지판이 선명하다.

한산도 남단, 혹이 난 것처럼 살짝 불거진 해안에는 커다란 바위가 많았던 모양이다. 지금은 의암 마을이라고 부르는 이곳은 옷바위, 즉 병사들의 군복을 빨래해서 널어놓던 곳이다. 큰 바위가 많은 데다 햇빛이 강하고 일조시간이 길어서 빨래를 널어 말리기 좋았다고 한다. 그래서 이 마을에 피복창을 두었고 마을 사람들에게 군복을 짓고 수선하는 일까지 맡기기도 했다.

옷바위에서 다시 도로를 달리다 보면 멀리 하얀 등대가 보인다. '멀개'라고 불렀던 하포 마을이다. 멀개는 삼도수군통제영의 군수품 하치장이 있던 곳이다. 이곳에 보급창을 두고 수군들이 군수품을 지원하기 위해서 짐을 어깨에 싣고 풀었다고 해서 멀개라는 이름이 붙여졌다.

하포 마을까지가 해안도로의 끝이다. 다시 길을 돌려서 이번에는 한산도의 허리 부분을 가로질러 나아갔다.

창동 부근에서 한산대첩기념비 가는 길로 방향을 틀어 언덕 하나를 넘으면 뜻밖에도 넓은 들판이 나타난다. 분지처럼 움푹 팬 이

한산도 일대의 마을들은 마치 한 폭의 그림처럼 아름답다. 군량미 창고가 있었다는 창동은 푸른 한산 바다와 알록달록한 촌락지붕이 조화를 이룬 정겨운 마을이다.

들판 앞에 서면 이곳이 섬이라는 사실을 잠시 잊게 된다. 처음 한산도에 왔을 때 이 들판을 보고 얼마나 감동을 받았는지 모른다. 그때는 여름이라 초록빛 벼가 쭉쭉 뻗어 있어서 들판에 싱싱함이 넘쳐흘렀는데 이곳을 다시 찾았을 때는 추수를 끝낸 후라 누런 벌판이 그대로 드러나 있었다. 들판 이름이 궁금해졌다. 마침 경운기를 타고 지나가는 할아버지 할머니가 있어서 여쭤봤더니 들판 이름이 뭐 그리 궁금하냐면서 껄껄 웃고는 '누렁이 뜰'이라고 일러주었다. 그리고 누렁이 뜰을 끼고 있는 산 밑의 마을이 신거, 그 아랫마을은 대촌이라고 했다. 이 들판은 아마 둔전으로 사용하지 않았을까 싶었다. 한산도에서 벼농사를 이렇게 넓게 지을 수 있는 곳은 이

문어포 마을 역시 그 독특한 매력 때문에 돌아 나오기 쉽지 않다. 답사가 아니면 어떤가. 남도 곳곳에는 이순신이 숨결이 배어 있지 않은 곳이 없으니, 그 절경에 넋을 잃어도 좋다.

곳뿐인 것 같으니 말이다.

　신거 들판을 지나 산 위 도로를 따라가면 문어포가 내려다보인다. 문어포는 '문어개'라고도 하는데 왜적이 이 마을 주민들에게 이순신의 배가 어디로 갔는지 물었다고 해서 붙여진 이름이다. 마을 뒤쪽 산 정상에 한산대첩기념비가 있는데 여기서부터는 걸어서 가야 한다. 산에서 내려다본 문어포 마을과 바다 경관은 바닷가 마을 특유의 소박하고 짭짤한 느낌이 있다. 알록달록한 지붕들이 머리를 맞대고 있고 포구에는 푸른색의 고깃배들이 정박해 있으며 멀리 반짝이는 물살 위로 배들이 오가는 모습에 나도 모르게 카메라 셔터에 손이 갔다. 사진을 찍는 사람이라면 이 마을의 풍경을 결코 놓치고 싶지 않을 것이다.

산을 내려와 다시 신거 들판을 지나 도착한 곳은 개미목, 의항 마을이다. 제승당에서 1킬로미터 밖에 떨어지지 않은 작은 포구로 이곳에는 왜군을 속인 문어포 마을 사람들의 기지에 대한 이야기가 전해온다. 마을 사람들에게 속아서 좁은 포구에 갇히게 된 왜적들은 바다로 도망가기 위해 산을 파서 수로를 만들려고 했다. 그때 왜군들이 산에 개미처럼 붙어서 흙을 파헤쳤고 그 결과 산이 개미허리처럼 잘록해졌다고 해서 개미목이라고 불리게 되었다는 것이다.

이 외에도 한산도에는 왜선이 바다를 덮었던 곳이라고 해서 '개포', 조수간만의 차가 심한 것도 모르고 들어왔다가 목이 잘려 죽은 왜군의 머리 수가 1억 개나 됐다는 '두억개', 왜군의 시신을 묻은 곳을 가리키는 '매왜치', 우리 수군이 망을 봤다는 '망골' 등 통제영과 관련된 곳이 수없이 많다.

이순신은 한산도로 통제영을 옮기면서 섬 전체를 다양하게 활용했다. 전쟁이 한창이었고 임금과 조정은 피난길에 올라 통제영은 아무런 지원을 받을 수 없었다. 병기와 군수품, 식량과 생활필수품 등 모든 것을 스스로 조달해야 했다. 이런 절박한 상황을 타개하기 위해 이순신은 남해의 수많은 섬 중에서 한산도를 골랐고 한산도는 통제영 운영에 필요한 모든 것을 자체적으로 생산해내기 시작했다. 한산도가 이를 감당하지 못했다면 조선 수군은 결코 연전연승할 수 없었을 것이다.

이순신의 통제영이 한산도에 머문 것은 겨우 3년 8개월이었지만 한산도에게 그 시간은 결코 짧지 않았다. 그때의 이름과 사건들이 지금까지 지명으로 남아 있는 것만 봐도 한산도와 이순신의 인연은 특별하다고 할 수밖에 없다.

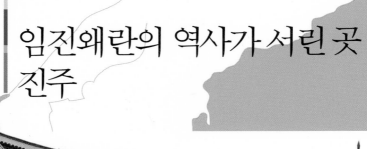

임진왜란의 역사가 서린 곳
진주

이순신이 한산대첩으로 제해권을 완전히 장악할 무렵
일본군에게 일방적으로 밀리던 육군도
진주성과 행주산성에서 승리해 임진왜란 3대 대첩을 이뤄냈다.
그중에서도 진주성은 바다와 육지, 경상도와 전라도를 잇는
전략적 요충지로 두 번에 걸쳐 피비린내 나는 전투를 치렀던 곳이다.
논개의 전설로도 유명한 진주성은 관민이 힘을 합해
국가의 위기를 이겨낸 상징으로 남아 있으며
임진왜란 전문박물관인 진주국립박물관이 성안에 위치하고 있다.

진주성도 〈국립중앙박물관 소장(진박 2008·08·01)〉

전란의 흐름을 바꾼 백성들의 격전지

진주성

어릴 때 접할 수 있는 시는 대부분 교과서에 실린 것들이었다. 간혹 정말 갖고 싶은 시집이 있어도 책값이 엄두가 나지 않았고 학교 도서관의 시집 코너에는 늘 먼지가 수북했다. 그래서 교과서에 실렸던 시를 더욱 열심히 탐독했던 것 같다. 물론 그 시들을 다 외우지는 못한다. 그래도 인상 깊었던 시구는 지금도 생생하게 기억난다. 그때 나를 사로잡았던 많은 시구 중 하나.

거룩한 분노는 / 종교보다도 깊고 /
불붙는 정열은 / 사랑보다도 강하다.
아! 강낭콩꽃보다도 더 푸른 / 그 물결 위에 /
양귀비꽃보다도 더 붉은 / 그 마음 흘러라.

변영로의 시 〈논개〉의 첫 부분이다. 이 구절과 함께 자동적으로 떠오르는 것이 '비교법'과 '색채 이미지'에 붉은 분필로 두 줄을 그으시던 국어선생님 그리고 내 국어 교과서 한 귀퉁이에 그려진 강낭콩꽃과 순정만화 주인공을 닮은 논개의 얼굴. '~보다도'는 비교법을 말하는 것이다, 시험에 나올 테니 외워라. 강낭콩꽃은 푸른색이다, 색채 이미지를 강조한 구절이다. 이것도 외워라……. 국어선생님 말씀이 귀에 쟁쟁하다. 하지만 나는 그때마다 질문을 하고 싶었다. '선생님, 강낭콩꽃이 정말 푸른색이에요? 근데 콩 색깔은 왜 자주빛이에요?' 그래서 종종 시험문제를 대할 때마다 헷갈리곤 했다. 강낭콩꽃은 자주색 아니었나? 나중에야 알았다. 강낭콩꽃은 자주색도 아니고 푸른색도 아닌 연보라빛이라는 걸. 그리고 '강낭콩꽃보다 더 푸른 물결'이라는 표현은 그저 시적 비유의 하나라는 것을.

진주 촉석루에 섰을 때 나는 이 시에 나오는 강낭콩꽃을 떠올렸다. 그리고 남강의 물빛이 강낭콩꽃과 같지는 않지만 저 강 위로 떨어진 논개의 치마폭은 한 떨기 연보라색 꽃처럼 아름다웠을 것이라고 상상해보았다.

진주를 처음 찾았던 날에도 비가 왔다. 2006년 5월, 때마침 논개제를 하루 앞두고 있어서 진주성은 행사 준비로 분주한 분위기였다. 하지만 비가 내리는 바람에 행사준비팀은 잠시 철수하고 그 덕분에 나는 홀로 촉석루에 올라서 처마 밑으로 뚝뚝 떨어지는 빗물소리를 들으며 남강을 바라볼 수 있었다. 역사적인 사실 여부와 관계없이 이제는 전설이 되고 신화가 된 논개의 죽음. 그 지독했던 진주성 전투에서 이 정도의 신화 하나쯤은 허락되어도 좋을 것 같다.

목숨을 건 7일간의 전투, 피와 살이 타는 열흘간의 혈투, 두 번에 걸친 진주성 싸움. 진주성 싸움은 임진왜란의 수많은 전투 중 가장 치열했고 가장 핏빛이 선명했던 전투였으며 무엇보다도 수많은 백성과 의병들이 참여했던 싸움이었다. 이런 정황에서라면 논개가 그처럼 의로운 죽음을 선택했던 것도 충분히 가능한 일이었을 것이다.

진주대첩은 한산대첩, 행주대첩과 함께 임진왜란 3대 대첩으로 꼽힌다. 하지만 진주대첩은 이 가운데서도 가장 처절했던 전투였다. 두 차례에 걸쳐 일어났으며 한산대첩과 행주대첩이 하루 만에 끝난 데 비해 진주성에서의 혈투는 7일간 또 10일 동안 이어졌다. 1차 싸움은 조선이 승리했고 2차 싸움은 일본이 승리했지만 양측 모두 손실이 엄청났다.

1차 진주성 전투는 이순신이 한산 앞바다에서 대승을 거두고 두 달 후에 일어났다. 한산대첩에서 대패한 일본군은 바다에서의 모든 활동을 거의 중지했고 수로를 통해 서쪽으로 진격하는 것도 불가능해졌다. 결국 일본군은 육로를 통해 전라도로 가는 길을 터야 했는데 그 길의 요지에 진주성이 있었다. 한양에서 남하한 일부 병력까지 합해 2만 대군을 형성한 일본군은 10월 초에 진주성 앞으로 집결했다. 그러나 진주성에는 4,000명도 안 되는 인원만 있을 따름이었다. 그것도 관군과 의병, 백성들을 모두 합한 수였다. 수에서는 열세였지만 이들은 사력을 다해 싸웠고 홍의장군 곽재우 등이 이끄는 의병들의 성 밖 지원에 힘입어 기적같이 승리했다. 일본군은 이 전투에서 300명이 죽고 만여 명이 부상을 당했다. 다윗과 골리앗의 싸움이나 다름없었지만 진주성은 승리했다. 진주목사 김시민

늦은 밤 진주성은 낮에 본 모습과는 사뭇 다른 위용을 자랑한다. 이곳에서 논개가 자신의 몸을 던졌고, 수많은 민초들이 스스로 전장으로 나갔다. 불면의 밤을 지새웠을 민초들의 마음이 진주성을 굳건히 지키고 있었다.

이 마지막까지 분전하다가 총탄을 맞아 사망했지만 그의 죽음은 조선의 승리로 말미암아 더욱 값진 것이 되었다. 더욱 의미심장한 점은 이 전투의 결과로 일본군의 전략이 대폭 수정되고 결국 강화 교섭에 나서게 됐다는 것이다. 한산대첩과 함께 1차 진주성 싸움은 이렇게 임진왜란 전체의 흐름을 바꿔놓았다. 하지만 안타깝게도 이 승리는 또 다른 비극을 잉태한 것이기도 했다. 그것이 바로 2차 진주성 전투다.

2차 진주성 싸움은 1593년 6월 20일부터 열흘 동안 계속됐다. 1차 진주성 싸움의 패배에 큰 충격을 받은 도요토미 히데요시는 전 병력을 동원해 지난 패배를 설욕하라는 특별 명령을 내리고 선봉장으로 조선 땅에 첫 승전 깃발을 꽂았던 가토 기요마사와 고니시 유키나가, 우키타 히데이에宇喜田秀家를 내세웠다. 이들은 곧 10만의 군사를 이끌고 진주성에 집결했다. 하지만 진주성의 병력은 3,000명 안팎이었다. 일본과의 강화 교섭이 한창이라는 이유로 싸움을 하지 말고 성을 비우자는 공성론이 제기되면서 진주성이 뻔히 공격을 받고 있는데도 명군과 조선 관군은 아무런 행동도 취하지 않았기 때문이다. 성안의 군사들은 대부분 의병이었고 관군이 일부 포함돼 있을 뿐이었다. 결국 진주성은 열흘을 버티다가 무너졌다. 일본군의 복수는 잔혹하기 짝이 없었다. 성내 3,000명의 병사는 물론이고 《선조수정실록》에 따르면 6만 명이 넘는 백성들이 학살당했다고 한다. 사람뿐 아니라 가축들까지 도륙을 당했으니 그 참혹한 현장을 감히 상상이나 할 수 있겠는가? 2차 전투가 비록 패배로 끝났지만 몇 배나 많은 일본군에 맞서 열흘 동안 사투를 벌인 그들의 충의 만큼은 높이 평가할 수밖에 없다.

논개 사당 의기사의 논개 영정은 오랫동안 논란거리였다. 1960년대에 김은호가 그린 〈미인도 논개〉의 복사본이 사당의 영정으로 걸려 있었는데 김은호의 친일 행위가 밝혀지면서 영정을 바꿔야 한다는 주장이 끊임없이 제기됐다. 그래서 결국 2008년 5월에 김은호의 그림이 내려지고 윤여환이 그린 새 그림이 논개의 표준 영정으로 지정됐다. 논개제가 열리던 날 촉석루와 의기사에서 새 영정을 봉안하는 의례가 있었고 논개도 새 얼굴을 찾게 되었다.

논개 사당을 나오자 빗줄기가 잦아들었다. 하늘 가득한 먹구름을 배경으로 선 진주성은 400년 전의 비극을 떠올리게 했다. 위대한 진주성 관민을 이끌었던 김시민의 동상 앞에 이르자 그날의 함성이 들리는 것 같았다. 비석군 앞에 설 즈음엔 구름의 빛깔이 더욱 짙어졌다. 마치 죽은 자들의 넋이 떠도는 것 같은 기분이었다. 비석에 흘러내린 빗물은 그 넋을 위로하는 듯했다.

진주성은 성 전체의 둘레가 4킬로미터에 이르는 큰 성이다. 원래는 토성이었는데 고려시대에 돌을 쌓아 다시 축조했고 조선시대 이후 여러 차례의 확장과 정비를 통해 지금에 이르렀다. 특히 임진왜란이 끝난 후인 1605년에는 성안에 성을 다시 구축했다. 성안이 너무 넓어서 수비가 힘들다는 것이 이유였다. 이 때문에 진주성은 촉석루를 중심으로 한 지금의 진주공원 일대의 외성과 현재의 성내동 주변의 내성으로 나뉘게 됐다.

진주성은 주변의 지형을 잘 활용해서 만든 요새로 많은 돌을 가지런히 쌓아 만들어서 촉석성矗石城이다. 그래서 무척 견고하고 접근하기가 쉽지 않다. 남강을 면하고 있는 곳은 절벽이나 다름없고 성벽의 높이가 5미터 이상인 곳도 있어 요새로서 적합한 조건을 두루 갖추고 있다.

성벽을 따라 걸어보기도 하고 진주성 내의 많은 건물들을 하나하나 둘러보면 반나절은 쉽게 지나가버린다. 가장 유명한 건축물은

남강의 바위 절벽 위에 우뚝 솟은 촉석루다. 영남에서 가장 아름다운 누각이라고 칭송받는 곳으로 고려시대에 만들어진 것이다. 임진왜란이 한창일 때는 이곳이 진주성을 지키는 지휘 본부였다. 또 평상시에는 시험을 보는 곳으로도 사용했다. 현재의 촉석루는 옛것이 아니라 1960년에 복원한 것이다. 한국전쟁으로 불에 타버렸기 때문이다. 전쟁은 늘 이렇게 어처구니없는 일을 저지르곤 한다.

이 외에도 진주성 전투에서 순절한 김시민과 39명의 신위를 모신 사당 창렬사, 고려시대에 만들었다는 사찰 호국사, 조선시대 관찰사 감영의 정문이었다는 영남포정사와 지휘관이 명령을 내리던 곳이었던 북쪽과 남쪽의 서장대 등 산책하듯 둘러볼 곳이 많다. 성의 오랜 역사를 증명하듯 고목들이 즐비하며 숲이 울창하고 운치 있는 길과 계단도 제법 많다.

진주성에서 바라본 남강

임진왜란 전문박물관
국립진주박물관

진주성에서 가장 중요한 곳 중 하나는 국립진주박물관이다. 1984년에 개관한 이곳은 처음에는 선사시대와 가야시대 유물을 중심으로 전시하다가 1998년에 임진왜란 전문박물관으로 재개관했다. 1층과 2층으로 구성된 전시실에는 임진왜란의 원인과 발발에 대한 자세한 설명과 함께 여러 전투와 그에 관련된 유물과 자료가 전시돼 있다. 그리고 임진왜란 이후의 영향까지 주제별 전시를 하고 있고 이따금 특별전을 따로 열기도 한다.

박물관은 임진왜란과 관련된 책과 자료도 출간하고 있다. 그중에서도 가장 흥미로웠던 책은 《임진왜란과 도요토미 히데요시》라는 책이다. 이 책은 임진왜란이 발발할 즈음에 일본에서 활동하던 선교사 루이스 프로이스Luis Frois가 쓴 《일본사》의 한국어판이다. 프로이

스는 포르투갈 사람으로 서른한 살이 되던 1563년에 일본으로 건너가 30년 가까이 머물면서 선교 활동을 한 인물이다. 오다 노부가나織田信長와 개인적인 친분을 쌓으면서 권력의 중심부와 인연을 맺게됐고 이 인연으로 도요토미 히데요시를 가장 가까운 곳에서 관찰할수 있었다. 프로이스의 《일본사》는 임진왜란 이전의 일본 내 분위기와 전쟁을 일으켜 대륙을 차지하겠다는 도요토미 히데요시의 허황한 야망의 실체를 찬찬히 분석하고 있다. 그래서 프로이스의 《일본사》는 중세시대 동아시아를 뒤흔들었던 7년 전쟁이 어떤 배경에서도발됐는지 보여주는 중요한 기록으로 평가받고 있다.

진주성을 찾아간 건 모두 세 번이었는데 두 번째 방문은 2006년에 진주박물관에서 기획한 〈작은 전시회─충무공 이순신의 자취〉를 보기 위해서였다. 임진왜란 전문박물관이라는 이름에 걸맞게임진왜란과 관련된 다양한 전시회가 자주 열리는데 재개관 5주년이 되던 2003년 10월에 개최한 〈삶에서 신화까지, 충무공 이순신〉은 상당히 성황을 이뤘다. 당시 전시회와 함께 발간한 책자 《삶에서 신화까지, 충무공 이순신》은 이순신의 삶과 위업은 물론이고 후세 사람들이 이순신을 어떻게 추모해왔는지 다양한 자료를 통해소개하고 있다.

2006년에 열린 〈충무공 이순신의 자취〉는 말 그대로 아주 작은전시회였다. 그런데도 사람들의 주목을 받은 것은 이전에 공개되지 않은 유물 몇 점을 전시했기 때문이었다. 덕수 이씨 종가에서 전해내려오는 거북선 그림과 정유재란 때 삼도수군통제사로 다시 기용되면서 받은 사부유서, 그리고 이순신의 어머니인 변 씨가 아들인 이순신에게 재산을 나눠준 증명서인 별급문기(분재기) 등은 그동안 일반에 공개되지 않은 것들이다. 여기에 녹둔도에서 여진족의 기습을 물리친 것을 기념해서 만든 승전비의 탁본과 보물 660호인 최희량의 서첩《임란첩보서목》도 함께 전시됐다.《임란첩보서목》에는 정유재란 당시 흥양현감이었던 최희량이 쓴 승전 보고서가 들어 있는데 여기에는 이순신의 친필도 수록돼 있다.

전시물 중에서 가장 관심을 끌었던 것은 별급문기였다. 처음 공개한다니 괜히 더 호기심이 발동했다. 이 문서에는 1588년 3월 13일에 이순신의 어머니가 아들의 무과급제를 기념하며 나눠준 논밭과 하인 등 재산 내역이 자세하게 쓰여 있었다.

전에 별급한 것은 네가 병자년에 등과해 네 아버님께서 크게 다행으로 여기시어 종 설금의 두 번째 소생 종 말화구(31세), 종 화덕의 첫째 소생 종 복구(32세) …… 흥양 접노 앵무의 첫째 소생 종 순화, 앵노의 셋째 소생 종 춘화(19세), 영환 접노 용지의 둘째 소생 종 만손과 한수(한양)의 기록되어 있지 않은 가사와 전답들을 별급했던 것이며, 더불어 갑신년 3월 초 10일, 큰 바람에 화재로 집이 일시에 불타 네 아버지의 손때 묻은 것들이 없어지고 남은 것이 없으매 비통함을 이길 수가 없어서 별급문기로 만들어준다. 노비, 전답, 가사들을 전에 고친 것에 따라 문서를 만들어주거든 (분급된) 이후의 소생까지도 아울러 (분급 받은 사람이) 길이길이 부려 사용하되, 만에 하나 달리 하거든 이 문서를 관아에 신고하여 일을 바로 잡아라.

별급문기

별급문기가 이처럼 우리말로 풀이되기까지는 여러 가지 사연이 있었다. 이순신 답사에 한창 몰입해 있던 2006년, 블로그에 올린 답사기를 매개로 알게 된 블로거들과 함께 온라인 카페를 하나 만들었다. 카페 이름은 '존모지정'. 한문학을 전공한 전우람이 씨가 카페를 개설하면서 이런 멋진 이름을 붙였다. 이순신을 존경하고 사모하는 사람들의 모임이라는 뜻이다. 하지만 그저 단순히 좋아하는 것에 그치지 말고 이순신과 관련된 여러 가지 자료를 모으고 사료를 연구하자는 데 의기투합했고 이러한 작업에 열의와 관심을 가진 누리꾼들이 하나 둘씩 회원으로 가입했다. 당연히 진주박물관 전시회에서 처음 공개된 별급문기는 우리들의 호기심을 자극했고 나는 전시회에서 직접 찍어 온 별급문기 사진을 카페에 올렸다.

그 무렵 역시 존모지정의 회원이었던 이천용 씨가 그 내용 풀이에 애쓰고 있었는데 이 작업을 해줄 만한 이가 마땅히 없었다. 그래서 이천용 씨가 전우람이 씨에게 풀이를 부탁했다. 하지만 별급문기는 초서로 쓰여 있었기 때문에 탈초(흘려 쓴 글씨를 풀어주는 과정) 작업이 쉽지 않았다. 이름난 전문가들에게 부탁을 해보기도 했지만 모두들 바쁘다는 이유로 시간만 자꾸 끌었다. 그때 경주에 사는 이종학 씨가 조철재 어르신을 소개해주었다. 국어 교사인 이종학 씨 역시 충무공학당과 존모지정의 회원이었다. 조철재 어르신은 팔순의 나이에도 불구하고 며칠 만에 탈초를 마치는 기염을 토했다. 하지만 또 다른 난관에 봉착했다. 탈초는 했으나 이번엔 난해한 한자어와 이두가 문제였다. 그때 '한길'이라는 아이디를 쓰는 또 다른 회원이 나타났다. 그는 이두와 어려운 전문 고어를 명쾌하게 풀어주었다. 덕분에 우람이 씨는 국역 작업을 순조롭게 마칠 수 있었고 이순신의 새로운 자료, 별급문기의 내용이 세상에 나오게 됐다.

별급문기 국역작업을 마쳤을 때 얼마나 기쁘고 자랑스러웠는지 모른다. 충무공학당과 존모지정 회원들은 모두가 같은 마음으로 이 작업을 마칠 수 있었다. 열정이 모이면 못할 게 무엇이겠는가.

별급문기 국역 작업을 지켜보면서 모두가 뿌듯한 감동을 느꼈다. 전문 연구가가 아니더라도 이순신에 대한 존경과 사랑만으로 이런 작업을 할 수 있다는 사실에 우리 스스로가 기특했던 것이다. 아마도 전국 곳곳에 숨어 있는 아마추어 연구자들은 별급문기를 풀면서 우리가 느꼈던 감정들을 경험했으리라. 그 감정들은 이순신에 대한 존모의 정을 더욱 두텁게 할 뿐만 아니라 이순신을 매개로 쌓은 우정도 더욱 도탑게 한다. 존경할 이와 우정을 나눌 이를 함께 얻었으니 그보다 더 좋을 수가 있을까?

진주박물관이 주최한 전시회 〈충무공 이순신의 자취〉는 그래서 좀 더 특별했다. 하지만 전시회를 찾는 이들이 많지 않아서 좀 섭섭했다. 대구에서 진주까지 달려와서 보기에는 전시물의 수가 너무 적다는 것도 아쉬웠다. 한참 동안 전시물을 둘러보고 있다가 사진을 찍을 수 있을까 해서 근처 관리하는 분에게 문의를 해보았다. '이구원'이라고 쓰인 명찰을 단 관리인은 사진을 찍어도 좋다고 하면서 내게 조심스럽게 말을 건넸다.

"아까부터 봤는데 이순신 장군을 정말로 좋아하시나 봅니다."
"굉장히 존경하죠. 전시회 보려고 대구에서 여기까지 온 걸요."
"대구에서요? 와!"

이구원 씨는 자신도 이순신을 존경하고 있고 그래서 연구자는 아
니지만 이 박물관에서 일하는 게 자랑스럽다고 했다. 그는 친절하게
박물관 안내까지 해주었고 나는 그 덕분에 박물관을 꼼꼼히 둘러볼
수 있었다. 관람을 마치고 로비에서 함께 자판기 커피를 마시고 있
는데 문득 이구원 씨가 곤양에 가봤느냐고 물었다.

"거기가 제 고향인데요, 곤양 면사무소에 가면 이순신 장군의 백
의종군 행로비가 있어요."
"아, 거기도 비석이 있어요?"
"네, 시간이 되면 한번 들러보세요."
"안 그래도 한 달 전에 백의종군과 연안 답사길을 따라가봤거든
요. 그때 곤양은 못 가봤어요."
"아, 곤양을 가보셔야죠. 제 고향이 충무공이 다녀가신 곳이라서
얼마나 자랑스럽게 생각하는데……."

뜻하지 않은 곳, 예상치 못한 이에게서 이렇게 힘을 얻었다. 한
달 전에 짧은 일정으로 초계에서부터 회령포까지 둘러보긴 했지만
이구원 씨 덕분에 좀 더 구체적인 답사를 해볼 의지가 불타올랐다.

임진왜란 전문박물관인 국립진주박물관. 임진왜란과 관련한 다양한 전시회를 개최하고 있는데, 박물관이 발간하는 책과 자료 역시 명성답게 충실하다.

그것만으로도 고마운데 2003년 충무공 특별전의 도록도 구해주겠다고 했다. 꼭 갖고 싶었던 것인데 판매를 하지 않는다고 했더니 자신이 한번 구해보겠으니 연락처를 남기라는 것이었다. 명함을 건네고 정말 감사하다는 말을 남긴 채 박물관을 나왔다.

며칠 후, 이구원 씨가 보낸 커다란 택배 상자가 도착했다. 상자 안에는 2003년에 열렸던 충무공 전시회의 도록이 들어 있었다. 학예실에 부탁해서 한 권 구했다고 했다. 사실 오래전 전시회라 자료가 없을 수도 있겠다고 생각했는데 이렇게까지 애를 써주니 고마운 마음을 어떻게 표현할 수가 없었다. 게다가 상자 안에는 토마토가 가득 들어 있었다. 고향 곤양에서 수확한 것이라며 맛이나 보라

고 보냈단다. 자비를 들여 도록을 보내준 것만으로도 고마운데 맛
있고 싱싱한 토마토까지 함께 주다니 세상에는 여전히 마음 씀씀
이가 넓고 큰 사람들이 많다는 걸 새삼 확인할 수 있었다.

이순신 답사를 다니면서 나는 좋은 사람들을 많이 만났는데 이
구원 씨도 그중 한 분이다. 그날 받은 토마토는 방송국 사람들과 배
불리 나눠먹고 집에 갖고 와서도 며칠 동안 먹었다. 토마토를 먹을
때마다 길에서 만난 고마운 사람들을 그리고 그들을 만나게 해준
이순신을 생각했다. 조금은 냉소적인 나에게 낯선 표현이기는 하
지만, 그래도 아직 세상은 따뜻한 것 같다. 이순신도 그것을 내게
가르쳐주려고 했던 것은 아닐까?

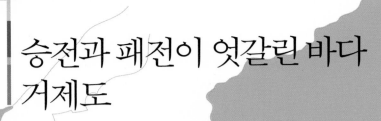

승전과 패전이 엇갈린 바다
거제도

조선 수군이 거둔 최초의 승리 옥포해전.
그리고 최초의 패배 칠천량해전.
이순신이 이끄는 조선 연합함대는 옥포에서 첫 승리를 거뒀지만
이순신의 실각 이후 삼도수군통제사가 된 원균은 칠천량에서
조선 수군에게 첫 패배를 안겨주었다.
거제도는 조선 수군의 첫 승전지이자 패전지다.
첫 승리의 영광과 첫 패배의 치욕이 공존하는 곳
거제도 해안선을 따라가다 보면 우리는 이순신과
그의 함대가 남겨놓은 임진왜란에 얽힌 수많은 이야기를 읽을 수 있다.

玉浦大捷

옥포대첩공원에 세워진 옥포대첩비

조선 수군 최초의 승리

옥포

이순신이 치른 수많은 전쟁 중에서 옥
포해전이 갖는 의미는 그 어떤 해전보다도 크다. 우선 이순신의 첫
출전이자 왜군이 단 한 번의 패배 없이 파죽지세로 한양까지 치고
올라가던 와중에 조선군이 올린 첫 번째 승전보였다는 것이 가장
큰 의미일 것이고, 두 번째로는 이 승전보가 임진왜란의 흐름을 바
꾸는 중요한 교두보 역할을 했다는 것이다. 지는 것이 너무나 자명
했던 왜군과의 싸움에서도 조선군이 이길 수 있다는 것을 보여준
싸움, 그래서 다 꺼져가는 모닥불에도 언제든 소생할 수 있는 불씨
가 남아 있음을 보여준 전투라 하겠다.

옥포는 거제도의 동쪽에 위치한 작은 만이다. 이름 그대로 바다
색이 맑고 투명한 옥빛처럼 아름답다. 거제도는 현재 거제시에 속

해 있으며 거제시는 본도와 주변 62개 섬으로 이뤄져 있다. 이중 사람이 사는 섬이 11개, 무인도가 51개다. 지도를 마주했을 때 통영이 거제의 왼편에 위치하고 있으며 고성과 진해가 위쪽에 자리 잡고 있다. 한산도는 거제의 왼편, 통영의 아래쪽에 있다. 거제도는 그 앞바다가 멀리 대한해협까지 이어지고 있어 맑은 날에는 대마도가 한눈에 들어오기도 한다. 바로 이러한 지리적 위치 때문에 거제도는 오래전부터 왜로 가는 중요한 교량 역할을 했던 곳이며 군사적 요충지이기도 했다.

옥포를 처음 찾은 것은 2005년, 가을빛이 무르익어가는 10월이었다. 옥포에 도착하니 오후 두 시가 훌쩍 넘었다. 옥포의 가을 바다는 여름 바다보다 더 시리도록 눈부셨다. 이곳에서 이순신은 임진왜란의 첫 승첩을 거두었다. 아무도 왜군에게 맞설 엄두를 내지 못했던 1592년 5월 7일, 이 바다에서 이순신은 조선 수군의 첫 출전을 진두지휘했고 도도 다카도라藤堂高虎가 이끌던 일본의 함선 26척을 격침하는 쾌승을 올렸다.

그러나 옥포로 첫 출전을 하기까지 그가 겪은 어려움은 한두 가지가 아니었다. 1년 이상 왜군의 침입에 대비해왔다고는 하나 병사들은 실전 경험이 전혀 없었다. 훈련을 실전처럼 했다고 해도 훈련은 어디까지나 훈련일 뿐이었다. 거기다 왜군의 정체도 확신할 수 없던 상황이었다. 이 때문에 이순신은 첫 출전에 신중에 신중을 거듭했다.

문제는 그뿐만이 아니었다. 거제는 원래 경상우수군의 본영이 있던 곳이다. 거제 옥포가 전라도와 충청도로 이르는 해로의 목줄이나 다름없는 중요한 곳인데도 원균은 청야작전을 이유로 보유하고 있던 70여 척의 전함을 모두 자침시키고 거제를 버렸다. 판옥선 70여 척에 가공할 만한 위력을 가진 조선의 화포로 중무장을 해서 바다에서 먼저 싸웠더라면 임진왜란 초기 왜군의 위세가 그렇게까지 대단할 수는 없었을 것이다. 이순신의 장계에도 임진왜란 초기에 바다에서 적을 맞아 싸웠더라면 열흘 만에 도성을 내주는 '망극한 일' 따위 없었을 것이라는 내용이 나온다.

> 신의 어리석은 생각으로는 오늘날 적의 세력이 이같이 왕성하여 우리를 업신여기는 것은 모두 해전으로서 막아내지 못하고 적을 마음대로 상륙하게 했기 때문입니다. 그런데 경상도 연해안 고을에는 깊은 해자와 높은 성으로 든든한 곳이 많은데 성을 지키던 비겁한 군졸들이 소문을 듣고 간담이 떨려 모두 도망갈 생각만 품었기 때문에 적들이 포위하면 반드시 함락되어 온전한 성이라고는 하나도 없습니다. 지난날 부산과 동래 연해안 여러 장수들만 하더라도, 전함을 잘 정비하여 바다에 가득 진을 치고 적을 불시에 습격할 위세를 보이면서 정세를 보아 전선을 알맞게 진퇴하여 적을 육로로 기어오르지 못하게 했더라면 나라를 욕되게 한 환란이 반드시 이렇게까지는 되지 않았을 것입니다.
>
> 《임진장초》

왜군이 경상도 땅에 발을 내딛기 전에 경상도 일대의 장졸들이 함대를 몰고 나가 며칠간 해전에서 버티기라도 했었다면 개전 초기의 참혹한 패퇴를 어느 정도는 막을 수 있었다는 것이다. 어쨌거나 적의 기세가 너무나 등등하며 경상도에서 시작된 육전의 사정이 이렇게까지 됐으니 이순신도 더 이상 출전을 머뭇거릴 이유가 없었다. 그리하여 이순신은 출전일을 5월 초로 잡고 5월 3일 조정에 장계를 올렸다.

일각에서는 이때 이순신이 원균의 구원 요청에도 불구하고 요지부동 움직이지 않았다고 하나, 이는 당시 군사 소집 체계를 제대로 모르고 하는 소리다. 이것은 최근 방영된 드라마에서도 잘못 표현된 것이니 분명하게 바로잡아야 할 부분이다. 이순신은 전라좌수사였으며 좌수사는 전라도 관찰사의 명령이 있어야 군사를 움직일 수 있었다. 또 비상시였으므로 비변사의 출전 허가를 기다리고 있었다. 이는 장계에서 '나라의 분부를 엎드려 기다린다' 라고 한 부분이나 '비변사에서 밀지가 온 후에 출전을 결정했다' 는 부분에서 분명하게 드러난다.

그렇게 해서 5월 4일 새벽 전라좌수군은 판옥선 25척, 협선 15척, 포작선 46척을 이끌고 당포 앞바다에 결진한다. 이때 원균이 이끌고 온 함선은 겨우 세 척이었다.

옥포해전은 5월 7일 낮부터 시작됐다. 옥포 포구에 정박하고 있던 적선 50여 척을 발견한 조선 수군은 이들을 동서로 에워싸고 맹렬한 포격을 퍼부었다. 결과는 적선 26척의 분멸. 아군의 피해는 전혀 없었다. 전사자는커녕 부상자 역시 미미했다. 그리고 이어서 오후 네 시경 합포로 이동해 왜군 대선 다섯 척을 불태웠다. 1차 출전의 첫날은 이렇게 완벽한 승리로 장식했다.

신이 거느린 여러 장수들은 일심분발하여 모두 죽을힘을 다하고 또 배에 있던 관리와 군사들도 그 뜻을 본받아 서로 격려하며 분발하여 죽기를 기약했습니다. 그리하여 동서로 포위하면서 바람과 우레같이 총통과 화살을 쏘기 시작하자 적들도 총환과 화살을 쏘다가 기운이 지쳐서는 배 안에 있던 물건들을 바다에 내어 던지느라고 정신이 없었으며, 화살에 맞은 자는 그 수를 알 수 없고 헤엄치는 자도 얼마인지 알 수 없을 정도였는데 적도들은 일시에 흩어져서 바위 언덕으로 기어오르면서 서로 뒤떨어질까봐 두려워하는 것이었습니다.

《임진장초》, 〈옥포파왜병장〉

옥포대첩공원에서 바다를 바라보았다. 늘 그렇듯 바다는 아무 일도 없었다는 듯이 넓고 푸르렀으며 아늑하고 평화롭기만 했다. 푸른 옥포만의 바다를 보고 있자니 그날의 함성이 들려오는 것 같았다. 첫 승리, 그 감격의 환호성과 눈물. 얼마나 기쁘고 감격스러웠을까?

옥포대첩공원은 옥포만 바로 앞에 조성돼 있다. 1957년 6월 12일 처음 이곳에 기념탑을 세웠으며 1963년에 옥포만이 한눈에 내려다보이는 자리에 옥포정을 세웠다. 그러다가 1973년에 옥포조선소가 들어서면서 기념탑과 옥포정을 아주동 탑골 마을로 옮겼다. 여기서도 주변이 너무 협소하다 해서 1991년 12월에 다시 공원을 조성하기 시작했고 1996년 6월에 재개원한 것이 지금의 옥포대첩공원이다. 공원의 오랜 역사치고는 기념탑과 옥포루, 전시관과 팔각정이 너무 새것으로 보이는 것도 바로 이런 이유 때문이다.

대첩공원 안에는 한자 '충忠'을 형상화한 참배단이 있다. 이곳에 이순신의 영정이 있는데 참배단과 사당, 영정 모두 지어진 지 얼마 되지 않아 새것 냄새가 풀풀 난다. 현대인처럼 그려진 이순신의 영

역사를 기리는 오늘날의 모습은 언제나 옛것에 비해 감동이 덜한 법이다. 하지만 다시 긴 시간이 흐르면 후세대가 어떻게
이순신을 기렸는지, 그것 또한 역사로 기억될 것이다.

정도 낯설고 생경하다. 전시관에는 옥포해전 당시의 해전도와 이
순신과 관련된 유물을 전시하고 있는데 몇몇 유물을 제외하고는
대부분 복사본이다. 이 공원에서도 매년 이순신의 제례 행사가 열
린다. 또 6월 16일을 전후로 사흘 동안 옥포대첩기념대전이 열리는
데 다른 지자체에서 열고 있는 대첩제들이 그렇듯 아마도 음력 5월
7일을 당시 양력에 맞춰서 행사를 진행하는 것 같다.

옥포루에 앉아 10월의 따사로운 햇살을 받으며 바다를 하염없이
바라보았다. 저 바다 빛깔은 한산의 바다와 비슷하다. 승전의 바다
는 언제나 저렇게 눈이 부실 만큼 푸른 것일까?

병마와 싸우며 전쟁을 치르다

가을빛이 완연했지만 옥포로 가던 날엔 유난히 햇볕이 따가웠다. 옥포에 도착했을 때는 그 빛에 더위를 먹었는지 머리가 지끈지끈 아팠다. 옥포루에 앉아 땀을 잠깐 식히면서 두통을 잠재워볼까 싶었지만 쉽게 가라앉지 않을 것 같았다. 나를 오랫동안 괴롭히고 있는 만성두통이 재발한 듯했다. 1년에 감기 네다섯 번은 예사고 만성두통과 불면증 등으로 자주 골골대는 나에게 이순신의 육체적 고통은 예사롭지 않게 다가온다. 이날도 아픈 머리를 감싸고 바다를 바라보고 있자니 갖가지 질병에 고생했을 이순신 생각이 저절로 났다.

이순신은 그다지 강골 체질은 아니었던 것 같다.《난중일기》곳곳에는 몸져누운 기록과 갖가지 만성질환을 앓은 흔적들이 쉽게 눈에 띈다.

> 맑음. 이른 아침 몸이 몹시 불편하여 온백원(위장약) 네 알을 먹었다. 아침 식사 후에 우수사와 가리포가 왔다. 이윽고 설사를 하고 나니 조금 편해진 듯하다.
>
> 《난중일기》, 계사년 5월 18일

> 비가 주룩주룩 내렸다. …… 몸이 춥고 불편해서 많이 토하고 잤다.
>
> 《난중일기》, 을미년 5월 5일

> 늦게 대청에 나가서 활 두 순을 쏘다가 몸이 몹시 불편해서 활을 중

지하고 안으로 들어갔다. 몸이 움츠러들어서 두텁게 덮고 땀을 내었다. 저물 무렵에 경상 수사가 와서 문병하고 갔다. 밤에는 낮보다 곱절이나 앓아 신음하면서 밤을 꼬박 새웠다.

《난중일기》, 병신년 8월 4일

전라좌수사로 부임해오던 1591년부터 언제 도발해올지 모를 왜적을 맞아 싸울 준비를 하다 보니 늘 하루해가 짧았고 밤샘 작업은 예사였다. 진중을 제대로 경영하기 위해서 손봐야 할 곳이 한둘이 아니다 보니 걱정거리도 많았고 전시 상태의 긴장감까지 더해져 늘 몸이 아팠다. 신경성 두통에 위염 그리고 불면증도 있었던 것 같다. 급기야 이순신은 적과의 팽팽한 대치 상태가 장기간 이어지던 1596년에 큰 병이 나 한 달 동안 몸져눕고 말았다.

맑음. 아침에 장계 초본을 수정했다. 보성 안홍국이 들어왔다. 몸이 몹시 불편해서 업무를 보지 않았다. 기운을 차릴 수도 없었고 땀도 많이 흐르는 것으로 보아 병의 시초인 것 같다.

《난중일기》, 병신년 3월 2일

종일 큰 비가 쏟아졌다. 초저녁에는 곽란과 구토가 나서 한 시간이나 고통스러워하다가 자정에 조금 가라앉았다. 일어났다 앉았다 몸을 뒤척거리면서 공연한 고생을 하는 듯 생각하니 한스럽기 짝이 없다.

《난중일기》, 병신년 3월 21일

4월 초까지 한 달 내내 병세가 악화됐다 호전되기를 반복했다.

병든 와중에도 업무는 계속됐고 방비와 경계를 게을리 하지 않았다. 진영을 철저하게 경영하는 것도 잊지 않았으며 부하 장졸의 상벌에도 엄격했다. 《난중일기》를 보면 이순신이 병을 앓았던 날이 120일이나 된다. 40대 후반에서 50대 초반의 시기였으니 젊은 날 무인의 기골을 기대하기 어렵겠지만 워낙 신경 써야 할 것이 많아 더욱 기력이 쇠해진 것 같다.

하기야 그는 사천해전에서 총상을 입고도 다시 갑옷을 입고 전장으로 나가지 않았던가. 진물이 줄줄 흐르고 상처가 곪아 터지는데도 대장선에 우뚝 서서 함대를 진두지휘하지 않았던가. 이런 생각에 왼쪽 머리가 시큰거리는데도 나는 벌떡 일어섰다. 그래, 어서 가자. 이 두통쯤이야 길을 나서면 씻은 듯 나을 거야 하면서.

조선 수군 최초의 패배

칠천량

옥포에서 출발해 거제도 북쪽으로 길
을 잡았다. 율포해전지를 지나 칠천량을 둘러보고 견내량을 지나
통영 쪽으로 빠져나갈 생각이었다. 율포는 사천해전, 1차 당항포해
전과 함께 이순신이 제2차 출전에서 승첩을 거둔 곳이다. 부산 쪽
에서 견내량으로 가려면 율포를 지나야 하기 때문에 이곳은 칠천
량과 더불어 중요한 군사 요충지이기도 하다.

칠천량에 이르러 바다를 보니 기분이 묘해졌다. 400년 전 이곳에
서 조선 수군이 전멸했다니 믿어지지 않았다. 도요토미 히데요시
가 정유년(1597) 2월에 다시 전쟁을 일으키면서 조선은 다시 정유재
란의 화염에 휩싸이게 된다. 선조와 조정은 이순신에게 왜선이 부
산에 상륙하지 못하도록 바다에 나가 싸울 것을 명한다. 하지만 이

순신은 할 수 없다고 말한다. 이유는 이길 수 없는 전쟁이고 싸워 봤자 조선 수군에게 엄청난 손실을 가져와 제해권을 왜군에게 넘겨주게 된다는 것이었다. 선조는 크게 화를 냈고 결국 이순신은 삼도수군통제사에서 해직돼 도성으로 압송된다.

이순신을 대신해 삼도수군통제사에 오른 원균은 단번에 왜군의 본진인 부산을 공격할 수 있다고 장담했지만 막상 그 자리에 오르고 보니 쉬운 일이 아니라는 것을 깨달은 모양이다. 원균은 머뭇거렸고 어서 출동하라는 조정의 독촉에 '수군과 육군이 함께 나가서 안골포의 적을 무찌른 후에 수군이 부산을 공격하겠다' 는 장계를 올려 답한다. 이 말은 그동안 이순신이 수차례 되풀이하며 강조했던 것이다. 이전에 원균은 바로 이러한 이순신의 지론을 반박하고 모함을 일삼았다. 그렇다면 원균은 이제라도 부산 본진 공격은 무모한 작전이라고 조정에 고했어야 옳지 않을까? 삼도수군통제사 자리에 올라보니 이순신의 판단이 정확했다는 걸 알게 됐다고 인정해야 하지 않았을까? 하지만 원균은 그렇게 하지 않았다. 조정의 재촉은 빗발 같았으나 원균은 시간만 끌었고 도원수 권율에게 곤장까지 맞는 수모를 겪는다. 결국 원균은 수군을 이끌고 바다로 나갔다가 참패하고 만다. 한반도 침입에 관한 일본의 사료인《정한위략》은 칠천량해전을 이렇게 기록하고 있다.

일본 장수 시마즈 160척 격파, 도도 60척 격파, 야스하루 16척 격파, 목을 벤 자만도 수천 명에 이른다. 물에 빠져 죽은 사람은 이루 헤아릴 수 없다.

《정한위략》

눈부시게 아름다운 저 바다에서 400년 전 조선 수군이 전멸했다. 바다는 아무 일 없었다는 듯 여전히 잔잔하고 아름답다.

　　내가 거제도를 다시 찾은 것은 2007년 12월이었다. 이전에는 통영에서 국도 14번을 타고 거제시를 거쳐 옥포, 율포와 칠천량까지 시계 반대 방향으로 둘러봤다면 이번에는 시계 방향으로 여정을 잡았다. 거제시를 지난 후 1018번 지방도로 분기점에서 해안도로로 빠져서 북쪽으로 향했다. 바다를 끼고 있는 이 작은 도로는 거제도를 둘러싼 아름다운 바다를 한눈에 조망할 수 있고 아기자기한 섬 마을을 돌아보는 재미도 선사한다. 덕곡과 하청을 지나면 다시 1018번 지방도로를 만나게 된다. 이 길을 따라 북쪽으로 올라가면 멀리 칠천도가 눈앞에 보인다. 칠천량은 거제도와 칠천도 사이의 좁은 바닷길이다. 지금은 연육교로 이어져 있는데 다리 위에 서면 처절했던 칠천량의 비극, 그 현장을 한눈에 볼 수 있다.

원균과 함께 바다로 나간 조선 수군은 이제껏 단 한 번도 경험해 보지 못한 혼란과 공포를 체험한다. 그것은 이기고 지는 문제가 아니라 목숨이 경각에 달린 죽고 사는 문제에서 오는 극도의 두려움과 혼돈이었다. 조선 수군은 한산도에서 출발해 왜군의 본진이 있는 부산 인근 절영도까지 가긴 했으나 싸움다운 싸움을 할 수가 없었다. 일본군은 조선군을 가지고 놀 듯 했다. 군사들은 지치고 함대는 우왕좌왕, 진을 짜기는커녕 마구 흩어져 표류하기 시작했다. 가덕도에서 큰 피해를 입고 철천도로 돌아온 원균과 조선 수군. 군사들은 불안에 떨었고 원균은 술만 마셨다. 장수들과 군사들이 사태에 대해 의논을 하려고 했지만 원균은 얼굴조차 보이지 않았다. 그리고 그날 밤, 악몽이 시작됐다.

> 그날 밤 왜적의 배가 기습, 우리 진영은 무너져버렸다. 원균은 배를 버리고 언덕으로 기어올라 달아나려고 했으나 몸이 비대하여 소나무 밑에 주저앉고 말았다. 수행하는 사람도 없이 혼자였던 그는 왜적에게 죽었다고도 하고 도망쳐 목숨을 건졌다고도 하는데 정확한 사실은 알 수 없다. 이억기는 배 위에서 바다에 뛰어들어 죽었다.
>
> 《징비록》

철천교 위에는 바람이 거세게 불고 있었다. 섬과 섬 사이를 잇는 이 좁은 바다 위로 웬 바람이 그렇게 모질게 부는지 모르겠다. 그때도 이런 바람이 불었을까? 이순신이 그토록 사랑했던 병사들도 이런 바람 속에서 세상의 끝을 보았던 것일까?

    금이야 옥이야 키워놨던 조선 수군 전체가 수장됐다는 사실을
안 이순신은 원통함과 비통함으로 가슴을 쳤다. 6년 동안 전쟁을
치르며 생사고락을 함께 했던 장수들과 병졸들이 모두 전사했으니
그 심정이 어떠했겠는가? 칼로 살을 도려내는 느낌이었을 것이다.
그럼에도 불구하고 이순신은 철천량의 비보를 듣자마자 다시 수군
을 일으켜 세우기로 결심한다. 그 유명한 연안 답사에 나서겠다고
권율에게 자청한 것이다.

정운의 정충보검
다대포

        칠천량에서 나와 장목을 지나 다시 해안도로를 달리자 구영 마을이 보였다. 이순신의 충실한 부하 장수였던 이영남이 이곳 영등포의 만호로 재직한 적이 있다. 구영 마을을 지나 거제도의 최북단에 서니 멀리 가덕도가 보였다. 칠천도로 오기 전 바로 저 섬에서 400명의 군사들이 떼죽음을 당했다. 날이 맑아 시야가 좋다 보니 가덕도 너머 다대포도 가물가물 눈에 들어왔다.

    부산 다대포의 몰운대에는 정운의 순의비가 있다. 정운은 이순신의 우부장이었으며 조선 함대의 돌격장으로 수많은 전투에서 가장 먼저 나가 용감하게 싸운 장수다. 부산해전에서 일본 군선 500척과 싸워 100척을 격파하는 전과를 올렸지만 이 해전에서 전사했다. 정운의 죽음은 이순신에게 큰 슬픔이었기 때문에 이순신은 직접 제문을 지어 부하의 넋을 위로했다.

인생이란 반드시 죽음이 있고
삶에는 반드시 천명이 있나니
사람으로 한번 죽는 것은 진실로 아까울 게 없건마는
……
네 차례나 큰 승첩 이룬 것이 모두 누구의 공이던가
머지않아 종묘와 사직을 회복할 수 있었는데
뜻밖에 하늘이 보우하지 않아 흉탄을 갑자기 맞았네
……
그대 같은 충의야말로 고금에 드물거니
나라 위해 던진 그 몸 죽어도 살았도다.

《이충무공전서》

　　몰운대 정운의 순의비는 정조 때 세워졌다. 가장 많은 공을 세우고도 선조는 그를 공신의 반열에 올리지 않았다. 그 절통함이 정조 대에 와서 조금 풀렸을까? 하지만 그보다 더 의미 있는 것은 정운의 혼이 부산 시민들의 가슴에 오래오래 남게 될 것이라는 점이다. 정운이 전사한 음력 9월 1일의 당시 양력 일자였던 10월 5일이 '부산 시민의 날'로 지정돼 있기 때문이다.
　　어느 가을날, 여행 중에 우연히 부산 다대포에 들렀다가 몰운대에 올랐다. 정운의 순의비가 이곳에 있다는 사실에 당시 여행이 그저 우연한 것이 아니었음을 느끼면서 파도가 들이치는 몰운대에

몰운대 바다 전경

섰다. 하지만 잠깐 아무런 생각 없이 몰운대의 아름다움에 마음을 빼앗겨버렸다. 다대포에서 몰운대 끝점까지 이어지는 숨 막히는 숲의 향기, 울퉁불퉁 우뚝 솟은 바다 절벽을 구애하듯 쓰다듬는 몰운대의 푸른 바다, 하늘과 바다가 만난 자리에 피어오른 오렌지빛 노을 그리고 그 사이를 날아오르는 철새들의 날갯짓까지 몰운대의 풍경 하나하나가 순식간에 각인되고 말았다. 시대를 막론하고 수많은 글쟁이를 끌어들인 몰운대의 아름다움을 선조 때 동래부사를 지낸 이춘원은 이렇게 시를 지어 표현했다.

호탕한 바람과 파도 천 리요 만 리로 이어졌는데
하늘가 몰운대는 흰구름에 묻혔네.
새벽바다 돋는 해는 붉은 수레바퀴, 언제나 학을 타고 신선이 온다.

〈동래부지〉

정운의 순의비는 군부대 안에 있어서 군의 허가를 받지 않고서는 마음대로 볼 수가 없다. 나 역시 군부대 앞에서 발길을 돌릴 수밖에 없었다. 그저 죽은 정운의 넋이 바다와 가장 가까운 곳에서 이 나라를 지키고 있을 것이라는 상상만 하면서.

머지않아 다대포 몰운대에서 가덕도를 거쳐 거제도까지 갈 수 있을 것이다. 현재 거제도와 가덕도, 부산을 잇는 교량 공사가 한창이기 때문이다. 저 다리까지 완공이 되면 거제도는 이제 섬이라고 부르기 어려울 것 같다. 하지만 새로운 이순신 답사로가 생기게 될 것이다. 부산에서 절영도와 다대포를 거쳐 가덕도에 들렀다가 거제와 통영, 한산도를 이어서 돌아볼 수 있을 테니 말이다. 만일 칠천량의 참패만 없었다면 이 모든 여정은 승전을 이어간 자랑스러운 길이 됐을 것이다.

하지만 칠천량의 비극은 우리에게 큰 깨달음을 준다. 내가 하고 싶은 것과 할 수 있는 것을 명확하게 아는 것, 내가 할 수 없는 것과 꼭 해야 하는 것을 정확히 파악하는 지혜가 필요하다는 것이다. 만일 그것을 알기 힘들다면 다른 이에게 도움을 청하거나 타인의 목소리에 귀를 기울일 줄 알아야 한다. 나의 과욕과 나의 오판이 많은 사람들에게 누를 끼치거나 뜻하지 않은 희생을 불러올 수 있음을 늘 명심해야 한다. 나처럼 평범한 프리랜서 작가에서부터 나라를 이끌어가는 지도자까지 모두에게 해당되는 교훈이다.

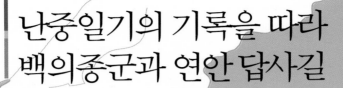

난중일기의 기록을 따라
백의종군과 연안 답사길

1597년 정유년, 이순신은 삼도수군통제사에서 해임되고 한양으로 이송된다.
심문과 고문 끝에 사형에 처해질 위기에 놓이지만 가까스로 사면되고
선조로부터 백의종군을 명받는다. 이순신의 인생에서 가장 힘겨운 시기가
시작된 것이다. 백의의 몸으로 한양에서 경남 초계까지 걸었고,
칠천량해전의 대패 이후 수군 재건을 위해 초계에서부터 전남 회령포에 이르는
남해안 연안 답사에 나선다. 백의종군과 연안 답사길은
이순신의 위대함을 온몸으로 체험할 수 있는 길이며
극한 상황을 극복하려는 한 인간의 의지를 더듬어볼 수 있는 뜻 깊은 여정이다.
이순신은 연안 답사의 여정을 난중일기에 상세히 기록하고 있다.
난중일기를 읽으며 이순신이 안내하는 연안 답사길을 하나하나 따라가보자.

하동 벚꽃길 © 지리산닷컴

한양에서 초계까지
백의종군로

《난중일기》에는 1596년 10월 12일부터
이듬해 3월 30일까지의 일기가 없다. 이 기간은 이순신의 일생에서
무척이나 어렵고 힘든 시기였다. 삭탈관직으로 한산도를 떠나 한양
으로 이송되고 투옥과 고문을 경험한 고난의 시기였기 때문이다.

나는 일기가 남아 있지 않은 5개월여 동안 그가 겪었을 육체적,
정신적 고통을 가늠해보았다. 몸도 힘들었겠지만 왕과 조정에 대
한 배신감과 서운함, 부하 장졸과 남해 전장에 대한 걱정으로 마음
이 무척 산란했을 것이다. 그런데 《난중일기》 어느 곳에도 선조에
대한 원망의 글귀는 없다. 오로지 시절을 탓하고 자신의 신세를 측
은히 여길 뿐이다. 이런 점에서 《난중일기》는 한 인간의 내면을 은
밀하게 보여주는 아주 개인적인 글이라고 보기는 힘들 것 같다. 아
무리 이순신이 위대한 인물이라고 하더라도, 그도 인간인데 이런

상황이라면 자신을 버린 왕에 대해 몇 마디 쓴소리를 하는 게 정상이다. 그런데도 선조에 대해서 별 말이 없는 것은 이 일기를 누군가가 볼 수도 있다는 것을 염두에 둔 게 아닌가 싶다.

부산해협을 건너오는 일본군을 치지 않았다는 이유로 국청에 선 이순신. 하지만 그의 죄는 이것만이 아니었다. 한산도 제승당에 앉아 주색을 탐하고 심지어 역모의 뜻을 품었다는 모함까지 더해지면서 이순신은 사형을 언도받고 죽음을 목전에 두게 된다. 이때 류성룡, 이덕형, 이억기 등이 이순신 구명에 나섰고 특히 정탁은 진정서 격인 신구차伸救箚를 임금에게 올리기도 했다. 그 결과 선조는 이순신에게 죽음을 면해주는 대신 권율의 휘하에 들어가 백의종군할 것을 명한다. 이순신의 두 번째 백의종군, 그 고난의 행로가 시작된 것이다.

백의종군 길은 한양에서 시작해서 인덕원, 오산, 평택을 거쳐 고향인 아산까지 이어진다. 그러나 아산에서 이순신은 꿈에도 생각하지 못했던 비보를 듣게 된다. 어머니의 죽음. 여수 고음천에 있던 어머니가 아들이 옥에서 나왔다는 소식을 듣고 아산으로 달려오던 중에 배에서 숨을 거둔 것이다. 지금도 아산시 인주면 해암리에 가면 이순신이 싸늘하게 식어버린 어머니의 시신을 대면했던 게바위가 남아 있다.

이순신 모자의 슬픈 이야기, 아산 게바위

어머니에 대한 정이 유난했던 이순신은 어머니와 그러한 이별을 하리라곤 꿈에도 생각하지 못했을 것이다. 《난중일기》뿐만 아니라 이순신이 남긴 편지에도 어머니를 그리는 마음이 절절하게 드러나 있다.

> 저는 어머니를 뵙지 못한 지 3년이나 됩니다. 얼마 전에 하인 편으로 편지를 써서 보냈는데 답장에는 '노병이라 이제는 살날이 얼마 남지 않은 것 같다. 죽기 전에 네 얼굴이나마 한번 보고 싶다'고 했습니다. 기가 찬 소리, 남이 들어도 눈물이 날 말씀인데 하물며 그 어머니의 자식 된 사람에게야 무슨 말이 필요하겠습니까. 그 기별을 듣고는 마음이 더욱 산란하여 다른 일에는 전혀 마음이 내키지 않습니다.
>
> 《이충무공 서간첩》,〈상체찰사완평이공서〉

이순신의 어머니 변 씨는 사림 집안의 아내답게 아들이 집안 걱정 없이 나랏일에 충실할 수 있도록 세심하게 신경을 썼다. 하지만 그녀에게는 이순신 위로 희신과 요신 두 아들을 먼저 떠나보낸 씻을 수 없는 아픔이 있었다. 자식을 먼저 앞세운 어미의 마음이 어땠겠는가? 이순신은 그래서 어머니에게 더욱 살뜰히 굴었는지도 모른다.

그처럼 살가운 정을 나누던 어머니가 세상을 떠났을 때 이순신의 마음은 어땠을까? 그것도 그가 파직과 고문, 백의종군이라는 험난한 길 한가운데 있었을 때였으니 말이다. 어머니 변 씨는 고음천에 있다가 아들의 파직 소식을 들었다. 이어 백의종군을 명받고 아산 본가에서 고문으로 상한 몸을 추스르고 있다는 말을 듣고 팔순의 병든 몸을 이끌고 아산으로 향했다. 순탄치 않은 삶을 살아온 셋째 아들이 그의 인생에 있어 가장 고통스러운 시간을 보내고 있다는 소식에 어느 어미가 천릿길을 마다하겠는가? 그러나 어머니와 아들은 다시는 얼굴을 마주할 수 없었다. 어머니가 세상을 떠났기 때문이다.

> 조금 있다가 종 순화가 배에서 와서 어머님의 부고를 전했다. 뛰쳐나가 둥그러지더니 하늘의 해조차 캄캄하다. 곧 해암으로 달려가니 배가 이미 와 있었다. 길에서 바라보는 가슴이 미어지는 슬픔이야 이루 다 어찌 적으랴.
>
> 《난중일기》, 정유년(1597년) 4월 13일

　어머니의 시신이 해암에 당도했다. 해암은 아산의 포구 중 하나로 지금도 그 자취를 찾아볼 수 있다. 아산만 방조제가 만들어지면서 지금은 해암 일대가 육지로 변했지만 옛날에는 중요한 해상교통의 요충지였다. 한양으로 가는 뱃길도 남해안으로 가는 뱃길도 이곳 아산만의 해암에서 시작됐다. 아산에 머물던 이순신의 세 아들이 아버지가 있는 남쪽 바다와 어머니가 머물고 있는 아산을 오갈 때도 해암을 이용했다. 그래서 이순신에게 해암 포구는 그리움 그 자체다. 고향의 향기, 사랑하는 아내와 아이들, 잘 돌봐주지 못해 더욱 애틋한 피붙이들의 살 냄새가 풍기는 곳이다. 눈을 감으면 언제나 해암 포구에서 손을 흔드는 가족들의 모습이 또렷하게 떠올랐을 것이다. 그런 해암이 이제는 이순신의 인생에서 가장 비극적인 장소가 돼버렸다.

　부모와 자식 간의 인연은 하늘이 맺어준 것이라고 한다. 스스로

원해서 맺은 인연이 아니기에 우리는 가치관과 취향이 전혀 다른 이들과 천륜의 연을 맺고 산다. 그래서 떼어내려고 해도 떼어낼 수 없으며 밀어내고 싶어도 밀어낼 수가 없다.

내 아버지는 일제 강점기 말에 태어나 유년 시절을 전쟁터에서 보냈다. 아버지를 일찍 여의고 어머니는 개가해버렸기 때문에 어린 동생들과 함께 세상에 내동댕이쳐진 아버지에게 삶의 목적은 오직 생존뿐이었다. 필요하면 밥을 구걸해서 동생들을 먹여야 했고 굶지 않고 살아남기 위해서는 뭐든 닥치는 대로 해야 했다. 전후의 피폐한 풍경 속에서 내 아버지는 마치 흑백 보도사진 속의 주인공 같았다. 아버지에게 인생 역전은 없었다. 그저 고단한 삶 속에서 우리들이 자라는 모습에 위안을 받을 뿐 여전히 아버지는 배움이 짧고 기술이 부족했고 세상사에 능숙하지 못했다.

그런 아버지에게 맏딸인 나는 좀 특별한 존재가 아니었을까? 나는 당신에게 희망이었고 미래였다. 내가 처음으로 국민학교에 입학했을 때 아버지는 손수 연필을 깎아서 필통에 넣어주었다. 무뚝뚝한 경상도 양반답게 말 한마디 없이 연필을 깎던 당신의 뒷모습은 지금도 앨범 속 낡은 사진처럼 내 기억 속에 선명하게 각인돼 있다.

나도 여느 자식들처럼 아버지를 미워했던 적이 있었다. 원망도 했다. 하지만 나는 아버지를 무척이나 좋아했던 것도 같다. 아마도 그것이 천륜이라고 명명된 무엇이 아닐까? 늘 커 보이던 아버지가 앙상한 팔다리를 드러내고 병석에 누워 있을 때 나는 천륜의 정체를 어렴풋이 알 것 같았다. 물수건으로 아버지의 얼굴과 팔, 다리를 닦아드리면서 나는 아버지가 내게 살과 피를 나눠준 분이라는 걸

게바위 앞에 서서 나는 돌아가신 아버지와 나의 인연을 생각했다. 마음 속에서 세찬 바람이 불었다.

알게 됐다. 그래서 너무 서둘러 가신 것이 애통했다.

　아버지의 영면은 내 인생에서 가장 견디기 힘든 사건이었다. 어머니를 보내고 울부짖는 이순신의 모습에서 나는 예순을 넘기지 못하고 내 곁을 떠난 아버지와의 천륜을 생각했다. 부모 자식의 인연이 이승에서 다할 때 우리는 살이 떨어져나가는 아픔을 경험한다. 아버지를 보내고 울던 나와 어머니를 보내고 격정에 휩싸인 이순신. 게바위 앞에 섰을 때 나는 이순신보다 내 아버지를 먼저 떠올렸다. 아버지, 그 말을 떠올리는 것만으로도 내 안에서 바람이 세차게 불어댔다.

　지금은 옛 해암 포구는 사라지고 없다. 그저 커다란 바위 위에

'게바위'라고 새긴 비석만 남아 있어 이곳이 이순신 모자의 영원한 이별이 있었던 곳임을 알려준다. 어머니의 시신이 게바위에 닿자 이순신은 배를 중방포로 옮겨 대고는 상여를 싣고 집으로 돌아간다. 어머니를 안고 집으로 돌아가던 중방포는 이제 중방리(중뱅이)가 되었다. 어디서나 볼 수 있는 평범한 시골 마을이지만 마을 앞으로 난 길 위에 자꾸만 시선이 간다. 이순신은 이 길을 따라 어머니와 함께 고향집으로 갔다. 그것은 설레는 귀향이 아니라 눈물을 뿌리는 슬픔의 귀환이었다. 어머니는 죽어서 아산 집에 당도했지만 이순신은 그 곁에 오래 머물 수도 없었다. 백의종군하라는 나라의 명을 받은 몸이라 어머니의 상조차 제대로 치르지 못하고 남행을 서둘러야 했기 때문이다.

다시 남쪽으로 길을 잡다

다시 길을 나선 이순신은 천안, 공주, 논산, 익산, 삼례, 임실, 남원, 구례, 순천, 하동, 산청을 거쳐 도원수부가 있는 합천 초계에 당도한다. 서울을 출발한 것이 4월 3일, 초계에 도착한 날이 6월 4일. 꼬박 두 달에 걸친 고단한 여정이었다. 이 기간 동안 이순신은 모친상을 당했고 세상인심을 몸으로 체험했다. 이순신을 슬쩍 외면하는 이들도 있었으나 가는 곳마다 그를 알아보고 달려오는 이들이 많았다. 불행 중 다행으로 초계까지의 여정이 그다지 외롭지만은 않았던 것 같다.

초계에 도착한 이순신은 그곳에 머물며 권율을 만나 전란에 관한 이야기를 나눴고 자신을 따르던 부하와 지인들을 만났다. 물론 마음이 편치는 않았다. 자신의 처지를 비관하면서 속으로 그냥 죽어버렸으면 좋겠다는 넋두리를 늘어놓기도 하고 울화가 치밀어 불면의 밤을 보내기도 하고 어머니가 그리워 눈물을 짓기도 했다.

> 일찍 아침을 먹었는데 정을 스스로 억제치 못하고 통곡하며 보냈다. 내가 무슨 죄를 지었기에 이 지경에 이르렀는가. …… 저녁에 홀로 빈방에 앉아 있노라니 많은 생각이 끓어올라 잠을 못 이루고 밤새 뒤척거리기만 했다.
>
> 《난중일기》, 정유년 7월 10일

그리고 7월 18일을 전후해 칠천량에서 날아온 비보를 접하게 된다. 원균이 이끈 조선 함대가 일본군의 작전에 휘말려 칠천량에서 전멸했다는 소식이었다. 이순신은 이때의 심정을 '통곡이 터짐을 이길 수 없다'라고 일기에 적고 있다. 그러나 언제까지 통곡만 하고 있을 수는 없었다. 조선 함대를 완파한 일본군은 빠른 속도로 서진할 것이고 그렇게 되면 통제영이 있는 한산도 역시 무사하지 못할 것이었다. 해로가 뚫리면 전라도는 물론 한양까지도 안전하지 못하다는 것을 이순신은 누구보다 잘 알고 있었다. 칠천량의 패전을 확인한 7월 18일, 이순신은 권율에게 자신이 직접 나서 해안 지방을 돌아보겠다고 말한다. 바로 이순신의 '연안 답사'가 결정되는 순간이다.

이순신 답사를 위해 거제, 남해, 통영, 여수, 해남 등지를 쭉 다녀보니 연안 답사길을 꼭 한번 따라 나서봐야겠다는 생각이 저절로 들었다. 백의종군과 연안 답사길이야말로 이순신의 위대함을 온몸으로 체험할 수 있는 가장 훌륭한 여정이라는 생각이 들었기 때문이다. 가장 극한 순간을 스스로의 의지로 극복하려는 한 인간이 걸어간 길, 그 길을 따라 나서면 나 역시 나에게 주어진 시련과 슬픔을 거뜬히 넘길 수 있을 것만 같았다.

그러나 백의종군이나 연안 답사, 그 대장정을 따라 나선다는 건 그렇게 간단하지 않았다. 일단 시간이 아주 많이 필요했고 지도만 보고서 이토록 많은 지역을 찾아간다는 것도 무모해 보였다. 현재의 길이 옛길과 일치하지 않는 것도 난제였다. 하지만 나는 역사학자도 아니고 전문 연구가도 아닌 까닭에 오히려 그런 것들을 가볍게 넘길 수 있었다. 얼마나 정확한 길을 찾아가느냐보다는 대강의 여정을 따라 밟음으로써 당시 이순신의 마음을 느낄 수만 있다면 그것으로 족하다고 생각했다. 그렇게 해서 시작하게 된 연안 답사길. 시작은 합천 초계였다.

연안 답사의 출발점
합천 초계

경남 합천군 초계면. 이순신이 이곳에 도착한 것은 6월 4일, 백의종군을 명받고 한양을 떠나온 지 거의 두 달 만이다.

도원수부가 있었던 초계는 이순신의 어머니 변 씨의 선영이 있는 곳이기도 하다. 그러니까 이순신의 외가인 셈이다. 이곳에서 나는 초계 변씨 성을 가진 분을 만났다. 자신을 재야 향토사학자라고 소개하며 이순신을 열렬히 존모한다는 변용규 원장. 현재 합천에서 수의사로 동물병원을 운영하고 있는 분이지만 웬만한 사학자 못지않은 열정과 해박한 지식을 갖고 있었다. 이천용 씨의 소개로 이분을 만나게 됐는데 덕분에《난중일기》에 등장하는 초계와 삼가 지역 일대를 꼼꼼하게 돌아볼 수 있었다.

이천용 씨와 함께 초계에 도착해서 늦은 점심을 먹고 있는데 그 앞에서 변 원장은 현재 널리 알려져 있는 초계 지역의 백의종군로가 잘못됐다며 한숨을 쏟아내기 시작했다. 지난 1996년에 지자체가 예산을 만들어서 백의종군로를 정비하고 안내판을 설치하는 사업을 벌였는데 그중 일부가 잘못됐다는 것이다. 그러면서 지금까지 자신이 분석한 자료와 직접 걸어서 답사한 결과를 보여주며 이것을 세상 사람들에게 널리 알렸으면 좋겠다고 말했다.

변 원장의 말에 따르면 우선 권율의 도원수부가 있었던 자리부터 잘못 고증됐기 때문에 이런 혼돈이 생겼다는 것이다. 도원수부는 지금의 초계 면사무소가 있는 곳으로 알려졌다. 초계 면사무소 앞의 비문에도 그렇게 쓰여 있다. 하지만 변 원장은 당시 초계현청이 있었던 초계면 대평 마을에 도원수부가 있었다고 주장했다. 이는 《난중일기》에 나오는 여정을 그대로 따라서 걸어가본 후에 내린 결론이라는 점도 강조했다. 그것도 당시 53세였던 이순신과 같은 나이의 사람을 같은 시간대에 걷게 해서.

또 하나 흥미로운 것은 이순신의 숙소로 알려진 모여곡이라는 곳의 위치다. 현재 알려지기로는 율곡면 낙민리 매실에 있던 이어해의 집이 이순신의 숙소인데 《난중일기》에 나오는 여정을 따라 거리를 재보면 모여곡은 매실 마을이 아니라 초계향교가 있던 곳이 된다는 것이다. 변 원장은 그동안 연구와 답사를 해온 결과를 자료로 만들어서 보여주고는 자세한 설명을 곁들였다. 아무도 알아주지 않지만 열정적으로 지역 답사를 해 얻은 결과가 무척이나 흥미로웠다.

변 원장과 함께 답사를 해온 송석용 씨 그리고 이천용 씨와 함께

모여곡은 정말 어디일까? 변 원장을 따라 초계 곳곳을 돌아보며 이렇게 많은 사람들이 이순신의 흔적을 열정적으로 좇고 있다는 사실에 한 번 더 놀랐다.

초계 곳곳을 말 그대로 꾹꾹 밟아가며 돌아보았다. 먼저 이순신도 천혜의 요새라고 탄복해 마지않았던 개벼리를 거쳐서 모여곡이라고 널리 알려진 곳을 가보았다. 풍수지리를 보더라도 이곳이 모여곡이 될 수 없다는 변 원장의 강력한 주장이 이어졌고, 모여곡의 위치를 제대로 증명하기 위해 이순신이 그랬던 것처럼 음력 6월 12일 밤 아홉 시에 달빛을 등지고 직접 걸어서 가봤다는 옛길로 우리를 안내했다. 도원수부가 있었던 초계현청, 즉 대평 마을로 가는 길에 이순신이 말을 씻었다는 사정교 밑 하천을 찾아가보고 사정교에서 초계향교 쪽을 바라보면 초계향교가 위치한 곳이 모여, 즉 여성의 성기를 닮았다는 것도 보여주었다.

고된 여정을 계속해야 했던 이순신에게 시원한 그늘이 되어주었던 삼가면의 홰나무. 연안 답사 여정 동안 이순신은 이 홰나무 같은 사람들을 많이 만났다. 덕분에 그의 여정은 결코 외롭지 않았다.

　칠순이 다 된 어르신의 열정이 어쩌면 이리도 대단할까? 그분들의 치밀한 답사에 비하면 나는 한가한 여행을 하고 있는 것이나 다름없었다. 이순신에 대한 연구는 이렇듯 전문가가 아닌 보통 사람들의 손에서 더욱 치밀하게 진행되고 있다는 걸 다시 한 번 느꼈다.
　초계에서의 답사를 마치고 삼가면으로 갔다. 초계로 가기 전에 이순신 일행은 이곳에서 이틀을 머물렀다.

　　비가 오다 개다 했다. 일찍 떠나 단계 시냇가에서 아침을 먹고 늦게 삼가현에 이르니 현감 신효업은 아마 산성으로 가고 없고 주인 없는 건물에서 잤다. 고을에서 심부름하는 사람이 밥은 지어먹으라고 하는 것을 종들에게 먹지 말라고 타일렀다. 삼가현 5리 밖 홰나무 정자 아래 앉았노라니 근처에 사는 노순일 형제가 방문했다.

《난중일기》, 정유년 6월 2일

초계에 도착하기 이틀 전의 일기다. 여기에 등장하는 지명이 단계와 삼가, 이렇게 두 곳인데 단계는 현재 산청군 신등면 단계리를 가리킨다. 단계 마을은 옛집과 돌담길이 예쁜 마을로 유명하다. 마을 어귀에는 이순신의 백의종군을 기념하는 작은 공원까지 조성해놓아서 이것저것 볼거리가 많다. 삼가현은 현재 삼가 면사무소가 있는 곳이고 삼가현 5리 밖 홰나무 정자는 삼가면 두모리에 위치하고 있다. 이 홰나무는 아직도 남아 있는데 수령이 500년 이상으로 추정되는 정말 어마어마하게 큰 고목이다. 이순신이 이 나무 아래서 쉬고 있을 때 노순일 형제가 달려나와 그를 맞이했다. 두모리의 홰나무가 《난중일기》 속의 홰나무인 것은 이 마을에 사는 노상준 씨에 의해 확인된 바 있다고 한다. 노순일 형제는 노상준 씨의 10대조 할아버지이고 그는 지금도 이 나무와 부락을 관리하고 있다.

다시 나라의 명을 받다
삼가에서 수곡까지

　　7월 18일 연안 답사를 결정한 후 이순신은 머뭇거림 없이 길을 나선다. 임진년부터 생사고락을 함께 했던 부하들과 함께 초계에서 다시 삼가현으로 와서 하루를 묵고 이튿날 단성현(경남 산청군 단성면 성내리)으로 향한다. 그리고 다음날인 7월 20일에 진주 정개산성을 지나 굴동에서 하룻밤을 보낸다. 굴동은 현재 진주시 수곡면 창촌리를 가리킨다. 이희남의 집에서 하룻밤을 묵은 이순신 일행은 이튿날 곤양을 거쳐 노량에 다다른다.

　　나 역시 이 여정을 밟아보았다. 초계에서 삼가면을 거쳐 단성면과 수곡면 창촌리를 들렀다가 곤양에 도착했다. 진주박물관의 이구원 씨가 알려준 대로 곤양 면사무소에 들렀더니 아니나 다를까

검은색의 백의종군 기념비가 있었다. 10여 년 전 경상남도가 경남 지역의 백의종군과 연안 답사길을 정비하면서 주요 지역에 이런 비를 세웠다고 한다. 이순신은 곤양에서 하룻밤을 묵는다. 몸이 좋지 않아서라고 하는데 아마도 고문으로 인한 몸살과 눈병 때문이 아니었을까 싶다. 이 와중에 이순신은 보고서를 만들어서 도원수에게 보내고 다시 길을 나선다. 곤양 십오원리(곤양면 봉계리)를 거쳐 다시 진주 수곡에 머문다. 이때에 수곡면 원계리에 위치한 손경례의 집에서 닷새가량 묵으면서 여러 장수들을 만나 대책을 논의하고 군사들을 모아 훈련을 시작한다. 수곡면 원계리의 진배미가 바로 그곳이다.

진배미는 '진이 있던 자리'라는 뜻으로 이 일대에서 군사들을 훈련시켰다고 해서 붙여진 이름이다. 이순신은 수곡 원계 마을에 머무는 동안 권율이 보낸 군사들을 이곳에서 훈련시켰다고 한다. 진배미는 손경례의 집에서 지척이다. 1975년에 이 일대 200평을 유적지로 지정하고 유적비까지 세웠다고 하는데 비는 남아 있지만 그 200평의 땅은 도대체 어디로 가버린 것인지 모르겠다. 처음 진배미에 도착했을 때 나는 이 비석조차 찾기가 힘들어 부근을 하염없이 헤매야 했다. 주변은 온통 비닐하우스였고 진배미 유적지를 알리는 표석 옆에는 비료 포대가 잔뜩 쌓여 있었다. 이 일대가 모두 농사짓는 땅이니 어쩔 수 없는 일이긴 했다. 아쉬운 마음에 나는 기념공원까지 만들 필요는 없지만 그래도 유적지인데 주변 정리는 좀 해야 하지 않을까 생각했다. 그런데 1년이 지난 후 다시 찾았을 때는 훨씬 깔끔하게 정리된 모습이었다.

수곡 원계 마을 손경례의 집은 아주 특별한 의미를 지닌 곳이다.

삼도수군통제사 재임용 교지를 받았을 때 이순신의 마음은 어땠을까. 다시 결전의 의지를 불태웠을까. 시대에 충실하고 나라에 충성한다는 게 그리 쉬운 일일 수 있을까.

이순신이 삼도수군통제사 재임용 교서를 받은 곳이 바로 이곳이기 때문이다.

> 생각건대 그대의 명성은 일찍이 수사로 임명되던 그날부터 크게 드러났고, 그대의 공로와 업적은 임진년의 큰 승첩이 있은 후부터 크게 떨쳐 변방의 군사들은 마음속으로 그대를 만리장성처럼 든든하게 믿어 왔었는데 지난번에 그대의 지위를 바꾸어 그대로 하여금 백의종군하도록 했던 것은 사람의 모책이 어질지 못함에서 생긴 일이었거니와, 오늘 이와 같이 패전의 욕됨을 당하게 되니 무슨 할 말이 있으리오, 무슨 할 말이 있으리오.
>
> 《이충무공전서》

선조도 어지간히 다급했던 것 같다. 그렇지 않고서야 얼마 전까지 사형 운운했던 인물에게 이렇게 머리를 숙였겠는가? 삼도수군통제사 재임용 교지를 받은 역사적 장소인 손경례의 집은 진주시 수곡면 원계 마을 318번지에 남아 있으며 그 후손들이 여전히 대를 이어 살고 있다.

섬진강을 따라
구례에서 곡성까지

　　　　　삼도수군통제사 재임용 교서를 받은
이순신의 발길은 더욱 바빠진다. 곧바로 수곡을 떠나 지금의 하동
군 횡천면 여의리에 해당되는 행보역을 지나 두치, 즉 광양군 진성
면 섬거리에 도착한다. 다시 쉬지 않고 여정을 재촉해 하동의 쌍계
를 지나 구례 석주관에 도착한다.

　석주관은 전라도와 경상도를 연결하는 관문으로 경상 지역에서
호남권으로 들어갈 때 반드시 이곳을 통과해야 한다. 안음의 황석
산성과 진안의 웅치, 운봉의 팔량치와 함께 영호남의 4대 관문으로
불리는데 이 가운데 지금까지 남아 있는 관문으로는 석주관이 유
일하다. 그러니 이순신이 연안 답사에 나섰을 때 이곳을 들른 것은
지극히 당연한 일이었다. 왜군도 이를 모르지 않았는지 두치에서

아름답기로 소문난 쌍계사 십릿길을 이순신의 흔적을 따르다 마주했다. 봄이면 절경을 이루는 이 길목 어디쯤에서 잠시나마 쉬어갔을까. 기분이 참 묘했다.

쌍계, 석주관을 거쳐 구례를 향하는 이순신 일행을 하루 혹은 이틀 간격으로 바짝 뒤쫓고 있었다.

하동에서 구례 방향으로 섬진강을 따라 달리다 보면 석주관을 어렵지 않게 만나게 된다. 섬진강이 내려다보이는 왕시루봉이 끝 나는 지점을 올려다보면 10미터 높이 즈음에 위치한 아담한 가옥 이 보이는데 그곳이 바로 석주관이다. 석주관으로 가는 길에 봄이 면 벚꽃이 흐드러지게 피는 쌍계사 십릿길을 지났다. 이미 벚꽃은 지고 섬진강을 따라 하얀 배꽃이 화사하게 피어 있었다.

석주관은 군사적 요충지였기 때문에 고려시대에 이미 왜구를 막 기 위해 이곳에다 성을 쌓았다고 전해진다. 이곳만 막으면 진주 지방에서 넘어오는 왜적을 막을 수 있었기 때문이다. 조선시대에 들어와서는 관리 소홀로 황폐해졌다가 임진왜란이 발발하면서 급하게 성을 다시 축조했다.

석주관에 도착한 이순신 일행은 구례현감인 이원춘과 앞으로의 전투를 논의한다. 이원춘은 관군을 이끌고 왕득인이 일으킨 의병과 합심해서 왜군과 맞서 싸웠지만 역부족이었다. 현감 이원춘을 비롯해서 여섯 명의 지휘관과 병사들이 전사했다. 그들의 넋을 달래기 위해서 이곳 석주관에 세운 사당이 칠의사다. 사당에는 그들의 위패가 모셔져 있고 맞은편에는 칠의사비와 이들의 묘를 모아둔 칠의사단이 있다. 칠의사 입구에 앉아 섬진강을 바라보다가 계곡을 따라 조금 올라가봤다. 앞은 섬진강, 뒤는 피아골이 멀지 않은 지리산의 한 자락이었다. 울창한 숲의 계곡 사이로 지리산의 봄이 깊어가고 있었다.

다시 이순신을 따라 길을 나서 구례에 도착했다. 이순신은 구례현에서 하루를 묵고 이튿날 바로 압록강원을 거쳐 곡성으로 향했다. 처음 압록강원이라는 이름을 알게 됐을 때 좀 의아했다. 압록강이 한반도의 북쪽 끝이 아닌 남도에 있다니 뭔가 대단한 발견을 한 것처럼 가슴이 뛰었다. 압록鴨綠, 북한의 압록강과 한자가 같다. 초록 물빛 때문에 이런 이름을 붙였을까 싶었는데 원래는 섬진강과 보성강이 만나는 곳이라 해서 합록合綠이라고 불렀단다. 그러다가 이곳에 철새들이 많이 날아와서 압록으로 바뀌게 됐다고 한다. 그러나 나에게 압록은 지금도 초록빛 그 자체로 다가온다. 늦봄의 압록은 온통 초록빛이었다. 녹음이 짙은 숲 사이로 소리 없이 흐르던 강물에서도, 그 강을 살며시 어루만지며 지나가는 바람에서도 초록 냄새가 났다.

전라선이 지나는 압록역은 섬진강변에 자리 잡고 있다. 이제는 관광열차가 돼버린 옛 증기기관차가 이 역을 지나간다. 곡성 기차 마을에서 증기기관차를 타면 압록을 거쳐 가정 마을에 당도하게 되는데 옛 기차에 대한 향수 때문인지 꽤 인기가 있는 모양이다. 이 철로와 나란히 달리는 국도 17번은 한국에서 가장 아름다운 국도로 꼽힌다. 섬진강을 한눈에 내려다볼 수 있고 멀리 지리산에서 펼쳐나온 수려한 숲과 산이 굽이굽이 이어지기 때문이다.

압록과 함께 옥과 역시 나에게는 너무나 낯선 지명이었다. 연안 답사길을 따라 나서지 않았다면 옥과라는 지명은 영영 모르고 살았을 것이다. 낯선 지명 때문인지 옥과는 아주 먼 땅처럼 느껴졌다. 어디 압록과 옥과뿐이겠는가? 남쪽 바다 자체가 나에게는 낯선 곳이었다. 하지만 이순신 덕분에 남도의 크고 작은 마을을 여행하게 됐고 그 덕에 새로운 곳을 하나하나 알게 됐다.

옥과읍을 지나 굽이굽이 이어진 산길을 한참 동안 걷다 보니 옥과미술관이라는 곳이 나왔다. 이 미술관은 옛 편지를 많이 소장하고 있는 곳으로 유명하다. 소장하고 있는 편지가 5,770점이나 된단다. 지난 2006년에는 이 소장품 중에서 덕수 이씨 집안 선비들의 옛

편지만 엄선해 전시회를 열기도 했다. 모두 80점이 전시됐는데 이순신 직계 후손들의 편지도 공개돼 화제를 모았다.

　석주관—구례—압록—곡성……. 이렇게 아름다운 길을 이순신은 나라의 명운을 두 어깨에 지고 걸었다. 바로 뒤에서는 왜군이 쫓아오는, 팽팽한 긴장감이 서린 여정이었다. 마냥 걷기만 하면 되는 것도 아니었다. 고을 관아에 들러서 쓸 만한 무기와 군량미를 챙겨야 하고 군사들을 모아야 했으며 뒤쫓아오는 왜군에 응전할 대책도 세워야 했다. 투옥과 고문에 이은 백의종군의 치욕과 어머니의 죽음, 조선 수군의 전멸, 이 모든 상황을 딛고 그는 걸었던 것이다. 확실한 것은 아무것도 없고 아무리 사방을 둘러봐도 희망이라고는 보이지 않는 길. 그러나 이순신의 여정은 분명 위대했다. 보이지 않는 희망의 빛을 피워올리고자 스스로 선택한 행군이었으므로.

섬진강을 따라, 하동에서 곡성까지 ⓒ 지리산닷컴

이순신의 흔적을 따르는 사람들
낙안읍성

이순신은 옥과에서 하루를 묵고 새벽 일
찍 길을 떠나 부유창(순천시 주암면 창촌리)에 당도했다. 아침을 이곳
에서 먹을 만큼 일찍 도착했는데 청야작전으로 이곳 관아에는 남
아 있는 게 없었다. 다시 길을 재촉해서 순천에 이르렀는데 이곳은
병사가 청야를 마치지도 않고 도망을 가버렸다. 그래서 관아에 곡
식과 무기가 그대로 있었다. 일행은 무기와 곡식을 챙겨 다시 길을
나섰고 이내 낙안에 당도했다. 현재의 낙안향교 앞길을 지나가고
있을 때 마을 사람들이 나와서 이순신을 반갑게 맞이했다.

일찍 떠나 낙안에 이르니 많은 사람들이 5리나 나와서 환영해주었다.
도망가고 흩어진 까닭을 물으니 모두들 하는 말이 "병사가 적이 가까

이 왔다고 겁을 먹고는 창고에 불을 지르고 물러갔기 때문에 인민들도 흩어져 도망갔던 것"이라고 했다. 군에 이르니 관사와 창고의 곡식들이 모두 다 불타버렸다. 관리와 촌민들이 모두 눈물을 흘리며 와서 보았다. 오후에 길을 떠나 10리쯤 오니 늙은이들이 길가에 늘어서서 다투어 술병을 바쳤는데 받지 않자 울면서 억지로 권했다.

《난중일기》, 정유년 8월 9일

　　낙안에 당도한 건 늦은 밤이었다. 옥과에서 숙소를 찾지 못해 저녁 무렵 부유창이라고 불렸던 창촌리와 순천을 지나 낙안읍성 앞에서 하룻밤을 묵었다. 낙안읍성은 조선시대의 읍성으로 1908년(융희 2)까지 존속했던 전통 마을이다. 성안에는 중종 때 지은 객사가 그대로 남아 있고 아홉 채나 되는 향교를 비롯한 옛 건물과 가옥이 잘 보존돼 있다. 정겨운 초가가 옹기종기 머리를 맞대고 있는 이 마을을 둘러싼 성곽에는 임경업이 하룻밤에 성을 쌓았다는 전설이 전해오기도 한다.

　　다음날 아침 보성 지방으로 가기 전에 낙안읍성을 잠깐 둘러보기로 했다. 꽃샘바람이 어찌나 심하게 부는지 낙안읍성 위의 깃발들이 격렬하게 나부끼고 초가집 사이의 작은 골목에는 메마른 소용돌이 바람이 마구 돌아다녔다. 볼거리 많은 낙안읍성을 뒤로하고 지도나 하나 얻을까 해서 관광안내소를 겸하고 있는 기념품 가게에 들렀다. 예쁜 물건이 많은 가게였다. 주인에게 이 지방 관광지도를 얻을 수 있겠느냐고 했더니 지도는 없고 궁금한 게 있으면 물어보란다.

이순신이 연안 답사길에 지나갔다는 낙안향교를 찾다가 평생 잊을 수 없는 사람을 만났다. 나도 그도 서로를 이순신이 맞어
준 귀한 인연이라고 생각했다.

"사실은 낙안향교 위치가 궁금해서요. 어딘지 아세요?"

"낙안읍성에 놀러 와서 낙안향교 위치를 묻는 사람은 처음 보네
요. 특별한 이유라도 있나요?"

"사실은 제가 지금 이순신 장군 연안 답사길을 따라가고 있는데
요, 낙안에 오셨을 때 향교 앞길을 지나갔다고 들어서요. 거길 한번
보고 싶어요."

말을 마치자 긴 머리를 곱게 빗어 넘긴 주인이 나를 물끄러미 쳐
다보았다.

"왜 그러세요? 향교 앞길이 아닌가요?"

"아뇨. 향교 앞길 맞아요. 근데 연안 답사라니. 혹시 지금 시간이 좀 있으신가요? 시간이 괜찮으면 제가 좀 보여드리고 싶은 게 있는데 저희 집에 잠깐 가실래요? 충무공과 관련된 건데 저희 집은 읍성 안에 있거든요."

뜻밖의 제안에 어리둥절했다. 하지만 충무공이라는 말에 혹해서 그를 따라나서고 말았다. 최현길 씨. 그는 옛 지도를 전문으로 그리는 고지도 필사가였다. 그가 내게 보여주려 한 것은 이순신의 해전도였다. 그는 몇 년 전부터 이것에 몰두하고 있다고 했다.

사립문을 열고 아담한 초가집 안으로 들어가 앉자 최현길 씨는 커다란 종이 몇 장을 꺼내서 내 앞에 펼쳐놓았다. 책에서나 보던 옛 지도 위에 이순신 함대의 이동 경로와 전투가 벌어진 장소 등이 선명하게 표시돼 있었다. 최현길 씨는 김정호가 대동여지도 이전에 제작한 동여도東輿圖 위에다 해전도를 새롭게 정리해서 재현하고 있었다.

갑자기 엄청난 보물을 발견한 것 같아 등줄기에 소름이 솟더니 귀가 멍멍해졌다. 이렇게 귀한 걸 나에게 보여줘도 되느냐고 물었더니 든든한 동지를 만난 것 같아서 보여주고 싶었다고 대답했다. 연안 답사 중이라는 말에 그 역시 나와 비슷한 짜릿함을 느꼈다는 것이다. 나는 갑자기 행복해졌다. 이순신을 사모하고 그를 알고 싶어하는 사람들이 이렇게 곳곳에 숨어 있다니 기분 좋은 일이었다. 최현길 씨는 서울에 살다가 낙안으로 내려왔으며 조만간 고흥의 발포 쪽으로 이사를 갈 예정이라고 했다. 발포가 어디인가? 이순

고지도 필사가 최현길 씨가 그린 이순신 해전도(미완성). 그는 김정호의 동여도를 필사한 후 임진왜란 해전도를 정리해서 정성스럽게 재현해내고 있었다.

신이 발포만호로 부임하면서 처음으로 바다와 인연을 맺었던 곳이 아니던가. 얼마 전 발포에 다녀왔다고 하니 최현길 씨는 다시 한 번 껄껄 웃으면서 다음에 또 그쪽으로 오게 되면 꼭 연락하라고 당부했다. 우리는 명함을 교환하면서 인연이 되어 다시 만나게 되면 이순신에 대한 이야기를 더 나누기로 했다.

최현길 씨가 가르쳐준 곳을 따라 낙안향교 앞에 도착했다. 이곳에 도착해 백성들의 환영을 받았을 이순신의 모습을 상상하니 온몸에 기운이 솟구치는 것 같았다. 팔을 크게 뻗어 기운을 모으고 다시 길을 나섰다.

연안 답사의 마지막 길목

보성

전라남도 보성군 조성면 조성리는 조선시대에 국창國倉이 있던 곳이다. 흔히 조양창이라고 부르던 곳인데 이순신이 이곳에 도착한 것은 8월 9일, 낙안을 지나온 바로 그날 저녁이었다.

> 저녁에 보성의 조양창에 이르니 사람은 하나도 없었으나 창고의 곡식은 봉해진 채 그대로 있었다. 군관 네 명을 시켜서 지키게 하고 나는 김안도의 집에서 잤는데 그 집 주인은 벌써 피난을 가고 없었다.
>
> 《난중일기》, 정유년 8월 9일

조성리는 오래된 돌담이 많은 작고 예쁜 마을이었다. 특별히 어떤 규칙을 정한 것 같지는 않은데 마을 사람들이 큰 욕심을 부리지 않고 마을을 단정하게 꾸미며 살고 있었다. 촘촘히 쌓아 올린 돌담은 시멘트 벽돌로 지은 여느 시골집과는 완전히 다른 풍경을 만들어냈다. 2번 국도를 타고 벌교읍을 지나면 마을 입구에 '고내 마을'이라고 쓰인 커다란 표석이 보인다. 마을 어귀에서부터 보리밭이 펼쳐지고 잘 닦인 길을 따라 올라가면 골목과 돌담을 가능한 옛 모습을 그대로 보존하려고 애쓴 흔적들이 보인다. 때마침 봄꽃이 골목마다 화사하게 피어나 마을을 더욱 예쁘게 장식하고 있었다.

알고 보니 조성리 고내 마을은 보성군에서 문화 마을로 지정한 곳이었다. 조선시대에 현이 설치된 마을로 관아가 있었기 때문이란다. 왜군 때문에 고흥현을 이 마을로 옮겨오면서 관아가 들어서고 그 주변에 성을 쌓았다. 지금도 마을 곳곳에서 이 내성의 흔적을 쉽게 찾아볼 수 있다. 관아가 있던 자리를 찾기가 어려워서 문이 열려 있는 집으로 들어가 아주머니께 여쭤보니 아주머니는 자기 집 뒷마당이 모두 관아를 둘러싸던 성이었다고 자랑스럽게 말했다. 그리고 학자들도 여러 번 다녀갔다면서 이걸 보러 왔느냐고 물었다. 내가 관아의 창고가 있던 곳을 알고 싶다고 하자 그 집 아저씨가 나와서 상세하게 가르쳐주었다. 마을 뒤 언덕으로 올라가보라고.

조양창 터로 가는 길에는 복사꽃이 화사하게 피어 있었다. 일대가 모두 복숭아 밭, 배 밭이다. 과수원을 지나자 널찍한 공터가 나왔다. 남아 있는 건물은 없고 관아 터와 주춧돌이 몇 개 보였다. 주변은 키 큰 소나무가 제법 숲을 이루고 있었다.

이순신이 이곳을 지날 때 유숙했던 김안도의 집은 현재 집터만 남아 있다고 한다. 보성 지역에 사는 어르신들이 보성 일대의 이순

전쟁의 상흔만 뚜렷할 뿐 모두가 사라지고 아무도 없는 마을에 다다랐을 때, 이순신의 마음은 어땠을까. 지금은 흔적만 남아 있는 조양창 터에서 문득 이런 생각이 들었다.

신 자취를 찾아다닌 이야기를 적은 글을 인터넷에서 발견하고 그 자료를 참조해서 왔지만 김안도의 집은 끝내 찾지 못했다. 덕분에 마을을 여러 번 뱅뱅 돌아서 사람들의 시선만 잔뜩 받고 말았다.

양산원의 집과 박실 마을

김안도의 집에서 이틀을 보낸 이순신은 8월 11일에 보성 박곡에 있는 양산원의 집으로 거처를 옮긴다. 양산원의 집은 현재 전남 보성군 득량면 송곡리 박실 마을에 있다. 집은 아직도 마을에 남아 있으며 그 후손들이 기거하고 있다. 박실 마을도 고내 마을처럼 보성군에서 문화 마을로 지정했다. 그래서인지 입구에서부터 사람 손이 많이 간 티가 났다. 마을 안쪽으로 들어가니 맑고 깨끗한 개울물이 졸졸졸 소리를 내며 흘렀고 키 큰 대나무 숲이 바람이 불 때마다 우수수 소리를 내며 이리저리 흔들리고 있었다. 박실 마을은 '다전 마을'이라고 하고 '차밭밑'이라고도 부른다. 이름에서도 알 수 있듯이 옛날에는 차 밭이 있었다고 한다.

어느 집이 양산원의 집이었을까, 마을의 이곳저곳을 기웃거리고 있을 때 키 큰 소나무 아래 선 오매정이라는 작은 정자와 그 앞으로 개울물이 모여 연못을 이루고 있는 곳이 보였다. 오매정 옆에는 이 마을의 역사를 말해주는 큰 비가 여럿 서 있었는데 바로 이 연못과 정자를 끼고 있는 집이 양산원의 집이다. 혹시나 싶어서 문패를 확인해보니 현 주인의 성이 양씨다. 집 앞 개울에는 항아리를 형상화한 예쁜 조형물이 서 있었다. 약간 어색하긴 했지만 그래도 옹기 특유의 느낌 때문인지 아주 이질적이진 않았다. 그리고 바로 그 옆에서 할머니 한 분이 빨래를 하고 있었다. 눈이 마주치자 나도 모르게 인사를 하고 말았다.

"어디서 오셨소?"
"예, 할머니. 대구에서 왔는데요. 이 집이 유명한 집이라면서요?"
"유명하긴 뭐가 유명한가?"
"충무공 이순신 장군이 이 댁에서 주무시고 갔다던데요."
"그걸 어찌 아는가? 맞아, 이 집에서 주무시고 갔다고 그라제."
"그래서 유명하다는 거지요."
"으잉, 여기 우리 집이여."

세상에, 나는 그것도 모르고 할머니 앞에서 대문 안을 기웃거리고 사진을 찍어대고 있었다. 그런데도 할머니는 아무런 적의 없이 바라보고 있었던 것이다. 괜스레 내가 더 민망해졌다. 할머니는 인자한 웃음을 띠며 내게 집으로 들어오라고 권했다. 보고 싶은 게 있으면 들어와서 실컷 구경하고 가라는 것이었다. 더 미안해진 마음에 몸을 잔뜩 움츠리고 조심스레 집 안으로 들어갔더니 이번엔 할아버지가 나오셨다.

"이 처자가 충무공 할배가 여기서 주무시고 갔다고 해서 왔다는구먼요."

그 말에 할아버지가 환한 미소를 지으며 나를 반겨주셨다.

"어릴 적에 그런 말 많이 들었제. 지금 우리가 살고 있는 이 집은 요새 지은 거요. 옛날 충무공 할배가 주무시고 간 집은 지금 없는디. 우리 할아버지한테 들은 얘기로는 여기 이 마당, 여기쯤이라고 하더구먼."

지금은 상추를 키우는 텃밭이 된 곳. 여기서 이순신은 고단한 몸을 누이고 각처에서 도착한 부하들이 가져온 정보를 모아 새로운 전략을 짰을 것이다. 텃밭 옆에는 고사목이 한 그루 서 있었다. 이 고사목은 이순신이 이 집에 왔을 때도 있었다고 한다. 할아버지는 당신이 알고 있는 모든 것을 내게 알려주려는 듯 자세한 설명을 하는 데 여념이 없었다. 한참 동안 이야기를 듣고 있는데 할머니께서

양산원의 옛집을 나오면서 나는 이순신도 이곳에서 한때나마 마음의 평온을 누릴 수 있었기를 바랐다. 사람을 배려하는 마음도 역사처럼 면면히 흐를 수 있다면, 내가 느낀 온기를 그 역시 느낄 수 있었을 것이다.

부르셨다. 점심을 먹고 가라는 것이다. 집 구경을 시켜주는 것만으로도 고마운데 어떻게 밥까지 얻어먹고 가느냐고 했더니 할머니 말씀이 정말 명언이다.

"밖에 돌아댕길 때 배가 고프면 그것이 젤로 서러운 것이여. 나도 처자만 한 딸이 있고 아들이 있어서 그라는 것이여. 괜찮응께 밥 먹고 가더라고. 촌에는 젤로 흔한 것이 쌀이여. 그래서 줄 게 밥밖에 없어. 그러니 마음 편히 묵고 가더라고."

그 밥이 먹고 싶었다. 그래서 염치 불고하고 안방까지 들어가서 할머니가 차려주신 밥을 먹었다. 할머니는 이순신이 묵은 가옥이 있었던 터에서 싱싱하게 자라고 있는 상추를 한 움큼 뜯어서는 쌈장과 함께 내놓으셨고 남도의 밥상에 아주 흔하게 올라오는 묵은지와 갖가지 젓갈 그리고 배추 시래깃국도 내오셨다. 감동의 밥상이었다.

밥을 먹으면서 할머니는 자식들 이야기를 펼쳐놓으셨다. 고개를 끄덕이며 밥 한 그릇을 다 비울 즈음에 후식이라면서 매실차와 엿을 내오셨다. 모두가 당신 손으로 직접 만든 것들이란다. 남도에는 매실이 흔하다. 뒷산에서 자라는 매실을 따서 곱게 저며 꿀과 함께 절여놨다가 이렇게 차로 만들어 먹는다. 쌀로 만들었다는 엿도 시중에 판매하는 엿과 달랐다. 부드럽고 쫄깃하면서도 단맛이 적어 심심풀이로 먹기 딱 좋았다.

밥도 잘 얻어먹고 좋은 이야기도 듣고 또 필요한 정보도 얻고 사진까지 찍고 나니 몸과 마음이 든든해졌다. 게다가 할머니는 집에 가서 먹으라며 매실고추장과 쌀엿을 챙겨주었다. 또 박실 마을 물맛은 세상에서 최고라며 가는 길에 마시라고 물까지 채워주었다. 뜻밖의 호의에 마음이 훈훈해져서 발길이 쉽게 떨어지지 않았다.

여러 곳을 여행하면서 종종 할머니 할아버지들은 모두 다정하다는 생각을 한다. 아마도 어머니의 마음이 아닐까 싶다. 밖에서 그네들의 딸 또래를 보면 친딸의 얼굴을 떠올리고, 그래서 내 딸처럼 예뻐하고 염려해주는 세상의 모든 어머니의 마음 말이다. 할머니 할아버지와 작별하며 이순신도 양산원의 집에서 잠시나마 편안히 쉬었길 바라보았다. 밤마다 꿈에서나 볼 수 있는 어머니, 그 품 같은 따뜻한 안식과 평화를 잠깐이나마 느꼈길.

신에게는 아직 열두 척의 배가 있습니다.

　양산원의 집에서 2박 3일을 보낸 후 이순신은 보성군으로 향했다. 그리고 보성 관아의 누각 열선루에서 사흘간 머물렀는데 8월 15일에 선전관이 수군 폐지에 대한 임금의 공문을 가지고 왔다. 수군을 없애고 육군에 통합하겠다는 내용이었다. 이에 이순신은 '상유십이尙有十二'라는 말로 자신의 의지를 강변하는 유명한 장계를 써 올린다.

　　신에게는 아직 열두 척의 전선이 있습니다.
　　죽을힘을 다하여 막아 싸운다면 오히려 할 수 있는 일입니다.

《임진장초》

　어떤 상황에서도 포기하지 않는 불굴의 의지를 이렇게 명료하게 표현한 글이 또 있을까? 풍부한 표현력과 뛰어난 비유, 간결하면서 단호한 이순신다운 글이다. 만신창이가 된 몸과 마음을 이끌고 이곳 보성까지 왔을 때에는 다 그만한 이유가 있었을 것이다. 그저 무작정 걷고 걸었을 이가 아니다. 길 위에서 그는 일어날 수 있는 최악의 상황까지도 계산하며 고심하고 또 고심해 여기까지 왔을 것이다. 그런 그에게 수군을 없앤다는 것은 말도 안 되는 소리였다. 한양에 앉아서 탁상공론을 하고 있는 조정 대신들이 무엇을 알았겠는가? 그들은 남쪽의 사정도 몰랐지만 이순신은 더더욱 몰랐다. 이순신에게는 아직 열두 척의 배가 남아 있었다. '겨우' 열두 척이 아니라 '아직' 열두 척이 있었던 것이다.

이날 장계를 올려 보내고 이순신은 마음이 편치 않았던 것 같다. 자신의 의지를 담은 장계를 올렸지만 임금이 그 다짐을 받아주는 지 확신이 서지 않았을 것이다. 때마침 열선루 위로 크고 하얀 보름 달이 뜨고 이순신은 달빛에 잠을 이루지 못했다. 이순신은 당시의 심정을 이렇게 적었다.

> 저녁 때 흰 달이 다락 위를 비추니 심기가 편안치 못했다
>
> 《난중일기》, 정유년 8월 9일

보성 열선루는 현재 보성군청과 보성초등학교 뒤편, 보성교회가 있는 자리에 위치했던 것으로 추정된다. 성종 때 처음 만들어졌다 가 17세기 중반에 사라졌다고 한다. 보성군청 뒷길로 올라가면 언 덕 위 주택가에 벽돌로 지은 보성교회가 우뚝 서 있는 것이 보인다. 언뜻 보기에는 소도시의 평범한 주택가지만 주변을 찬찬히 돌아보 면 나이 많은 나무도 제법 있고 초등학교 뒤편으로는 세월의 더께 가 잔뜩 붙어 있는 기와를 인 흙담도 보인다. 어쩌면 저 담장은 보 성관아의 담장이었을지도 모른다는 생각이 들었다.

어떤 상황에서도 포기란 없다

회령포 결의

정유년 8월 18일, 이순신 일행은 드디어
배설이 열두 척의 배를 숨겨놓았다는 장흥 땅으로 들어섰다. 보성
에서 2번 국도를 타고 서쪽으로 계속 가다가 장흥에서 23번 국도로
갈아타면 장흥반도로 들어서게 된다.

　장흥과 강진 땅을 찾았을 때 두 번 모두 날씨가 변화무쌍했다. 비
가 억수같이 쏟아지는가 싶더니 비가 그친 후에는 푸르고 깨끗한
세상이 눈앞에 펼쳐졌다. 이따금 햇살과 산과 들의 초록빛이 숨바
꼭질하듯 시시각각으로 변화하는 색의 향연이 펼쳐지기도 했다.
그럴 때마다 감탄사가 절로 나왔다. 초록빛과 쪽빛이 대비를 이뤘
던 강진 들판, 흩날리는 벚꽃들 사이로 참꽃 향기가 코를 간질이던
장흥반도, 길을 따라 보이는 다도해의 푸른빛까지 더해져 황홀한

그림이 되었다.

이순신은 군영구미(강진군 대구면 구수리) 포구에서 배를 타고 회령포를 갈 계획이었던 것 같다. 하지만 배설은 배를 보내지 않았다. 관내 군기도 엉망이었다. 하는 수 없이 그는 군영구미에서 하루를 묵고 다음날 연안 답사의 종착지인 회령포로 향했다.

마침내 회령포. 현재의 장흥군 회진면 회진리다. 칠천량해전 때 열두 척의 배를 몰고 배설은 이곳까지 도망왔다. 어디에 배를 숨겨야 할까 고민을 좀 한 것 같다. 직접 회진리까지 가보면 이곳이 얼마나 먼 곳인지 알 수 있다.

그러나 신임 통제사가 왔는데도 배설은 뱃멀미를 핑계로 나와보지도 않았다. 열두 척을 구해뒀으니 잘했다 칭찬을 해야 할 것인가 아니면 전쟁 중에 이탈을 했으니 탈영이라고 벌을 줘야 할 것인가, 이순신도 난감했을 것 같다. 거기다 배설은 이튿날 임금의 교유서 앞에서도 절을 하지 않고 건방을 떨었다. 이런 방자한 꼴을 이순신이 그냥 두고 볼 리 없다. 이순신은 배설에게 경고하는 뜻으로 그의 영리를 잡아다 곤장을 쳤다.

마침내 8월 19일, 이순신은 열두 척의 배를 수습하고 연안 답사를 통해 모은 병사 120여 명을 한곳에 모아 '회령포 결의'를 단행한다.

> 우리들은 다 같이 임금의 명령을 받들었으니 의리상 같이 죽어야 마땅하다. 한번 죽음으로써 나라에 보답하는 것이 무엇이 아까우랴. 오직 죽음이 있을 따름이다.
>
> 《이충무공행록》

이순신을 묵묵히 걷게 한 힘의 정체는 도대체 무엇이었을까. 그가 전열을 가다듬었던 '회령포 결의'의 현장에 서서, 나는 한 인간의 선택과 그 놀라운 여정을 새삼 다시 생각했다.

회진리에 도착해 동네를 이리저리 살피다가 '회진령성' 안내판을 보고서 성이 있던 언덕 위로 올라갔다. 이곳에서 이순신은 무기를 모으고 군사들을 수습했으며 다시 힘써 싸울 것을 함께 맹세했을 것이다. 회진령성 역시 남해안의 많은 성처럼 왜구의 침입에 대비해 쌓은 성이다. 마을 뒷산을 이용해서 쌓은 성으로 현재 남아 있는 성벽의 길이는 616미터가량 된다. 하지만 성벽의 많은 부분이 훼손되었고 그나마 남아 있는 성벽도 일반 가옥의 담장이나 골목길 담장으로 사용되고 있었다. 뒷산 정상에 올라가면 성벽으로 둘러싸인 곳을 체육공원으로 조성한 것이 보이는데 실제로는 체육과는 별 관계없는 농기구와 비료 포대 등을 쌓아놓고 창고와 주차 공간으로 사용하기도 했다. 동헌과 객사는 그 터가 남아 있다고 하는데 찾아보기가 쉽지 않았다. 성벽이 완전히 마을의 가옥 속으로 스며들어 있는 형국이었다.

회령포를 마지막으로 나의 연안 답사 여정도 끝이 났다. 이제 집으로 돌아가야 할 시간. 다시 23번 국도를 타고 북쪽으로 향했다. 봄이면 참꽃이 흐드러지게 핀다는 천관산이 저 멀리 보이기 시작했다. 천관산 산 그림자 사이로 해가 지고 있었다. 홍시빛으로 물든 하늘을 배경으로 감귤 속살 같은 태양이 처연하게 걸려 있었다.

서울에서 경상도를 거쳐 전라도 회령포까지 이순신을 그토록 묵묵히 걷게 한 힘의 정체는 도대체 무엇일까? 그가 걸어간 길에는 임금에 대한 충성심이나 위기에 빠진 나라를 구하고자 했던 구국의 의지만으로는 설명할 수 없는 그 무엇이 있다. 이순신은 정신이 도달할 수 없는 극한의 단계, 고요하고 투명한 세상을 보았는지도 모른다. 몸을 버리고 마음을 비운 상태에서만 볼 수 있는 차원의 세계가 있다면 말이다. 도저히 불가능했던 명량해전의 승리는 이렇게 해서 얻어진 것이 아닐까. 견디기 힘든 인생의 고비를 넘으려고 애써본 사람만이 아는 비밀이 명량해전 속에 숨어 있다는 생각이 번뜩 들었다. 나의 다음 여정은 명량, 울돌목이 될 터였다.

명랑해전의 격전지
해남과 진도

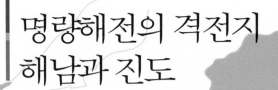

삼도수군통제사에 재임명된 이순신은

칠천량 패전 후 남은 함대 열두 척을 몰고 해남과 진도에 진을 친다.

정유재란 이후 승승장구하던 일본은 지금이야말로 이순신을 제거할 수 있는

기회라 여기고 전라도 해남 울돌목에 결진한다.

그러나 모두의 예상을 깨고 이순신 함대는 승리했으며

이를 계기로 수군 재건에 박차를 가하게 된다.

해남과 진도를 잇는 울돌목에 서서 거칠게 울어대는 물살을 보면

명량해전의 그 격렬한 기운을 느낄 수 있다.

한반도의 땅끝 해남과 진도는 전라우수영의 중심지이자

정유재란의 흔적을 더듬어볼 수 있는 곳이다.

진도대교와 울돌목

울음 우는 바다
울돌목

물소리가 들린다. 우우우 하고 우는 것
같더니 이내 쿠르릉 소리를 낸다. 그 사이로 스륵스륵 물결 부딪히
는 소리도 들린다. 울음 우는 바다 울돌목에서는 물이 그렇게 흐른
다. 좁은 해협으로 쏟아질 듯 모여든 물이 앞다투어 서해로, 다시
남해로 달리면서 그렇게 요란한 소리를 내지른다.

전남 해남과 진도를 이어주는 진도대교. 지금은 다리를 건너 가
뿐하게 육지와 섬을 오갈 수 있지만 다리가 생기기 전까지 이곳을
건너는 일은 수월치 않았다. 섬과 육지 사이에 낀 이 작은 해협은 폭
이 너무나 좁고 하루에 조류가 네 번이나 바뀌기 때문에 시간을 잘
가늠하지 않으면 거센 물살에 휩쓸리기 쉬웠다. 들고나는 물살이
절정에 이르는 시각에는 흐르는 물소리가 20리 밖에서도 들릴 정도

울돌목 앞에서 바다를 바라보면 그 힘찬 물살에 빨려들 것처럼 어지럽다. 저 바다에서 전투를 치렀다니 놀랍기만 할 뿐이다.

로 거세다고 한다. 그 요란한 소리 때문에 좁은 물목으로 바다가 운다고 해서 '울두목', '울돌목' 또는 '명량鳴梁'이라고 부른다.

울돌목의 폭은 평균 500미터 내외다. 가장 좁은 곳은 324미터 내외. 암초가 차지하는 곳을 빼고 육지와 섬의 바위 턱을 제외하면 실제로 배가 다닐 수 있는 폭은 120미터 내외라고 한다. 폭은 이렇게 좁은데 남해와 서해의 물이 끊임없이 모여든다. 많은 물이 좁은 해협으로 한꺼번에 몰려들기 때문에 거품이 하얗게 일어날 만큼 물살이 빠르다. 조수간만의 차도 커서 하루에 두 차례 들고나는 밀물과 썰물의 차이가 2~3미터가 넘는다. 암초에 부딪히면 소용돌이가 일기도 한다. 진도대교가 생긴 이후 많이 완화됐다고 하지만 지금도 울돌목의 물살은 경이롭다. 유속 11.5노트, 시속 22킬로미터. 숨이 턱까지 차오르듯 명량의 물은 그렇게 숨 가쁘게 달리고 있었다.

처음 울돌목에 섰을 때 나는 입이 떡 벌어졌다. 이렇게 물살이 센 바다에서 어떻게 전투를 치렀단 말인가? 물이 저렇게 빠르게 흐르면 그냥 서 있기도 힘들 텐데 이 위에서 진을 짜고 화포와 화살을 쏘고 맞부딪혀서 싸웠단 말인가? 함대나 무기도 넉넉하지 않았다. 열두 척의 배와 칠천량에서의 패전으로 사기가 떨어질 대로 떨어진 장병들뿐이었다. 하지만 상대 일본군은 330척이 넘는 함대를 거느렸고 와키사카 야스하루, 가토 요시아키, 도도 다카도라, 구루시마 미치후사來島通總 등 일본 수군 장수들까지 다 모여 있었다. 객관적인 전력으로 봐서는 백전백패, 이길 수가 없는 싸움이었다. 하지만 이순신은 희망을 버리지 않았다. 오히려 물러설 수 없는 막다른 골목에 서 있는 사람처럼 전투 의지를 불태웠다. 죽고자 하면 사는 법이다.

죽기를 각오하고 싸우다, 명량해전

"필사직생 필생직사 일부당경 족구천부必死則生 必生則死 一夫當逕 足懼千夫."

살고자 하면 죽고 죽고자 하면 산다. 이것이 무엇인가? 달리 물러설 곳이 없다는 말이다. 극한의 상황 속에서도 냉정함을 잃지 않고 상황을 정확하게 판단하고 있으며 지금 무엇을 해야 하는지 알고 있는 것이다. 사실 우리도 살면서 이 같은 상황에 한두 번쯤 직면한다. 피하고 싶어도 피할 수 없고 피한다고 해서 해결될 일도 없는 상황. 그럴 때는 어떻게든 앞으로 나갈 궁리를 해야 한다. 뒷걸음질도 못할 상황인데 눈만 질끈 감으면 무엇하겠는가? 이런 상황에서 가장 필요한 것은 냉정함이다. 사태를 이성의 눈으로, 제3의 관점에서 바라보도록 애써야 한다. 그러다 보면 뜻하지 않은 곳에서 해결의 실마리를 찾을 수 있다.

이순신은 명량에서 실마리를 발견했다. 하루에 네 번, 순류와 역류를 반복하는 저 거친 물살 속에서 위기를 넘길 묘안을 찾아낸 것이다. 울돌목에서 승리한 것은 기적에 가까운 일이긴 하지만 분명 기적이 아니다. 이순신은 우수영을 중심으로 진을 여러 차례 옮기기도 하고 넓고 정교한 탐색과 정보 수집을 거듭한 결과 명량에서 이길 수 있는 실마리를 찾은 것이다. 좁고 물결이 거센 명량의 바다와 수많은 전투를 통해서 터득한 최고의 해전법, 이 둘의 절묘한 조화였다.

죽기를 다짐하고 전장에 나선 이순신과 조선 수군은 드디어 정유년 9월 16일에 명량에서 헤아릴 수 없을 만큼 많은 적과 마주한다. 12척과 330척. 조선 수군은 겁에 질려 있었고 일본군은 사기충천해 있었다. 때마침 보름 즈음이라 명량의 물결은 더욱 사나웠다. 일본 함대는 오전 아홉 시경에 순류를 타고 몰려왔다. 물은 동에서 서로 빠르게 흘렀다. 그래서 일본군은 잠시 기다렸다. 이윽고 낮 열두 시 즈음 물의 흐름이 조금 잦아들자 일본 함대가 움직이기 시작했다. 울돌목으로 들어온 것이다. 일본군에게 순류는 조선 수군에게는 역류다. 열두 척의 배는 외로워 보였으나 선봉에 선 이순신의 배는 당당했다. 그러나 전라우수사 김억추의 배는 거꾸로 흐르는 물살에 2마장(0.8킬로미터)이나 뒤로 떠밀려 갔다.

일본군은 두 시간 안에 전투를 끝내야 한다는 것을 알고 있었다. 열두 시에서 두 시 사이의 완만한 순류를 타고 전진하면서 조선 수군을 무찌르고 울돌목을 빠져나가야 했다. 하지만 이순신의 함대는 길을 열어주지 않았다. 적의 수와 기세에 눌릴 만도 한데 이순신은 전혀 흐트러지지 않았다.

좁은 울돌목에는 화약 냄새가 가득했다. 지축을 울리는 화포 소리와 비 오듯 퍼붓는 화살 소리에 병사들의 비명까지 뒤엉켰다. 아비규환이 따로 없었다. 수적인 열세에도 불구하고 이순신 함대는 선봉에서 물러서지 않았고 멀리 있던 김응함의 배를 불러들이고 머뭇거리는 안위에게 호통을 쳐가면서 더욱 분전했다. 배 위에 개미처럼 달라붙는 왜군들을 창과 몽둥이, 돌덩이로 밀쳐냈다. 송여종과 정응두의 배도 합세했다. 시간이 지날수록 조선 수군은 기세가 꺾이기는커녕 더욱 드세게 적을 향해 달려들었다. 그때 적의 선봉에 서 있던 왜장 마시다 나가모리增田長盛의 배가 화포 공격으로 부서졌다. 조선군은 바다에 떨어진 마시다의 시신을 건져 토막을 내서는 판옥선 장대 높이 내걸었다. 지휘관의 시신이 내걸린 것을 본 일본군들은 공포에 떨었다. 그러는 사이 물살의 방향도 바뀌기 시작했다. 일본군은 당황하기 시작했다. 그때 조선 함대 뒤편으로는 함대로 위장한 크고 작은 어선들이 군악을 울리며 모여들었고 울돌목 양 옆 육지에서는 강강술래 노래가 울려 퍼졌다.

순류는 역류가 되고 금세 거칠어졌다. 화염에 휩싸인 일본 배들은 방향을 바꾸어 후방 함대 쪽으로 밀려갔다. 또 다른 혼돈이 이어졌다. 일본군은 완패했고 왜장들은 입을 다물지 못했다. 눈앞에서 벌어진 이 말도 안 되는 상황을 어떻게 받아들여야 할지 난감했다. 마침내 일본 함대는 빗발치는 화살과 화포를 헤치고 퇴각하기 시작했다. 이를 바라본 이순신은 하늘을 바라보고 눈을 지그시 감았다. 그리고 마음속으로 한마디 내뱉었다.

이는 실로 천행이었다.

《난중일기》, 정유년 9월 16일

지금도 명량해전은 세계 해전사에서 예외적인 전투로 통한다고 한다. 상식적인 상황에서 벌어진 전투가 아니라는 것이다. 그러나 명량해전을 분석하고 연구한 전문가들은 이 전투가 이순신이 말한 '천행'에 의한 것이 아니라고 한다. 미리 준비하고 고민했으며 죽기를 각오하고 싸웠기에 승리할 수 있었던 전투라고 입을 모은다. 그만큼 이순신은 뛰어난 전략가였고 지휘관이었다.

명량해전은 울돌목 앞에 서면 어렵지 않게 상상할 수 있다. 조류가 급류를 탈 시간에 맞춰 우수영 관광지에서 바다를 바라보고 있으면 400여 년 전 격렬했던 그날의 전투를 쉽게 그려볼 수 있다.

처음 울돌목을 찾은 것은 가을이 지는 11월 어느 날이었다. 남해안 고속도로를 타고 2번 국도와 18번 국도를 따라 처음으로 혼자서 해남으로 들어왔다. 해남은 땅끝이라 부르고 진도는 한반도의 서쪽 끝이라더니 과연 멀긴 멀었다. 해남은 이전에도 두어 번 여행한 적이 있었지만 울돌목의 거센 물살을 바라보면서 명량의 명성을 실감해본 것은 그때가 처음이었다. 오후 늦게 울돌목에 섰을 때만 해도 서쪽에서 동쪽으로 바닷물이 조금 세게 흐르는구나 싶었는데 어둠이 내린 후에 다시 울돌목에 서보니 바다가 달리기를 하는 것 같았다. 거품을 일으키고 쉭쉭, 쿠르릉 소리를 내면서 물결들이 서로 앞다투어 내달리는데 등줄기를 따라 소름이 돋는 것 같았다.

우수영 관광지

울돌목이 한눈에 바라보이는 우수영 관광지. 깔끔하게 잘 단장된 이곳은 명량대첩을 기념하는 커다란 공원으로 진도대교 북단에 있다. 입장료 500원을 내고 들어가면 울돌목과 진도대교가 한눈에 내려다보이는 언덕에 명량해전을 재현한 조각품들이 각종 기념탑과 어록비, 조형물과 함께 산책로 군데군데 서 있다. 명량대첩 전시관에는 거북선과 판옥선, 무기류, 각종 유물 등이 전시돼 있는데 그중에서 명량대첩비 탁본과 무형문화재로 지정된 〈강강술래 배경화〉는 해남 우수영 관광지에서만 볼 수 있는 것이다.

명량해전 때에 울돌목에 걸었다는 쇠사슬의 흔적도 재현해놓았다. 330척이나 되는 일본군의 배를 막기 위해서 해남과 진도 쪽에 각각 쇠사슬을 걸었다는 것이다. 우수영 관광지에는 바로 그 쇠사슬을 감던 틀이 재현돼 있다. 명량해전의 쇠사슬에 대해서는 논란이 많다. 양측의 이야기를 들어보면 다 나름 설득력이 있지만 나는 아무래도 쇠사슬은 없었다는 의견이 좀 더 타당해 보인다. 회령포에서 열두 척의 배를 수습해 명량해전에 나서기까지의 기간이 지극히 짧은 걸 생각하면 그 사이에 쇠사슬을 만들었다는 것은 믿기 힘들다. 그리고 저렇게 거친 바다에다 쇠사슬을 건다는 것도 영 미덥지 못하다. 무엇보다도 명량해전 그 자체를 연구한 이들의 이야기를 들어보면 굳이 쇠사슬이 없더라도 이순신의 뛰어난 전략으로 이길 수 있는 싸움이었다는 생각이 앞선다.

명량대첩비의 수난

2007년 가을, '충무공 명량대첩유적사업회' 홍형덕 회장과의 약속 장소는 울돌목이었다. 울돌목에서 만나자니 가슴이 떨렸다. 대구에서 해남으로 한달음에 차를 몰았고 아침 일찍 출발한 덕에 점심은 울돌목에서 먹을 수가 있었다. 이순신 사랑으로 따지자면 해남 일대에서 홍 회장을 따라올 사람은 없다. 그의 아버지는 '해남지역 충무공유적복구기성회'를 만든 분이니 대를 이어서 이순신 사랑을 실천하고 있는 셈이다.

홍형덕 회장을 만난 건 명량대첩비에 얽힌 지역 주민의 생생한 이야기를 듣고 싶어서였다. 명량대첩 이후 91년이 지난 뒤에야 만들어진 명량대첩비는 갖가지 사연을 간직하고 있는 비석이다. 나라에 우환이 있을 때마다 땀을 흘렸다는 전설도 전해오고 일제 강점기엔 강제로 철거되어 사라진 적도 있었다. 홍 회장의 부친은 사라진 명량대첩비를 찾기 위해 동분서주했던 분이고 홍 회장 역시 어린 날 대첩비가 돌아오는 모습을 직접 목격하기도 했다.

명량대첩비는 문내면에서 진도대교 방향 왼편 언덕 위에 자리 잡고 있다. 지금은 이 앞으로 고가도로가 생겨 들어가는 입구도 잘 보이지 않고 경관도 이상해졌지만 처음 이곳을 들렀을 때만 해도 참 좋은 곳에 대첩비가 있구나 했었다. 앞에는 우수영 마을과 바다가 시원스럽게 펼쳐져 있고 뒷산은 숲이 울창했으며 경내는 조용하고 아늑했다.

명량대첩비는 1685년(숙종 11)에 전라우수사 박신주에 의해서 세워졌다. 비문의 글은 당시 이조판서였던 이민서가 지었고 글씨는 당대의 명필 이정영이 썼다. 비문의 내용은 '명량해전은 기적 같은 전투였으며, 이순신이 용병과 지리에 뛰어나 귀신도 감동케 하고, 옛 명장들도 이에 미치지 못할 뿐 아니라 그 충의가 해와 달을 뚫는다'는 것이다.

명량대첩비는 설립 때부터 오랫동안 해남 사람들의 자부심으로 자리매김했지만 이순신을 기리는 남해안의 여러 비석과 사당처럼 일제에 의해 모진 수난을 당하고 말았다. 1942년에 전라남도 경찰부가 비 철거에 나선 것이다. 나라에 어려운 일이 있을 때마다 땀을 흘린다는 전설도 일제에겐 께름칙한데, 실제로 일제에 나라를 빼앗겼던 경술국치일에 비석이 땀을 흘렸고 일제 강점기 동안에도 땀을 흘리곤 했다는 이야기가 돌았던 것이다. 사람들은 이를 이순신의 눈물이라고도 말하며 머지않아 독립이 될지도 모른다고 술렁댔다. 그런 비석을 어찌 일제가 가만히 두겠는가? 전남 경찰부는 인부 열 명을 데리고 비석 철거 작업을 시작했다. 하지만 비석은 움직이지 않았다.

"아무리 애를 써도 좌대에서 떨어지지 않더라는 거예요. 그래서 경찰이 주민들을 막 동원하려고 했지요. 근데 아무도 안 간 거야. 그럴 수야 있나, 그 비석이 어떤 비석인데."

"그래도 떼어갔잖아요."

"독한 놈들이지. 결국 다른 동네 사람들을 끌고 와서는 쇠 끓인 물을 부어버렸대요."

"좌대에다가요?"

"예. 그 쇳물을 부으니까 겨우 떨어졌지요."

지금도 대첩비에는 당시의 상흔이 남아 있다. 비 뒷면의 좌대를 쪼아내고 비를 뽑아간 흔적과 나중에 다시 세울 때 비슷한 크기의 돌을 끼워 재조립한 흔적이 상처처럼 남아 있다. 뽑혀나간 명량대첩비의 원래 자리는 지금도 남아 있다. 현재 명량대첩비가 있는 충무사의 맞은편 마을, 우수영 마을로 알려진 문내면 선두리의 마을 회관 앞이 원래 대첩비가 있던 곳이다. 홍 회장이 우리를 그곳으로 안내했다. 회관 앞에는 역시 대첩비가 있었던 곳이라는 표석이 세워져 있었다. 이곳에 서니 울돌목이 한눈에 들어왔다.

주변을 찬찬히 살펴보니 우수영의 성벽 일부가 군데군데 눈에 띄었다. 지금은 성벽 대부분이 주택이나 골목과 뒤엉켜 있어서 그 면면을 제대로 추측하기 힘들다. 우수영의 성벽 길이는 1킬로미터 이상 됐던 것으로 보고 있는데 현재 남아 있는 부분은 일곱 군데 정도고 길이는 겨우 200미터에 불과하다. 한때 우수영 성안에는 300가구 이상이 살았다고 한다. 이순신이 이곳에서 해전을 준비할 때도 많은 이들이 살았을 것이다.

"회장님, 여기 있던 대첩비를 떼어서 일제는 어디로 가져갔던 걸까요?"

위대한 승첩의 기록보다 식민지의 가슴 아픈 수난사가 더 깊이 박혀버린 것일까. 우여곡절이 많았던 명량대첩비 앞에 서니 회한의 역사가 안타깝기만 하다.

"일단 우수영 선창까지 싣고 가려고 했는데 워낙 비가 크고 무거워서 국민학생 200명이 동원됐어요. 그중에 나도 있었어요."

"예? 그럼 회장님도 대첩비를 보셨단 말이에요?"

"보다마다. 내가 직접 끌었다니까. 싫어도 어떡해? 학교 선생님이 하라는데 뭐 어쩌겠어?"

"세상에, 어린아이들을 시켜서 대첩비를 배에 실었다니 너무 하네요."

"그런데 대첩비를 실은 배가 꼼짝하지 않는 겁니다. 그 배가 박봉환이라는 양반의 배였는데 아무리 노를 저어도 배가 움직이질 않았어. 무려 한 시간 동안이나."

　우여곡절 끝에 배에 실린 명량대첩비는 그 후로 행방이 묘연해
졌다. 해방이 되고 나서도 대첩비는 찾을 길이 없었다. 해남 사람들
은 바다에 던져버렸을 거라고 생각했다. 그런데 뜻밖에도 대첩비
는 서울의 경운궁(덕수궁) 뒤뜰에 묻혀 있었다.

　"우리 아버님이 해남 사람들과 함께 충무공유적복구기성회라는
걸 만들었어요. 그때부터 대첩비 찾아 안 가본 데가 없었어. 그런데
덕수궁 뜰에 있다고 하는 거요. 가보니까 정말 있었지."
　"굉장히 크고 무겁잖아요. 갖고 오는데 힘드셨겠어요?"
　"말도 마요. 그때야 요즘처럼 비행기가 있어, 배가 있어, 기차가
있어? 그때가 미군정 시절인데 미군정 당국과 교섭을 벌여서 국립
박물관이 임시보관하고 있던 걸 갖고 내려왔지요."

　산신령을 연상케 하는 흰 눈썹이 인상적인 홍형덕 회장은 어느
새 60여 년 전 명량대첩비가 고향으로 돌아오던 그때로 돌아간 것
같았다. 그렇게 힘들게 돌아온 대첩비는 그때부터 5년 동안 우수영
창고에 보관돼 있었다. 복구사업비가 부족했기 때문이다. 그때 호
남신문사에 재직 중이던 이은상이 모금운동을 펼쳤다. 전라도민들
이 성금을 냈고 해남 주민들은 농악대를 결성해서 전라도 각 군을
다니면서 모금운동에 동참했다. 그렇게 해서 1950년, 지금의 자리
에 대첩비를 세우고 비각을 만들었으며 현재는 보물 503호에 올라
있다. 그때 사당 충무사도 건립해서 이순신의 정신을 받들었다.

명량대첩비 진위 논란

명량대첩비의 사연은 여기서 끝나지 않았다. 지난 2006년에는 명량대첩비가 진위 논란에 휩싸이기도 했다. 현재 충무사의 명량대첩비는 숙종 때 만든 비가 아니라 1942년 일제가 대첩비를 철거하면서 바꿔놓은 가짜라는 것이다. 이런 주장은 해남을 중심으로 아주 조심스럽게 제기되었다.

이 같은 주장을 처음 펼친 사람은 해남향교의 윤병진 씨다. 명량대첩비의 비문 내용 중 일부가 일본식 한자로 표기돼 있고 1860년대에 제작된 〈호남읍지〉에 나온 대첩비의 내용과 현재의 비문 내용이 다르다는 것을 발견하고 진위 논란에 처음 불을 댕겼던 것이다. 여기에 2006년에는 '선비문화 해촌한학 연구원'의 민부삼 씨가 추가 증거를 내놓으면서 논란이 더욱 커졌다. 민부삼 씨는 그의 조부인 고 민병석 씨의 문집에서 현재의 명량대첩비 비문과 다른 내용의 비문을 발견했다고 한다. 여기에 더해 그는 명량대첩비가 390년이나 됐고 일제 때 철거까지 당했는데도 보존 상태가 너무 좋은 것이 이상하다고 주장했다. 이러한 주장은 해남 지역에 큰 파장을 일으켰고 급기야 문화재청에서 진위 여부를 조사하게 됐다.

무슨 인연인지 나는 2006년 7월 두 번째 해남 답사에서 민부삼 씨를 만날 수 있었다. 해남읍에서 맛있는 전라도식 해물탕을 먹으면서 민부삼 씨는 그간의 명량대첩비 진위 논란에 대한 이야기를 들려주었다. 2006년 2월에 이미 문화재청의 진위 조사 결과가 나온 상태였기 때문에 오히려 편안하게 이야기를 들을 수 있었다. 민부삼 씨는 나에게 대첩비 탁본을 보여주면서 일본식 한자 표기로 의

충무사를 돌아 나오면서 나는 역사와 기록의 소중함을 다시 한 번 되새겼다. 우리는 무엇을 통해 역사를 정리하고 진실에 접근해나가는 것일까.

심되는 부분과 〈호남읍지〉, 《민병석 문집》에 실린 내용과 일치하지 않는 글자들을 하나하나 지적했다. 한문이 짧은 탓에 어르신의 말씀을 따라가기에 급급했지만 나름대로의 근거와 논리를 가진 주장이었다. 이순신에 대한 애정과 해박한 한학 지식이 이런 결과물을 내놓은 것이다. 점심을 먹은 후 뒤늦게 찾아온 이억기의 후손 이동연 씨와 함께 충무사로 향했다. 대첩비 내용도 내용이지만 비석의 상태에 대해서도 할 말이 많다는 것이다.

"대흥사의 표충사에 가면 서산대사비가 있어요. 그 비는 정조 때 만든 거거든요. 근데 명량대첩비와 같은 수성암으로 만들었어요.

같은 수성암인데 숙종 때 만든 비석이 어째서 정조 때 만든 것보다 더 상태가 좋은가, 이거 이상해. 그것도 일제 때 철거당해 그 수난을 겪었는데도."

우리는 대흥사로 향했다. 과연 서산대사비는 명량대첩비보다 보존 상태가 좋지 못했다. 비문의 글씨도 많이 흐려져 있었다. 민부삼 씨는 대첩비를 둘러싼 이 미스터리를 풀기 위해서 서울대 규장각을 비롯해 인사동과 청계천의 고서점, 광주, 담양, 여수, 울산, 대구, 부산, 인천, 대전과 아산 등등 안 가본 곳이 없다고 한다. 〈호남읍지〉에 실린 대첩비문도 그렇게 해서 찾아낸 것이란다.

하지만 문화재청은 민부삼 씨의 주장을 일축했다. 명량대첩비는 진품이 맞고 일제가 조작한 일도 없었다는 것이다. 이유는 국립중앙박물관이 소장하고 있는 1910년의 비 탁본과 현재의 비가 일치하기 때문이고, 따라서 조작의 가능성은 전혀 없다고 했다. 오히려 조작의 근거로 삼았던 〈호남읍지〉가 오기였음을 확인했다는 말을 덧붙이기도 했다.

문화재청의 판단으로 한동안 해남 지역을 떠들썩하게 했던 명량대첩비 진위 논쟁은 일단락됐다. 나는 우연히 이 논란의 중심에 있었던 두 사람을 동시에 만나게 됐는데 모두 정말 대단한 분들이라는 생각이 들었다. 홍형덕 회장은 아버지의 뒤를 이어서 이순신과 명량대첩에 대한 남다른 열정을 갖고 많은 일을 하고 있다. '명량대첩비 유적보존회'를 만들어서 관련 자료 수집에 많은 공을 들였고 1974년에 충무사 건립을 주도했다. 《이순신 장군 어록집》과 함께 《전라우수영 성지》라는 책을 발간해 우수영 복원의 단초를 제공하기도 했다. 해마다 열리는 해남의 명량대첩제에서도 큰 역할을 맡고 있다.

민부삼 씨 역시 이순신과 해남 지역 문화유산에 대해 남다른 애정과 열정을 갖고 있는 분이다. 이틀을 해남에 머무는 동안 명량대첩 관련 유적뿐만 아니라 해남 지역에 산재해 있는 문화유산을 속속들이 안내해주면서 폭넓은 지식과 지혜를 나눠주기도 했다.

역사 연구 전문가는 아니지만 이런 종류의 논란을 지켜보면서 우리는 무엇을 통해 역사를 정리하고 진실에 접근해나가는가에 대해 생각하게 됐다. 나도 역사 다큐멘터리를 많이 만들어봤지만 이것만큼 어려운 작업도 없다. 아무리 사료가 많다 하더라도 그것만으로 한 시대의 풍경을 이야기하기도 어렵거니와 역사적 진실에 접근해가기는 더더욱 힘들다. 남아 있는 기록은 분명 어느 지점에서 한계를 드러내기 마련이니까. 하지만 그렇다 하더라도 역사를 논하는 데 있어서 가장 기본이 되는 건 사료가 아닐까? 기록이 없다면 모를까, 충분한 기록과 증언이 있다면 그것이 우선시되는 게 마땅하다는 생각이 든다. 명량대첩비의 진위 논란이 점점 커져갔던 것도 다양한 자료와 기록을 통해 양측의 주장이 팽팽히 맞섰기 때문이다. 명량대첩비를 둘러싼 두 가지 진실은 역사 연구는 상상력을 허용하지만 기록과 자료에서 시작해야 한다는 것을 우리에게 소리 없이 강변하는 것 같았다.

다섯 명의 충신들
오충사

《난중일기》를 보면 이순신도 부하 장수
들과 함께 한가로운 시간을 보냈던 날이 있었다. 함께 밥도 먹고 술
도 마시고 활쏘기도 했으며 장기를 두기도 했다. 가끔은 부하 장수
들이 내기 장기 두는 모습을 구경하기도 했다. 나는《난중일기》에
서 종종 보이는 이런 여유로운 시간이 참 좋다. 영웅의 일대기가 아
닌 인간 이순신의 일상을 들여다보는 것 같아서다. 전쟁터에서 생
사고락을 같이 하던 부하 장수들의 이름이 활터나 장기판, 술자리
에 등장하는 것도 좋다. 금방이라도 웃음이 터져 나올 것 같은 훈훈
한 장면이다.

맑음. 아침에 배 첨사(배경남)와 함께 밥을 먹었다. 충청수사도 왔다. 저녁나절에 우수사 이억기의 진으로 갔더니 강진 유해(강진현감)가 술을 바쳤다. 활 두 순을 쏘는데 원수사도 왔다. 나는 곧 몸이 불편해서 일찍 돌아와 누웠다. 충청수사와 첨사 배문길(배경남의 자)이 내기 장기 두는 것을 구경했다.

《난중일기》, 갑오년 6월 2일

해남 오충사에서 모시고 있는 장수들도 이순신과 함께 그런 시간을 보냈을까? 해남읍 용정리에 위치한 오충사에는 이순신과 함께 했던 이억기, 류형, 이유길, 이계년 등 다섯 충신의 공을 기리는 공적비와 강단이 있다. 1712년(숙종 38)에 세워졌으나 흥선대원군의 사원철폐령과 함께 훼철됐다가 1894년(고종 31)에 다시 공적비를 세우고 단이 설치됐다.

오충사는 민부삼 씨와 이억기의 후손인 이동연 씨가 동행했다. 후손과 함께 이억기의 사당을 찾는 느낌은 참 묘했다. 이동연 씨에게 이순신을 좋아하는 사람들은 대개 이억기를 좋아한다고 했더니 얼굴에 수줍은 미소가 번졌다. 처음에는 별말이 없던 분이 이내 할아버지에 대한 이런저런 이야기를 펼쳐놓았다.

"사실 이억기 할아버지가 공을 참 많이 세웠는데 왕실 사람이라는 이유로 별로 빛을 못 봤어요."
"이억기 장군이 전라우수사에 부임해서 자기 소임을 잘했으니까 임진왜란 초기의 해전에서 큰 성과를 거둘 수 있었던 거예요. 판옥선 24척과 50척은 다르거든요. 이억기 장군의 판옥선 25척이 없

이순신과 함께 기꺼이 격전의 현장에 섰고, 이순신과 함께 나라의 안녕과 미래를 꿈꿨던 네 명의 충신이 이곳 오충사에 잠들어 있다.

었으면 이순신 장군도 작전 짜기 굉장히 힘들었을 거예요."

하지만 오충사는 그다지 관리가 잘 되는 것 같지 않았다. 용정리 마을 입구에 위치한 오충사는 아담한 전각과 예쁜 돌담 등 겉으로 보는 것과 달리 이곳저곳 손볼 곳이 많은 것 같았다. 마당에는 잡풀이 무성했고 전날 내린 비 때문에 여기저기 움푹 패여 있었다. 오충사는 문화재 가치가 충분한데도 아직 문화재로 지정되지 않아서 오충신의 후손들이 어렵게 관리하고 있단다. 문화재가 되기 위해서는 건물의 설립자나 설화, 생활 흔적이 남아 있어야 한다는 것이 오충사가 문화재 지정을 받지 못한 이유라고 한다. 국가문화재까지는 아니더라도 향토문화재 정도는 충분한 곳인데 왜 이렇게 방

치되고 있는 것인지 안타까웠다. 오충사가 배향하고 있는 다섯 충신은 결코 가벼이 평가할 수 있는 인물이 아니지 않은가?

오충사의 다섯 충신 중 한 명인 이유길은 해남 사람이다. 명량해전에 참여했던 그는 해남 사람들의 자부심이기도 하다. 해남군 삼산면 충리에 가면 이유길 유허비가 있다. 충리는 이유길이 살았던 곳으로 원래는 해남군 녹산면 지역이었다. 이유길 때문에 충신의 터, 즉 충리가 됐다는 이야기가 전해온다.

이유길 유허비를 둘러본 후에 해남군 현산면에 위치한 윤두서의 고택을 들렀다. 우리에게 〈자화상〉이라는 그림으로 잘 알려진 인물이다. 윤선도가 증조부고 정약용은 그의 외증손이 된다. 시문과 그림 모두에 능했던 건 아무래도 집안 내력이었을까 아니면 해남 지역에 꽉 들어차 있는 학문과 문화의 향기 때문일까?

해남에는 볼 것이 너무 많다. 이순신의 흔적을 찾아서 이곳까지 왔다고는 하지만 그냥 지나치기에는 귀한 문화유산이 참 많다. 윤두서, 윤선도, 정약용, 초의선사 등 묵향이 묻어나는 이름을 따라 가볼 수도 있고 대흥사, 일지암, 미황사, 녹우당, 보길도, 땅끝의 매력도 뿌리치기 힘들다. 해남을 중심으로 강진과 진도까지 함께 돌아볼 수 있다면 남도 문화에 그야말로 흠뻑 취하게 된다.

비장미가 흐르는 명량에서의 싸움과 이순신의 발자취에 고무되고 나를 매혹시키는 남도 문화의 향기에 취해 나는 국토의 서쪽 끝 해남과 강진, 진도에 올 때마다 마음이 설렌다.

사방의 난국을 돌파하라
벽파진

태어나서 처음 진도에 발을 들여놓았
을 때의 생경함은 아직도 잊을 수가 없다. 울돌목을 가로지르는 진
도대교를 타고 진도로 들어서는 순간 뭐라고 해야 할까, 침을 너무
세게 삼켜서 울대가 짓눌려 가슴이 살짝 벌렁대는 느낌, 그와 비슷
했다. 이곳이 진도아리랑의 그곳, 천하 명견 진돗개의 고향 그리고
뭍과는 사뭇 다른 독특한 문화를 형성했다는 진도인가 하면서.

이순신과 진도의 인연은 임진왜란 이전으로 거슬러 올라간다.
1591년 47세가 되던 해 2월에 이순신은 진도군수로 임명됐다. 부임
도 하기 전에 가리포 첨사로 전직되긴 했지만 임명 교지를 받은 후
이순신은 곧장 진도로 향했다. 무술년에 친척인 현덕승에게 보낸
편지에서 이순신은 당시의 진도 일대를 이렇게 그리고 있다.

지난 신묘년(1591)에 옥주의 책임자로 가 있을 적에, 신선장을 지나간 일이 있었습니다. 그 뒤로 매양 서호를 생각하게 됐습니다. 월악산의 구름같이 피어오르는 연하와 수목과 대숲의 좋은 경치를 보니 정신이 이미 그리로 달려갑니다. 전쟁이 한창이지만 세상에 좋은 취미를 잊지 않고 서신으로 위문하시고 여러 가지 물건으로도 보내주시니 이런 모든 것들은 진중에서 얻어보기 힘든 것입니다.

《이순신 서간첩》

옥주는 진도의 옛 이름이다. 기름진 들과 바다 때문에 한때 진도는 이렇게 불렸다. 신선장은 현덕승이 살았던 영암을 지칭하고 서호는 영암 지방의 저수지를, 월악산은 월출산을 가리킨다. 이순신은 진도로 들어오던 길에 영암의 아름다운 풍광에 마음을 빼앗겨버린 것이다. 그리고 편지를 주고받으며 우의를 나눴던 현덕승을 생각할 때마다 영암 지방의 빼어난 풍경을 떠올렸던 모양이다.

진도군수로 임명됐어도 실제로 부임하지 못했던 이순신과 진도와의 인연은 정유년에 다시 이어진다. 회령포에서 열두 척의 전선을 수습한 후 8월 29일에 진도 벽파진으로 진을 옮긴 것이다. 벽파진은 진도의 북동쪽 고군면에 소속된 작은 항구다. 벽파진은 진도대교가 만들어지기 전까지 해남반도와 진도를 잇는 중요한 나루터였다. 지금도 추자도를 거쳐 제주도로 가는 배와 주변 섬을 연결하는 배들이 벽파진에서 출발한다. 벽파진은 진도읍에서 동쪽으로 12킬로미터 떨어져 있다. 진도대교를 타고 18번 국도를 타고 가다가 891번 지방도로를 따라 동쪽으로 조금 더 가면 다다를 수 있다. 최근에는 진도대교와 녹진전망대, 벽파진을 잇는 해안도로가 완성됐고 울돌목과 벽파진을 잇는 관광 코스도 개발 중이다.

이순신은 삼도수군통제사로 복귀한 후 어란포에서 첫 해전을 치렀다. 이때가 8월 27일인데 이틀 후 진을 벽파진으로 옮겼으며 명량해전 전까지 17일 동안 이곳을 조선 수군의 본진으로 삼았다. 벽파진에 머무는 동안 이순신은 탐망과 정보 수집을 계속하며 언제 있을지 모를 전투에 대비했다. 하지만 경상우수사 배설이 문제였다. 이 핑계 저 핑계를 대며 회의에도 나오지 않더니 결국 9월 2일 도망을 가버리고 말았다. 거기다 함께 머리를 맞대고 전략을 짜야 할 장교들도 마땅찮았다. 그때 이순신은 전임 우수사였던 이억기를 비롯해서 예전에 함께 전선을 누볐던 부하 장수들이 그리웠을 것이다.

그러나 이순신은 투구의 끈을 더욱 조였다. 적이 언제 기습해올지 모를 일이기 때문이었다. 이순신의 예상은 적중했고 9월 7일 마침내 벽파진 앞바다에서 일본 함대와 일전을 치르게 됐다. 바로 벽

벽파진 일대

파진해전이다.

왜군은 이순신의 복귀 후 조선 수군의 상태를 알아보고 싶었을 것이다. 궤멸된 조선 수군에겐 겨우 10여 척의 배만 있을 따름인데 뭐 그리 대단하겠나 생각했을 수도 있다. 하지만 이순신은 끄덕도 하지 않았다. 그는 칠천량의 패전 이후 뚝 떨어진 군대의 사기를 고려해 직접 선봉에 나섰다. 이것은 명량해전에서도 마찬가지였다. 부하들이 겁을 집어먹고 있을 때 이순신은 선두에 서서 솔선수범하는 모습을 보였다.

벽파진에는 벽파진해전과 명량대첩을 기리는 이충무공전첩비가 세워져 있다. 울돌목 동쪽 바다가 내려다보이는 큰 바위 언덕 위에 세워진 이 전첩비는 국내에 세워진 이순신 비석 가운데 가장 크다. 높이가 11미터, 무게는 9톤에 이르며 커다란 거북 받침대와 쌍용을 세심하게 새겨넣은 비석머리도 인상적이다. 이 비는 1956년에 진도 사람들의 성금으로 만들어졌다. 비문의 내용은 이은상이 지었고 글씨는 진도 출신 서예가 손재형이 썼다. 예전에는 이곳에 벽파정이라는 정자가 있었던 모양인데 지금은 그 흔적을 찾아볼 수 없다. 다만 해가 질 무렵 비석에 내리는 저녁 햇살이 인상적이다. 옅은 구름 속의 태양이 마치 투명한 베일 속에 얼굴을 가린 것처럼 쓸쓸한 빛을 뿜어내는데 그것이 인적 드문 벽파항과 참 잘 어울린다.

벽파진 바위 언덕 위에 앉아서 한참 동안 바다를 바라봤다. 어둠이 내리기 전에 다시 길을 서두른다. 벽파진에서 멀지 않은 곳에 위치한 정유재란 무명열사 묘역에 들르기 위해서다.

이름 없는 백성들의 영혼이 잠든 곳
떼무덤

진도 고군면 도평리 지방도로 옆 야산
에는 비석도 제단도 없는 무덤들이 모여 있다. 일명 떼무덤이라고
불리는데 232기나 되는 무덤 중 200여 기는 정유재란 때 숨진 사람
들의 것이다. 이순신이 명량에서 대승을 거둔 후에 곧바로 북서쪽
으로 흐르는 밀물을 타고 신안군의 당사도로 빠지는 사이에 해남
과 진도 일대의 주민들이 살아 남은 왜군들에 의해 많이 죽고 다쳤
다. 이때 희생된 사람들의 무덤으로 추정되는 곳이 바로 이곳 고군
면의 떼무덤이다.

떼무덤의 풍경은 쓸쓸하기 그지없었다. 김해 김씨의 묘, 창녕 조
씨의 묘와 그 외 이름이 있는 묘 앞에 세워진 비석 몇 개가 묘비명
조차 없는 무덤들과 묘한 대비를 이루고 있었다. 임진왜란이 발발

이름없는 백성들의 떼무덤. 때마침 불던 바람 때문인지 내 마음도 스산해졌다.

하면서 고통이 가장 심했던 사람은 몽진을 떠난 선조도, 전란의 대책을 마련하기 위해 고심하던 조정도, 전장에 나가서 목숨을 내놓고 싸워야 했던 군인들도 아니었다. 바로 백성들이었다. 평화 시에는 천한 것이라고 멸시받고 전쟁 중에는 적 앞에 그대로 노출돼 가장 먼저 희생당한 이들. 그런데도 그들은 의병이 되었고 왜군에 맞서 싸웠다. 영주와 무사, 백성들이 일종의 계약관계를 맺고 상부상조하던 일본인으로서는 아무런 대가 없이 목숨을 걸고 싸우는 조선 백성의 모습은 상상하기 어려웠을 것이다. 임금도 버린 나라를 백성들이 되찾겠다고 나서다니, 왜장들이 계산에 넣지 못한 조선 백성들의 저항이 결국은 일본의 패전을 불러왔다.

그런 그들이 칠천량의 패전 이후 서진하는 왜군을 피해 이순신의 보호막 안으로 들어왔다. 전쟁 내내 일종의 해방구였던 전라도마저 무너져버린 때에 그들의 안전을 맡길 수 있는 이는 이순신뿐이었던 것이다. 바로 그 백성들의 주검이 이곳에 묻혀 있다. 이순신을 바라보고 그에게 목숨을 의탁했던 순하디 순한 이 땅의 민초들. 이순신 덕분에 목숨을 연명한 이들도 많았겠지만 일부는 왜군에게 잔혹하게 희생당해 여기에 묻혔다.

진도에는 명량해전을 목격하거나 조선군을 도운 민초들의 이야기가 전설처럼 전해오는 곳이 많다. 해전이 한창일 때 군복 입은 여인들이 강강술래를 했다는 망금산, 이엉을 이어 노적봉을 만들어 군량미가 쌓여 있는 것처럼 위장했다는 군내면 독굴산, 백토를 풀어서 쌀뜨물로 위장했다는 분토리 등 진도 사람들은 그렇게 이순신을 신뢰하고 따랐다.

떠밀려온 자들의 흔적, 저항과 유배

벽파진과 떼무덤을 둘러보고 오는 길에 용장산성과 운림산방에 들렀다. 용장산성은 고려시대 몽고군에게 항거했던 삼별초의 신화가 잠들어 있는 곳이다. 몽고 침입에 무릎을 꿇은 고려왕조와 달리 배중손이 이끄는 삼별초는 끝까지 패배를 인정하지 않았고 강화를 출발해 진도에까지 들어왔다. 삼별초는 용장산성을 쌓고 대몽항쟁을 계속했다. 행궁도 짓고 왕온을 왕으로 추대해 그들만의 나라를 꿈꿨다. 하지만 그 꿈은 9개월 동안의 꿈으로 끝나고 말았다. 벽파진을 통해 들어온 여몽연합군의 공격으로 새로운 나라의 꿈은 사라져버렸다. 그 덧없는 꿈만큼이나 용장산성 터 역시 쓸쓸하다.

진도 유배 문화의 진수를 보여주는 운림산방도 벽파진에서 멀지 않다. 진도에서 가장 높은 산인 첨철산 자락에 위치한 운림산방은 첩첩산중에 아침저녁으로 피어오르는 안개가 구름 숲을 이룬다고 해서 붙여진 이름이다. 운림산방은 진도의 양천 허씨가 몇 대에 걸쳐 살았던 곳이다.

양천 허씨는 원래 경기도 사람들이었는데 광해군 때 역모로 몰려 임해군과 함께 진도로 들어왔다가 그대로 눌러앉아 지금에까지 이르렀다고 한다. 가장 멀고 험한 유배지였던 이곳으로 귀양 온 선비들은 여기에 있는 동안 더욱 소리 높여 글을 읽고 묵을 갈았는데 그것이 진도 특유의 유배 문화로 정착됐다. 양천 허씨 역시 그렇게 정착해서 5대에 걸쳐 남종화의 전통을 완성했고 그 맥은 지금까지 이어지고 있다. 그래서 진도에는 "양천 허씨들은 비자락 몽둥이만 들어도 명필이 나온다"는 말이 전해온다. 운림산방에 전시된 서화를 보고 있자면 과연 그렇다는 생각이 절로 든다.

운림산방을 끼고 도로를 따라 차를 몰다 보면 진도의 한라산이라고 하는 첨철산의 아름다운 풍경이 한눈에 들어온다. 이 길을 따라 150미터 정도 가다 보면 진도아리랑비가 등장한다. 진도아리랑 속에 나오는 '아리랑 고갯길'은 이런 길이 아닐까? 굽이굽이 흐르는 길, 사람이 오르지 못할 만큼 가파르지도 않고 굴곡이 심하지도 않지만 떠나가버린 임을 쫓아가기에는 너무나도 험한 길. 숱한 이별과 만남과 회한이 교차했던 아리랑 고갯길이 눈앞에 펼쳐졌다.

진도아리랑비가 서 있는 곳에서부터 본격적인 고갯길이 시작된다. 그 바로 앞에 작은 다리가 있고 다리를 건너면 첨철산을 넘는 고갯길이 보인다. 이 길은 진도에서 가장 아름다운 낙조를 볼 수 있다는 세방낙조로도 이어지고 충무공대첩비가 있는 벽파진으로도 이어지고 고려시대 삼별초가 몽고에 대항했던 용장산성 행궁터로도 이어진다. 어느 방향을 가더라도 후회가 없다. 진도는 이름 그대로 보배와 같은 섬이다.

아리랑 고갯길을 지나면서 다시 한 번 길의 의미를 되새겨보았다. 여행자에게 길은 특별한 의미를 지닌다. 여정을 이어나가기 위해서 존재하는 길이 있고 그곳에서 새로운 장소를 발견하고 사람들을 만나면서 여행의 참 맛을 음미하기도 한다. 때때로 자신의 내면을 들여다보는 커다란 거울이 되기도 한다.

답사를 위해서 길을 나설 때마다 나는 길 위에서 나를 발견하곤 한다. 일상에 지친 나, 이러저러한 인연에 짓눌린 나를 돌아보며 부끄러워하기도 하고 스스로에게 연민을 갖기도 한다. 때로는 좌절감에 그냥 주저앉으려는 나를 만나기도 한다. 그럴 때마다 길 위에서 이순신을 만나곤 했다. 그리고 고단하기로는 둘째가라면 서러워할 이순신의 불꽃 같은 삶과 대면했다. 그는 그의 인생에서 가장 고난에 찬 시절과 당당히 맞서 죽음을 삶으로 바꿔놓았고 절망 속에서 희망을 찾아냈다. 만일 이 모든 것이 빈틈없고 완벽한 영웅 이순신이 만들어낸 것이라면 나 같은 범인은 그의 인간 조건을 나의 인간 조건과 나란히 견주는 일은 상상도 하지 못했을 것이다. 그러나 그 또한 나처럼 인간이면 누구나 처하게 되는 고난과 마주했던 사람이다. 그래서 그가 더욱 위대해 보였다. 역설적이게도 그에게 씌워진 영웅의 꺼풀을 조금씩 벗겨내자 이순신은 나에게 진정한 영웅으로 다가왔던 것이다.

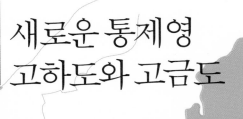

새로운 통제영
고하도와 고금도

명량해전 이후 이순신은 새로운 통제영지를 물색한다.

하루빨리 수군을 재건해서 길고 지루한 전쟁을 끝내야 했기 때문이다.

이순신이 선택한 새로운 통제영지는 바로 목포 고하도와 강진군의 고금도다.

배를 건조하고 군사를 모으고 피난민에게 둔전을 운영하게 해서

군량미를 조달할 수 있는 이상적인 섬이었기 때문이다.

그러나 이미 이순신의 나이 53세,

7년 전쟁과 고문으로 인해 육체와 정신 모두 크게 지쳐 있었다.

전쟁은 쉬이 끝나지 않았기에 고하도와 고금도 시절의 이순신은

극한의 조건 속에서 하루하루 버티는 것 자체가 고통이었다.

고금도

남몰래 흘린 눈물
아들 면의 죽음

명량해전으로 조선 수군은 전라도와
남서해안의 제해권을 장악하겠다는 일본군의 야심을 일단 좌절시
켰다. 정유재란 이후 승승장구하던 일본에게 치명타를 입힌 것이
다. 하지만 조선 수군도 안심할 수 없는 상황이었다. 명량에서 천신
만고 끝에 승리를 했지만 열두 척을 기반으로 한 수군 재건이 가장
큰 숙제였기 때문에 승리에 도취되어 있을 시간이 없었다. 다시 도
발할지 모르는 일본을 막기 위해서는 가능한 한 빠른 속도로 군사
를 수습하고 전선을 건조해서 예전 통제영 시절에 버금가는 힘을
갖춰야 했다. 그래서 이순신의 발걸음은 더욱 빨라졌다.

그러나 이순신의 나이 이미 53세, 거기다 투옥과 고문으로 몸이
크게 상했고 어머니의 죽음까지 겹쳐 정신적인 충격도 컸다. 무리

하게 연안 답사를 진행하고 전투까지 치렀으니 몸은 더욱 쇠약해졌고 더 자주 아팠다. 명량해전 직후에는 한 번 앓기 시작하면 사나흘씩 몸져눕기 예사였다.

사람은 자신이 감당하기 힘든 어려움에 직면하면 오히려 더 담담해진다. 모든 것을 초월한 듯, 보통 때 같으면 전혀 보이지 않았을 어떤 세계로 들어가는 느낌을 받게 된다. 어떤 이들은 그 안에 웅크리고 앉아 있기를 고집하고 또 어떤 이들은 그 세계를 등에 지고 삶의 또 다른 차원으로 나아가려고 한다. 죽음을 선택하거나 반대로 현실을 온몸으로 받아들이는 것, 그 둘 중의 하나를 선택하게 되는 것이다. 이런 시각에서 보면 이순신은 후자를 선택했다. 그는 자신에게 주어진 모든 조건을 온몸으로 받아들였다. 궤멸하다시피 한 수군을 일으켜 세울 사람이 자신밖에 없다는 현실, 그치지 않는 임금의 견제, 삭탈관직의 충격과 어머니의 죽음, 매일 밤 스멀스멀 기어들어오는 병마의 그림자. 이 모든 극한 조건들을 그는 묵묵히 받아들였다. 그런데 이런 이순신에게 더더욱 견딜 수 없는 사건이 또 발생한다. 사랑하는 막내아들 면의 죽음. 면은 일본군의 칼 아래 목숨을 잃었다.

저녁에 천안으로부터 와서 편지를 전하는데 미처 봉함을 뜯기도 전에 뼈와 살이 먼저 떨리고 정신이 혼미해졌다. 겉봉을 대강 뜯고 둘째 아들 열의 글씨를 보니 겉면에 '통곡' 두 자가 쓰여 있어 면의 전사를 알고, 간담이 떨어져 목놓아 통곡했다. 하늘이 어찌 이다지도 인자하지 못하신고. 간담이 타고 찢어지는 듯하다. 내가 죽고 네가 사는 것이 이치에 마땅하거늘, 네가 죽고 내가 살았으니 이런 어긋난

현충사 이면의 무덤. 아들의 주검을 직접 챙기지 못했던 아비의 마음이 오죽했을까. 《난중일기》에는 아들을 잃은 슬픔을 온전히 드러낼 수도 표현할 수도 없었던 이순신의 애끓는 마음이 고스란히 남겨져 있다.

> 일이 어디 있을 것이냐. 천지가 캄캄하고 해조차도 그 빛이 변했구
>
> 나. 슬프고 슬프도다. 내 아들아, 나를 버리고 너는 어디로 갔느냐.
>
> 《난중일기》, 정유년 10월 14일

　그 비통함을 어떻게 다 표현할 수 있을까. 그러나 이순신은 마음
껏 울 수 없었다. 적의 칼날은 아들에게만 겨눠진 것이 아니었기 때
문이다. 그의 휘하에서 이순신만을 바라보고 있는 군사들과 백성
들의 목덜미에도 적의 칼날은 겨눠져 있었다. 그랬기에 이순신은
소금창고에서 남몰래 울어야 했다.

나는 내일이 막내아들 부음을 들은 지 꼭 나흘째 되는 날인데 마음
놓고 울지도 못했으므로 수영에 있는 염한(군에서 소금 굽는 일을 하
는 자) 강막지의 집으로 갔다.

《난중일기》, 정유년 10월 16일

　　현충사에 가면 이순신의 아들 이면의 무덤을 볼 수 있다. 충무공
옛집 인근의 언덕 위에 자리 잡고 있는 면의 무덤 앞에 서면 정유년
10월께 이순신의 복잡하고 비통한 심정을 어렴풋이 느낄 수 있다.
이순신은 아산으로 돌아가서 시신을 거두기는커녕 아들의 무덤조
차 보지 못했다. 멀고 먼 남쪽 전장에서 아들의 부고를 들었을 뿐이
다. 면의 죽음 이후 이순신은 고하도로 통제영을 옮겼다. 이곳에서
그는 밤마다 애끓는 고통에 몸부림쳤을 것이다.

조선 수군 재건의 터
고하도

　　　　　목포에서 고하도로 들어가는 길은 어수선했다. 목포 입구에서 들른 여행종합센터에서 고하도는 배를 타고 가는 게 정석이지만 육로로 들어가는 방법이 있다는 걸 알게 됐기 때문이다. 하지만 목포 지리에 어두운 나는 결국 직원이 가르쳐 준 길을 찾지 못하고 목포 부두에서 고하도로 들어가는 배를 탔다. 고하도는 목포시 충무동에 달린 섬으로 높은 산 아래에서 있는 섬, 즉 유달산 아래에 있는 섬이라고 해서 '고하'라는 이름이 붙었다. 예전에는 보화도, 고화도라고도 불렸다는데 《난중일기》에는 보화도라고 표기하고 있다.

　　이순신이 고하도로 통제영을 옮긴 것은 일본의 재침에 대비한다는 이유도 있었지만 수군의 재건이 너무나도 절실했기 때문이다. 명량해전 이후 조선 함대는 서해안을 따라 북으로 이동해서 신안 앞바다와 영광 법성포를 지나 부안 지방의 고군산도에 이른다. 그러나 진을 칠 만한 마땅한 곳을 찾지 못해 이순신은 다시 남하해 목포 앞의 작은 섬 고하도까지 온다. 고하도는 섬이 용의 형상을 하고 있어서 용머리라 부르기도 하고 병풍처럼 펼쳐져 있다 하여 병풍도, 병풍바위라고도 부른다. 영산강 하구와 목포 앞바다가 만나는 곳에 위치해 있어서 일찍부터 교통과 군사 요충지로 인식돼왔다. 이순신은 섬의 지형지세가 통제영을 꾸리기에 적절하다고 판단하고, 이곳에서 본격적인 수군 재건에 힘쓴다.

고하도는 인구가 400명이 채 되지 않는 작은 섬이지만 땅이 비옥해 농사가 잘 됐고 너른 갯벌 덕에 염전도 이용할 수 있었다. 또 기온이 높고 습하면서도 맑은 날이 많아서 우리나라에서 처음으로 면화가 재배된 곳이기도 하다. 한때 목포 시장에서 팔리는 채소의 대부분이 고하도에서 재배된 것이었다고 하니 크기는 작아도 알찬 섬임에 틀림없다. 이 같은 조건의 고하도는 둔전 운영에 더없이 좋은 섬이었을 것이다. 조정으로부터 아무런 지원을 받을 수 없었기에 둔전은 필수적이었고 군량미의 자급자족까지 고려해서 고하도에 진을 친 것이다. 이는 임진년 이후 늘 그래왔기에 사실 별로 새로울 것도 없는 일이다.

이순신은 통제영으로 쓸 집을 짓고 군량미를 보관할 창고도 만들었다. 고하도 사람들과 피난민에게 농사를 짓고 소금을 굽게 해서 군사들을 먹이고 주민들에게도 살 방법을 만들어주었을 것이다. 고하도 통제영 시절은 정유년 10월 29일부터 이듬해 무술년 2월 16일까지 108일간 계속됐다. 이 기간 동안 비축한 식량이 486석이나 됐고 고하도를 떠날 무렵에는 전함이 14척, 군사는 8,000명에 이르렀다고 한다. 병마와 싸우면서도 이처럼 빨리 군세를 회복했다는 사실이 놀랍기만 하다.

그러던 중에 이순신은 명나라 장수 양호가 보낸 초유문과 면사첩을 받는다. 초유문은 적이나 적과 한패였던 사람을 용서한다는 문서고 면사첩은 사형을 면해준다는 문서다. 많은 사람들이 이 면사첩을 선조가 보낸 것으로 알고 있다. 그런데《이순신과 임진왜란》에 따르면 면사첩은 명나라 황제가 내려주는 것이라고 한다. 그러고 보니《난중일기》에도 경리 양호의 차관이 면사첩을 가지고 왔다는 대목이 나온다(정유년 11월 17일). 그러니까 초유문과 면사첩은 선조가 이순신을 경계하기 위해서 내린 문서가 아니라 명나라 황제가 이순신의 목숨을 보장한다는 증서라고 보는 것이 더 적절하겠다. 이 사실을 알고 나니 이순신의 자살설이나 은둔설이 더욱 황당하게 느껴졌다. 아무리 이순신이 두렵기로 선조가 명 황제의 뜻을 거스르면서까지 이순신을 죽이려 했을까? 그러니 이순신이 갑자기 자살할 리도 없거니와 숨어 살 까닭도 없지 않겠는가? 그래서일까? 선조도 이순신에게 밀지를 보내 상중이라도 좀 더 잘 먹고 기운을 차리라고 고기반찬을 내려보낸다.

이번에 선전관에게 들으니 통제사 이순신이 아직도 사에의 예법대로만 지키고 방편을 다르지 않아 다른 여러 장수들이 민망히 여긴다고 하니 사정은 간절하지만 국사가 한창 바쁘고, 옛 사람의 말에도 전쟁에 나가 용맹이 없으면 효가 아니라 했고, 전쟁에 나가 용감하다는 것은 소찬이나 먹어서 기력이 약한 자로서는 능히 하지 못할 일이리라. 예기에도 원칙을 지키는 경이 있고, 방편을 따르는 권이 있어

서 꼭 원칙대로만 지킬 수 없는 것이니 경은 내 뜻을 생각해 소찬 먹
는 것을 치우고 방편을 따르도록 하라.

《난중일기》 정유년 12월 5일

고하도의 통제영은 지금까지도 그 흔적이 남아 있어서 유적지로
보존되고 있다. 목포에서 배를 타고 고하도 선창에 닿으면 유적지
가 바로 보인다. 병풍섬이라는 별칭답게 포구의 경사가 급하고 가
는 길도 가파르다. 조심스럽게 차를 해안도로 한쪽에 주차하고 긴
계단을 밟아 올라가자 빽빽한 숲 사이에 우뚝 선 홍살문이 보였다.

모충각이라는 이름의 전각 안에는 1722년(경종 2)에 세운 이충무
공 기념비가 있다. 통제사 오중주가 비를 세우기 시작해서 이순신
의 5대손으로 통제사를 역임했던 이봉상이 완성했으며 비문은 남
구만이 지었고 글씨는 조태기가 썼다. 높이만 2미터가 넘는 굉장히
큰 비석이다. 하지만 보존 상태는 그다지 좋아 보이지 않았다. 이
비도 일제 강점기에 수난을 당했다고 한다. 일본 사람들이 총으로
쏜 흔적이 남아 있는데 그래도 좌수영대첩비나 명량대첩비처럼 철
거당하는 수모는 겪지 않았다.

고하도 이충무공 유적지에서는 오래 머물지 못했다. 비가 오락가
락하는데다가 사람의 흔적이라고는 찾아볼 수 없었기 때문이다. 관
리사무소의 관리인까지 잠시 출타 중인지 개 한 마리만이 유적지를
지키고 있었다. 비가 내린 후의 습기 때문인지 바다 위에 얇게 드리
워진 안개 때문인지 고하도 통제영은 신비한 느낌마저 들었다.

충무분교의 추억

고하도 유적지를 벗어나 섬을 한 바퀴 돌아보았다. 전체가 12킬로미터 밖에 안 되는, 우리나라 남서해에서 흔히 볼 수 있는 작은 섬이다. 고기잡이와 농사로 살아가는 사람들의 모습이 여느 섬과 다르지 않았다. 시간이 허락한다면 천천히 걸어서 둘러봐도 좋을 듯싶다. 섬을 한 바퀴 돌고 고하도를 빠져나갈 때는 육로를 택했다. 섬의 저편, 멀리 보이는 목포 신항만 쪽으로 방향을 잡아서 무작정 가보았다. 그러다가 우연히 분교를 발견했다.

목포 서산초등학교 충무분교. '충무'라는 이름에 이끌려 학교 안으로 들어갔다. 답사를 다니면서 참 많은 초등학교를 보았는데, 그중에서 기억에 남는 곳이 경남 산청의 옥종초등학교와 이곳 고하도의 충무분교다. 옥종초등학교는 운동장에 서 있는 커다란 벚나무가 장관이었고 크고 잘 만들어진 이순신 동상이 인상적이었다. 그에 비해 충무분교는 학생 수를 손가락으로 꼽을 만큼 작은 학교지만 전형적인 시골 분교의 소박한 분위기를 지니고 있었다. 금방이라도 풍금과 아이들의 노랫소리가 들릴 것 같은 작은 학교. 교실 안에서 아이들의 웃음소리가 와르르 쏟아졌다. 그 웃음소리를 따라가 보니 수업 중인 것 같았다. 선생님의 질문에 큰 소리로 대답하는 아이들의 맑은 목소리, 정겨운 복도와 신발장, 교실 팻말까지. 마치 영화 속의 한 장면 같았다. 수업에 방해가 될까봐 까치발로 슬쩍 안을 엿보고는 이내 운동장으로 돌아왔다. 이 학교 교정에도 이순신의 동상이 있었다. 남자 팔뚝만 한 아주 작은 크기인데 조잡한 감도 없지 않았지만 크고 화려한 동상보다 더 보기 좋았다.

충무분교를 다녀온 지 2년 쯤 지났을까? 어느 날 나는 놀랍고도 즐거운 이메일을 한 통 받았다. 충무분교 졸업생이 보낸 메일이었다. 충무분교를 다녀온 후에 블로그에 '고하도에서 화원반도까지'라는 제목의 글을 올렸는데 그 글을 보고서 보낸 메일이었다. 목포에서 중학교를 다니는 이 소년은 한 해 전까지만 해도 고하도에 살았고 충무분교를 다녔다고 했다. 더 놀라운 건 내가 블로그에 올린 사진은 자신이 충무분교에 다닐 때의 사진이라는 것이다. 학교 신발장 속에 자기 신발도 있고 친구들과 동생들 운동화도 보여서 깜짝 놀랐단다. 내가 키 큰 여학생의 것이라고 생각했던 슬리퍼는 이 학교 주사 아주머니의 것이었다고. 소년은 중학생이 되어 목포로 나왔지만 여전히 자신이 살던 고향 고하도가 정겹고 친구들과 형, 동생들과 함께 공부하고 뛰어놀던 충무분교가 그립다고 했다.

소년의 메일을 받고 나는 고하도 사진을 갈무리해서 보내주었다. 먼 훗날 어른이 됐을 때도 사진을 통해 고향인 고하도를 기억하라면서. 재미있는 것은 이날 이후 충무분교에 다니고 있는 꼬맹이들과 졸업생들이 간간이 나의 블로그에 들른다는 것이다. 자기 학교의 사진을 인터넷으로 보니까 기분이 좋다는 댓글을 달며 으쓱해 했다. 어떤 학생은 '언니, 오빠 말 잘 듣고 열심히 공부하겠습니다' 같은 귀여운 다짐을 하기도 했다. 세상은 넓고도 좁다더니 온라인 세상 역시 다르지 않은 모양이다.

인연이란 참으로 알 수 없는 것이다. 한 번도 얼굴을 보지는 못했지만 이메일 한 통에 이렇게 마음이 훈훈해지다니. 덕분에 나에게 고하도는 아주 특별한 섬, '내 마음 속의 섬'이 돼버렸다.

충무분교를 나와 다시 길을 따라 차를 몰았다. 신항만이 있는 육

이순신 답사를 하면서 찍은 한 장의 사진이 또 이렇게 좋은 인연을 만들어주었다. 내가 답사를 계속할 수 있도록 끊임없이 힘을 불어넣어주는 이들에게 한없이 감사한 마음이다.

지와 이어지는 길이 나왔다. 넓고 질퍽한 갯벌이 눈앞에 보였다. 드문드문 쪼그리고 앉아 바지락을 캐는 아낙네들의 모습이 한 폭의 그림 같았다. 용머리 갯벌이다. 바지락이 많이 잡히는 풍요로운 곳이지만 이곳도 머지않아 사라질지 모른다. 고하도와 목포를 잇는 다리 공사가 한창이기 때문이다. 이순신이 고하도에 진을 쳤던 것은 바로 이런 넓고 풍요로운 갯벌이 있었기 때문이다. 그 갯벌이 개발로 인해 사라질지도 모른다고 생각하니 안타까웠다. 육지와 섬을 잇는 다리는 그 지역 사람들에게도 필요한 구조물이고 나 같은 여행자들에게도 편리를 제공하지만, 이곳에 터전을 잡고 사는 이들에게까지 좋은 일인지는 모르겠다. 고하도 사람들은 대대로 갯벌에서 바지락과 낙지를 캐며 살아왔는데 갯벌이 사라지면 그러한 생업도 할 수 없게 된다. 그들이 물질을 하지 않고 다른 일을 하면서 잘 살 수 있는 확률이 얼마나 될까? 평생 자연과 더불어 살아왔던 이들에게 도시의 삶은 낯설고 적응하기 힘들 것이다. 보상금이 있지 않느냐고 하지만 보상금은 임시방편으로 전락하는 경우가 대부분이다. 무엇보다도 삶의 터전을 잃어버리는 것이 그들에게는 가장 견디기 힘든 일이 아닐까?

목포는 항구다
유달산

　　　　　목포에 와서 고하도만 슬쩍 보고 간다
면 너무나 아쉬운 일이다. 고하도를 마주 보고 있는 유달산에도 이
순신의 흔적이 있다. 목포에 세 번을 왔으면서도 한 번도 올라보지
못했던 유달산을 이순신 덕분에 오르게 됐다.

　유달산은 목포의 상징이자 목포 시민들에게는 산 이상의 의미가
있는 곳이다. 높지 않고 아담해서 오르기 쉽고 산 구석구석 목포의
역사가 깃들어 있어서 좋다. 이왕이면 유달산에 오르기 전에 산 아
래 목포문화원을 들러봐도 좋겠다. 재미있는 자료들도 많고 이 지
역의 역사를 미리 공부한다는 점에서 의미 있을 것이다.

　유달산에서 가장 먼저 사람들의 시선을 사로잡는 것은 노적봉이
다. 이순신이 왜적을 물리치기 위해 짚과 섶을 덮어 군량미인 것처

이순신의 지략에 대한 이야기는 수없이 많이 전해져온다. 그 현장에 설 때마다 설레는 마음을 감출 수가 없다. 노적봉에 섰을 때에도 나는 드라마 같았던 전쟁의 현장을 상상하며 역사 속으로 들어가고 있었다.

럼 보이도록 했다는 봉우리. 군량미가 산처럼 쌓여 있으면 군사가 많아 보이니 일본군이 감히 근접하지 못했을 것이다. 물론 이런 전설이 아니더라도 노적봉은 놀랄 만큼 아름답고 기이한 봉우리다.

노적봉을 한 바퀴 빙 둘러보면 재미있는 나무와 풀들을 많이 발견할 수 있다. 카메라를 든 이의 발걸음을 멈추게 하는 것들이 참 많다. 봉우리 바로 아래에서 자라고 있는 여성의 성기를 닮은 느티나무도 그중 하나다. 50년 정도 밖에 되지 않았다는데 그보다 훨씬 더 나이를 먹은 것처럼 생겼고 기이한 느낌을 준다. 또 유달산에는 세계적인 멸종 위기 식물인 왕자귀나무가 산다고 한다.

입장료를 내고 유달산 공원으로 들어가면 이순신의 동상이 방문객을 맞이한다. 이 동상은 산을 오르는 동안 다양한 각도에서 바라볼 수 있는데 어떤 곳에서는 마치 이순신이 목포시를 수호하고 있는 것처럼 보인다. 아마 유달산이 목포시를 위에서 아래로 감싸 안은 모양이기 때문일 것이다.

이 동상도 한때 구설에 오른 적이 있다. 동상이 비뚤어졌다는 주장이 제기된 것이다. 한쪽 어깨가 쳐져 있다면서 이순신을 왜 이런 이상한 모양으로 만들었느냐고 논란이 일었다. 하지만 동상을 만든 조각가의 해명으로 논란은 싱겁게 끝나고 말았다. 한 손에 검을 들면 약간 균형이 잡히지 않은 모습이 되는 것이 인체구조상 자연스럽다는 것. 동상 하나에 이렇게 말이 많은 것도 이순신에 관심을 갖는 사람이 그만큼 많다는 증거라는 정도로 생각하고 싶다.

유달산에 오르면 목포시가 한눈에 들어온다. 높이에 따라 시가지와 항구의 모습이 조금씩 달라 보이는데 어느 높이에서 봐도 이 사실은 변하지 않는다. 목포는 항구라는 사실. 짠맛과 떨떠름한 포구 냄새가 묻어 있는 바닷바람이 유달산이 품고 있는 청정한 공기와 뒤섞여 묘한 기분을 자아낸다. '이란영 노래비'에서 흘러나오는 〈목포의 눈물〉을 들으면서 목포 앞바다를 바라보고 있노라면 철 지난 유행가가 주는 애잔한 느낌이 밀려온다. 유달산 정상에 서면 삼학도와 고하도가 보인다. 또 이곳에서 바라보는 일몰은 목포를 대표하는 풍광 중 하나다. 신항만 건설 공사가 한창인 것도 보인다. 어느 쪽에서 봐도 목포는 항구다. 오래전에도, 지금도, 또 앞으로도.

제2의 한산도
고금도

           2005년 11월 바람이 많이 불고 빗방울이 후드득후드득 떨어지는 늦가을, 나는 남도에 있었다. 장흥에서 강진으로 가는 길로 들어섰다가 길을 다시 남쪽으로 잡아 반도의 끝, 마량이라는 작은 포구를 향해 가고 있었다. 해는 지고 비가 내리기 시작해서 고금도로 들어갈까 말까 망설였다. 날이 이렇게 궂은데 섬에 들어갔다가 잠잘 곳도 못 찾으면 어쩌나 하던 노파심에 머리를 이리저리 굴려보고 있었다. 그러는 사이 어느새 마량에 도착. 보슬비는 장대비로 변해 억수같이 퍼붓고 있었다. 때마침 고금도로 들어가는 배가 나를 기다리고 있었다는 듯이 서 있었기에 생각이고 뭐고 할 것 없이 그냥 배에 올랐다. 뱃사람들은 퍼붓는 비도 아랑곳 않고 섬으로 들어가는 차와 사람들을 실어 날랐다.

    이렇게 해서 난생 처음 이름도 낯선 고금도에 도착했다. 정유재란 당시 이순신이 이곳에 삼도수군통제영을 두지 않았다면 나는 고금도에 오지 않았을 것이다. 그러나 2005년 11월 이후 고금도는 내 마음에 품은 또 하나의 섬이 되었다.

지금은 마량에서 배가 아닌 도로로 고금도에 들어갈 수 있다. 2007년 6월에 고금대교가 개통됐기 때문이다. 고금도는 면적이 44.3킬로미터로 우리나라에서 열일곱 번째로 큰 섬이다. 어업자원이 풍부할 뿐만 아니라 동쪽과 남쪽에는 평야가 있어서 농사를 지을 수도 있다. 쌀과 보리, 참깨, 마늘을 재배하고 있으며 탐스럽고 맛 좋은 고금도 유자도 유명하다. 서쪽과 남쪽, 북쪽에 망을 볼 수 있는 산이 있는데 이 외에는 높은 산이 없어서 넓은 바다를 관망하기 좋다.

강진과 완도가 지척인 이 섬에 통제영이 들어선 것은 1598년 2월 17일이었다. 고하도에서 어느 정도 수군 재건의 기틀을 마련한 이순신은 서쪽으로 치우쳐 있어서 적의 동태를 살피기 힘든 고하도의 한계를 넘어설 수 있는 새로운 통제영지를 모색하기 시작했다. 고금도는 이러한 필요조건에 꼭 맞는 섬이었다.

> 2월 16일에 여러 장수를 거느리고 보화도에서 바다로 나아가 17일에 강진 경내의 고금도로 진을 옮겼습니다. 고금도 역시 호남 좌우도의 내외양 바다를 제어할 수 있는 요충지로 산봉우리가 중첩되어 있고 후망이 잇대어져 있어 형세가 한산도보다 배나 좋습니다. 남쪽에는 지도가 있고 동쪽에는 조약도가 있으며, 농장도 역시 많고 직업이 없는 사람들도 거의 1,500여 호나 되기에 그들로 하여금 농사를 짓게 했습니다.
>
> 《선조실록》

고금도 시절 역시 자체적으로 진을 운영해야 했다. 이순신이 고금
도 통제영을 어떻게 운영했는지는《징비록》에 상세히 나와 있다.

> 당시 이순신 휘하에는 8,000명이 넘는 병사가 모여들어 고금도에 주
> 둔하고 있었는데 군량이 부족한 상태였다. 그는 해로통행첩을 만들
> 기로 하고 명령을 내렸다. "삼도 연안 지방을 통행하는 모든 배 가운
> 데 통행첩이 없는 것은 간첩선으로 간주하고 통행을 금지한다."
> 그러자 모든 백성들이 와서 통행첩 발급을 요청했다. 이순신은 큰 배
> 는 세 석, 중간 배는 두 석, 작은 배는 한 석을 받았다. 당시 피난을 떠
> 나는 배들은 양식을 싣고 다녔기 때문에 그 정도 쌀을 바치는 것은 어
> 렵지 않았으며, 오히려 안전하게 다닐 수 있음을 기쁘게 생각했다. 이
> 순신은 10여 일 만에 1만여 석의 군량을 얻을 수 있었다. 또한 백성들
> 이 가지고 있던 구리, 쇠를 모아 대포를 만들고 나무를 베어 배를 건
> 조했다. 그가 추진하는 일은 순조롭게 진행되었으며, 먼 곳에 있는
> 사람들까지 그에게 의지하기 위해 모여들어 집을 짓고 막사를 만들
> 어 장사를 하게 되자 그들을 수용하기에 섬이 모자랄 지경이었다.
>
> 《징비록》

고금도는 이순신이 생각했던 이상적인 통제영이었다. 7년 전쟁
의 끝자락에 온 국토가 피폐해진 상황에서 고금도만은 예외적인
곳이었다. 이순신은 이곳에서 지긋지긋한 전쟁을 끝내고자 했다.
통제영 운영을 빡빡하게 진행했던 것도 하루속히 전란을 끝내려고
했기 때문일 것이다. 이렇게 해서 고금도에서 새로 건조한 전선이
40여 척, 군사 수가 8,000여 명, 군량미가 1만여 석에 이르렀다. 회

령포에서 열두 척의 배를 수습한 것이 1597년 8월이었으니 1년도 채 되지 않은 기간에 조선 수군은 완전히 부활한 셈이다. 고금도 운영에 대한 객관적인 평가는 노량해전 이후 선조의 특명을 받고 전라도로 내려온 좌의정 이덕형이 쓴 장계에 상세히 나와 있다.

> 신이 본도에 들어가 해변 주민들의 말을 들어보니, 모두가 그를 칭찬하며 한없이 아끼고 추대했습니다. 또 듣건대 그가 금년 4월에 고금도로 들어갔는데 모든 조치를 매우 잘했으므로 겨우 3~4개월이 지나자 민가와 군량의 수효가 지난해 한산도에 있을 때보다 더 많았다고 합니다.
>
> 《선조실록》

하지만 이 와중에 이순신의 건강은 더욱 나빠진 것 같다. 《난중일기》에는 무술년 1월부터 9월까지의 일기가 모두 빠져 있는데 분실된 것일 수도 있지만 몸과 마음이 번다하고 몸져누운 날이 많아져서 일기를 쓰지 못한 것이라고 생각하는 것도 억측은 아닌 듯싶다. 고금도로 진을 옮긴 후 현덕승에게 보낸 이순신의 편지도 이런 추측을 가능하게 한다.

> 저는 오랜 진중 생활로 수염과 머리가 모두 희어졌으니 훗날 만나시면 누군지 알아보지 못하실 것입니다.
>
> 《이순신 서간첩》

50대 초반인 이순신의 머리와 수염이 하얗게 변해버린 것이다.

당시의 평균 수명을 고려한다고 해도 얼마나 힘이 들었으면 그리 됐을까 싶다.

섬에 당도할 무렵 사방은 어둡고 비는 여전히 억수같이 내리고 있었다. 어떻게든 민박집을 찾을 수 있을 거라 생각했는데 고금도는 예상보다 훨씬 큰 섬이었다. 하는 수 없이 큰 가게에 들어가서 민박집을 수소문했다. 그렇게 해서 찾아간 민박집. 할머니 한 분이 계셨는데 아마도 가족이 함께 운영하는 것 같았다. 엠티 온 대학생 한 무리가 시끌벅적한 저녁시간을 보내고 있었다.

할머니는 도시에서 온 처녀가 혼자 여행 온 것이 신기했는지 제일 깨끗하고 좋은 방을 내주며 불도 많이 지펴주었다. 덕분에 피곤에 지친 몸을 온돌방에서 지지며 섬에서의 하룻밤을 편안하게 보낼 수 있었다. 저녁을 못 먹었다고 하니 적은 돈을 받고 저녁상을 내놓으셨는데 그네들이 먹는 저녁상과 같아서 좋았다. 특히 몇 년을 땅속에서 묵었는지 가늠하기 힘든 묵은지는 정말 맛이 기막혔다. 게장과 각종 젓갈에 생선과 해초무침, 나물과 갖가지 김치로 수북했던 밥상. 전라도에 가면 언제나 밥은 든든히 먹고 올 수 있다. 그곳의 밥 인심은 세계 제일이다.

아침에도 비는 그치지 않았다. 민박집을 나와 해안도로를 따라 천천히 빗길을 달렸다. 그림 같은 바다들이 먹빛으로 번져갔고 내 마음도 덩달아 먹먹해졌다. 그럴 즈음 섬 군데군데 점점이 박힌 노란빛에 시선이 갔다. 유자였다. 고금도 명물인 유자가 달큰한 향기를 내뿜으며 익어가고 있었다. 비가 내리는데도 나는 홀린 듯 유자밭으로 걸어 들어갔다. 빗물을 머금은 유자는 더더욱 싱그러워 보였다. 아침에 할머니가 주신 유자차가 바로 이놈이었구나!

묘당도 이충무공 유적지

유자 향기에 흠뻑 취한 채 충무 마을로 향했다. 거짓말처럼 빗줄기가 조금씩 잦아들더니 이내 그쳤다. 충무사를 찾는 사람은 거의 없는 것 같았다. 관리인이 활짝 열어둔 문에만 조금 온기가 남아 있을 뿐 빗물을 잔뜩 머금은 사당과 내삼문, 세월을 가늠키 어려운 기와와 담장은 차갑게 번들거렸다.

고금도 덕동 충무 마을. 고금도에 달린 작은 섬 묘당도에 해당하는 곳이어서 '묘당도 이충무공 유적'이라고 부르기도 한다. 원래 이곳에는 명나라 도독 진린이 고금도에 머물 당시 관우를 배향하기 위해서 지은 사당이 있었다. 현종 때에 와서 그 옆에 암자를 하나 더 지어 관우와 진린을 함께 배향했고 숙종 때부터는 이순신도 함께 모셨다. 이순신을 유난히 존경했던 정조는 '탄보묘'라는 사액을 내렸고 순조 때는 그 이름을 옥천사로 바꿔 불렀다. 일제 강점기엔 이곳 역시 편안하지 못했다. 제사를 금지시켰고 관우상을 바닷물에 던져버리기도 했다. 그러던 것이 해방 후 1963년에 충무사가 다시 세워져 사적으로 지정됐고 해마다 이순신의 탄신일인 4월 28일에는 제사도 지내고 있다.

나는 이순신의 사당 중에서 이곳을 가장 좋아한다. 크기와 규모도 적당하고 주변 풍광도 아름답고 오래된 돌과 기와는 품격이 느껴진다. 아무것도 하지 않고 그냥 앉아만 있어도 좋은 곳이다. 심심하면 건물 뒤편 산책로를 걸어도 좋고 충무사 바로 앞 해안가를 천천히 돌아봐도 좋다. 어느 곳에 서든지 고금도의 푸른빛과 열매의 싱그러운 향기가 가득해 펄펄 뛰는 생명력을 느끼게 한다.

묘당도 유적지. 오래된 기품이 느껴지는 이 조용하고 아름다운 곳에 머물다 보면 그 평온함이 가슴에 번져 오늘을 살아가는 힘을 얻게 된다.

하지만 고금도 충무사도 우여곡절을 많이 겪었다. 사적으로 지정된 이후 두 번에 걸쳐 복원 공사가 이루어졌는데 전문가의 고증 없이 지었다가 엉터리 복원 논란에 휩싸이면서 홍역을 치렀다. 사당 입구의 홍살문 자리에 군수의 공적비가 서는가 하면, 원래 사당 뒤편에 있던 비석의 위치가 달라지기도 했다. 외삼문 쪽에 일본 수종의 나무가 심어졌다거나 조경석을 일본식으로 배치한 것도 지역 연구가들의 비난을 샀다. 하마비와 진린을 기리는 비가 훼손되기까지 했다. 결국 완도군이 2003년에 재복원 공사를 결정했고 2005년까지 마무리 짓기로 했다. 내가 고금도에 들렀을 때는 공사가 어느 정도 마무리된 건지 홍살문이 서 있고 여기저기 새로 손을 본 듯한 흔적도 엿보였다. 완도군은 다시 공사 기간을 늘려 2007년까지 충무사 일대와 관우장군상, 봉수대, 고금도진지와 어란정 등 고금도 통제영을 대대적으로 정비하겠다는 계획을 세웠는데 그 후 어찌됐는지 모르겠다.

고금도 충무사는 내 마음에 꼭 들었지만 복원 공사를 둘러싼 이야기를 알고 나니 씁쓸해졌다. 우리나라 문화유적 복원의 현주소를 보는 것 같았다. 지자체의 전시행정용으로 전락하거나 아니면 내 맘대로 식의 엉터리 복원, 그도 아니면 시멘트와 콘크리트를 발라 국적불명의 유적지로 만들어버리는 것. 인공적인 모습을 최대한 자제하면서 원형의 모습을 찾아가는 복원은 애당초 불가능한 일일까?

이순신의 가묘가 있던 곳, 월송대

사당 뒤쪽 작은 오솔길을 걸어나오니 시베리안 허스키 두 녀석 중 한 마리가 앞장서서 충무사 맞은편 언덕으로 올라갔다. 따라오라는 듯 자꾸만 뒤를 돌아봤다. 녀석은 나를 월송대로 안내했다. 고금도는 이순신이 노량에서 숨진 후 아산 고향집으로 가기 전에 그 시신을 80일 동안 봉안했던 곳이기도 하다. 지금도 그 흔적이 남아 있는데 충무사 맞은편에 위치한 이순신의 가묘 터가 바로 그것이다. 월송대라고 불리는 작은 언덕에 올라가면 한여름에도 금잔디가 깔려 있는 넓은 터가 나온다. 월송대라는 이름답게 언덕 전체에 키 큰 소나무가 빽빽이 서 있는데 신기하게도 묘가 있던 터에는 풀 한 포기

자라지 않는다. 입에서 입으로 전해오는 이야기에 따르면 이순신이 풀숲에 가려 바다가 보이지 않는 것을 원치 않았기 때문이라고 한다. 이 풀숲에 그의 혼이 스며들어 죽어서도 바다를 지키고 있다는 것이다. 전해오는 이야기겠지만 당시 이순신이 숨을 거두었을 때 고금도 사람들의 충격과 슬픔이 얼마나 컸을지 짐작이 갔다.

통제사 이순신을 애도하며

한산도는 어디에 있는가
드넓은 바다 가운데 두어 점 푸르렀네.
고금도는 어디에 있는가
멀고 먼 남쪽 바다에 한 가닥 머리카락처럼 빗겨 있네.
당시에 백전백승을 거둔 이 장군이
한 손으로 하늘의 절반을 붙들었네.
왜적을 다 무찌르니 물결이 피로 물들고,
거센 불길은 왜적의 소굴도 다 태워 없앴네.
공훈은 높았지만 모함과 시샘의 구죄 면치 못했으니
몸 사리지 않고 힘껏 싸워 나라 위해 몸 바쳤네.
그대는 보지 못했는가
현산 동쪽 언덕의 비석 하나를.
양공이 죽은 후에도 그의 덕을 흠모해 눈물 흘리네.
한 칸 사당만이 외로이 있으니
때때로 조개잡이 어부들이 와서 술잔을 올리네.

《서애집》 수록 애도문, 이정하 국역

고금도 부두에서 완도로 가는 배를 탔다. 장보고의 섬 완도를 향하는 배 위에서 돌아본 고금도는 생명력 넘치는 모습으로 우뚝 서 있었다. 이따금 고금도에서의 기억은 아득한 꿈처럼 느껴진다. 변화무쌍했던 하늘과 바다, 눈물이 쏙 빠지도록 시렸던 쪽빛의 기억, 순박한 섬사람들의 미소, 빗물이 번들거리던 충무사를 뒤덮은 짙푸른 나무들, 가을 갈대의 스산함과 달콤했던 유자 향기……. 모두가 꿈속의 풍경 같다. 물론 그 안에는 당신의 삶에서 가장 힘들었던 시절을 불굴의 의지로 버텨낸 이순신의 혼도 있다.

한 명의 적도 놓치지 말라
순천

고금도 통제영에서 일본군과 대치하고 있던 이순신과 조선 수군은
도요토미 히데요시가 사망했다는 소식을 전해 듣는다.
이제 전쟁은 새로운 국면을 맞게 됐다. 조선 땅에 주둔하고 있던 일본군에게
철수 명령이 내려졌기 때문이다. 순천 왜성에 머물고 있던 조선 침공의 선봉장
고니시 유키나가도 이 명령에 따라 철수를 서둘렀다.
하지만 이순신은 순천 앞바다에 진을 치고 왜군을 압박했다.
7년 동안 조선 땅을 유린한 왜군을 그냥 돌려보낼 수 없다는 것이 이순신의 의지였다.
노량해전의 서막을 알리는 순천 왜성 전투, 남해안 왜성을 대표하는 순천 왜성에서
전쟁의 종지부를 분명히 찍으려 했던 이순신의 의지를 되새겨본다.

순천만 © 장인환

왜군의 마지막 전진기지

순천 왜성

봄빛이 스러져가던 5월, 순천만 갈대
밭 위로 햇살이 쏟아지고 있었다. 푸르른 갈대 사이로 햇빛을 몇 줌
씩 뿌려놓은 듯했고, 바람이 불 때마다 갈대가 머리를 풀어헤치면
갯벌 사이에 숨어 있던 햇빛 조각들이 공중으로 흩어졌다. 갯벌에
는 작은 게들이 숨바꼭질을 하고 있었다. 끊임없이 꿈틀대는 갯벌
에는 셀 수 없이 많은 생물이 살고 있다. 이 갯벌을 따라 순천만의
드넓은 곳으로 나가면 아득한 바다가 펼쳐진다. 여수반도와 고흥
반도 사이에서 땅과 바다가 서로 부딪히고 그 부딪힘 속에서 수많
은 생명들이 공존하며 살아가는 곳, 순천만의 바다다. 멀리 낭도,
적금도, 둔마도, 장도, 조발도 등 셀 수 없이 많은 섬들이 떠 있고 그
섬에서 인간도 갯벌에 기대어 산다.

이처럼 생명력이 넘치는 순천 앞바다에서 400년 전인 1598년, 수많은 목숨들이 스러져갔다. 쫓기던 자는 상대를 쫓기 시작했고 공격하던 자는 도주하기 시작했다. 도요토미 히데요시의 사망 이후 순천 앞바다에는 일을 저질러놓고 도망가려는 자와 그들에게 반드시 책임을 묻고 말겠다는 자의 대립으로 팽팽한 긴장감이 감돌았다. 관백의 사망이 알려지면서 왜군들은 빠르게 자국으로 철수하기 시작했다. 그러나 왜군들의 후퇴는 쉽지 않았다. 이순신은 그들에게 합당한 책임을 묻고자 했다. 순천 왜성 전투는 그렇게 시작됐다.

　　순천 왜성은 정유재란이 일어났던 1597년에 축조됐다. 육전에서 패퇴한 왜군이 호남을 공격하기 위한 전진기지이자 최후 방어지로 만든 것인데 이순신이 고금도로 통제영을 옮길 때와 그 시기가 비슷하다. 왜성은 흙과 돌을 섞어서 3개월 만에 완성했는데 성곽 규모가 3만 7,000평이나 된다. 외성의 길이가 2,502미터고 내성도 1,342미터에 이르며 성문이 열두 개나 되는 큰 성이다. 왜군들은 높은 성벽을 쌓고도 안심이 되지 않았는지 조명연합군이 축조한 순천 검단산성 쪽의 육지를 깊게 파서 바닷물을 끌어들였다. 인공 해자를 만든 것이다. 그리고 이 해자 위로 다리를 설치했다. 그래서 순천 왜성은 왜교倭橋 또는 예교曳橋성이라고도 부른다.

　　1598년 8월에 도요토미 히데요시가 사망할 당시 순천 왜성에는 고니시 유키나가의 부대가 머물고 있었다. 관백의 죽음을 전해들은 고니시는 즉각 철수할 방법을 모색했다. 하지만 순천 앞바다에 이순신 함대가 버티고 있으니 함부로 움직일 수가 없었다. 그는 먼저 상인 출신답게 협상을 시도했다. 물론 다루기 수월하고 뇌물이 잘

순천 왜성 터. 무너진 성터에 서면 언제나 욕심 많고 나약한 인간의 속성을 곱씹게 된다. 인간은 무엇을 위해서 이런 성을 쌓고 전쟁을 하는 것일까.

통하는 명나라 장수에게 먼저 접근했다. 유정 제독은 고니시 부대를 그냥 돌려보낼 생각이었다. 전쟁이 끝났으니 대충 마무리하자는 것이었다. 고니시는 진린에게도 접근했다. 뇌물을 쓰고 수급을 주겠다며 일본으로 갈 길을 열어달라고 간청했다. 처음에는 별 생각이 없었던 진린도 피 흘리지 않고 조용히 이 전쟁을 마무리 짓고 싶었다. 진린은 이순신에게 일본이 강화를 원한다면서 협상하길 권고했다. 그러자 이순신은 크게 화를 내며 강화는 불가하다고 외쳤다. 이순신은 "대장은 화의를 말해서는 안 되며 적을 그대로 돌려보낼 수 없다"면서 강화 요청을 한마디로 잘라 거절했다. 진린도 화를 내며 이순신을 설득하려고 했지만 오히려 기름을 끼얹는 격이 되고 말았다. 늘 침착하고 냉정을 잃지 않았던 이순신이 이때만큼은 크게 화를 내면서 마음속 깊이 품고 있던 분노를 드러냈다.

> 그러자 도독이 성을 내며 "우리 황제께서는 내게 긴 칼을 내려주셨
> 소!" 하고 위협했다. 공은 다시 "한번 죽는 것은 아까울 것이 없소. 나
> 는 대장으로서 결코 적을 놓아주고 우리 백성들을 죽일 수는 없소"
> 했다. 두 사람은 이렇게 한참 동안이나 서로 다투었다.
>
> 《이충무공행록》

무술년 9월, 조명연합군은 바다와 육지에서 동시에 순천 왜성을
공격하기로 결정했다. 15일에 적들이 철수하려고 한다는 정보를
듣고 이순신은 진린과 함께 순천 왜성 앞으로 나아갔다. 하지만 싸
움은 쉽지 않았다. 왜군이 성안에 틀어박혀서 버티고 있는데다가
조수간만의 차가 심한 순천만의 지형 때문에 공격을 하기가 쉽지
않았다.

거기다 육지에서 왜성을 공격하기로 했던 유정이 약속을 어기고
말았다. 공성전에 사용할 사다리와 도구가 없다는 것이 이유였지
만 유정은 철군하려는 왜군을 공격할 의지가 별로 없었던 것으로
보인다. 사실 유정은 왜성의 일본군들을 그냥 돌려보낼 협상을 진
행하고 있었다. 공성전에서 별 성과를 거두지 못할 때 자신에게 떨
어질 황제의 질책이 싫었던 것이다. 급기야 유정은 잠시 물러나 대
열을 정비하고 다시 돌아오겠다면서 후퇴를 선언하며 꽁무니를 빼
고 말았다.

맑았으나 서풍이 세게 불었다. 도원수가 군관을 보내어 편지를 전하

되, '유 제독이 달아나려 한다'고 했다. 통분하고 통분하다. 나랏일
이 장차 어떻게 될 것인고.

《난중일기》, 무술년(1598년) 10월 6일

육지와 바다에서 동시에 공격해야만 왜성에 틀어박혀 있는 고니
시 유키나가와 그 부대를 효과적으로 공격할 수 있다고 주장해왔
던 이순신으로서는 보통 분한 일이 아니었을 것이다. 게다가 함께
수군을 이끌던 진린의 부대마저 이순신의 말을 듣지 않았다.

순천 왜성 전투는 그 어떤 전투보다도 이순신을 힘들게 했다. 작
전은 치밀하게 잘 짜놓았지만 도무지 명군과 손발이 맞지 않았던
것이다. 제 나라도 아닌데 누가 목숨을 걸고 싸우겠는가? 이순신
에게 명군은 말 그대로 계륵이었다.

하지만 고니시는 쉽게 고향으로 돌아가지 못할 것이 자명했다.
아무리 술수를 부려도 이순신은 요지부동이었기 때문이다. 고니
시는 초조해졌다. 그는 결국 지원을 요청하기로 결정했다. 사천 왜
성에 머물고 있던 시마즈 요시히로에게 구원을 청한 것이다. 이순
신과 조선 함대가 두려웠지만 시마즈는 고니시의 요청을 뿌리칠
수 없었다. 시마즈는 경상남도 해안에 주둔해 있던 왜군들을 모아
서 함대를 재편성했다. 노량해전의 서막이 오르고 있었다.

왜인의 영혼마저 잠재우라
충무사

순천시에서 여수 쪽으로 움직이다 보면 순천 왜성 가는 길을 알리는 표지판을 쉽게 볼 수 있다. 그 표지판을 따라가면 신성리라는 작은 마을에 당도하게 된다. 마을에는 이순신과 그의 휘하 장수들을 배향한 충무사가 있고 거기서 좀 더 남쪽으로 들어가면 순천 왜성이 보인다.

충무사는 정유재란이 끝나고 100년 후에 세워진 사당이다. 1697년에 마을 주민들의 손으로 지었는데 여기에는 이런 이야기가 전해온다. 전쟁이 끝난 후 신성리에 서씨, 이씨, 김씨 등이 모여서 살기 시작했는데 평화로운 이 마을에 툭하면 바다에서 곡하는 소리가 들려왔다. 사람들은 왜성 전투 때 죽은 왜인들의 울음이라고 생각했다. 마을에 왜인의 악귀가 나타났으니 그 두려움이 얼마나 컸겠는가? 마을 사람들은 이 악귀를 몰아낼 방법을 궁리하다가 일본 군이 제일 무서워한다는 이순신을 생각해냈다. 마을 사람들은 곧바로 순천 왜성과 마주 보이는 언덕에다 작은 사당을 짓고 제사를 지내기 시작했다. 그러자 신기하게도 울음소리가 그쳤다고 한다. 죽어서도 일본군은 이순신을 가장 두려워했던 모양이다.

하지만 순천 충무사도 일제 강점기를 그냥 비켜가지 못했다. 일제는 사당 안의 이순신 영정을 철거해버렸고 제사도 지내지 못하게 했다. 사당이 지금처럼 복원된 것은 해방 직후로 사당을 새로 짓고 이순신뿐만 아니라 이순신의 가장 충직한 부하였던 정운과 송희립도 함께 배향하기 시작했다. 정운은 이순신 함대의 최고 돌격장이었고 송희립은 노량에서 이순신의 최후를 지켰던 장수다. 덧붙여 송희립은 형 대립과 함께 의병을 일으켰고 형제가 나란히 이순신의 휘하에서 큰 공을 세웠다. 이런 분들을 모셨으니 아무리 객지에서 죽은 원혼이라고 해도 함부로 소리 내 울 수는 없었으리라.

충무사의 입구 계단 위에 서서 남쪽을 바라보면 순천 왜성이 보인다. 언덕 위에 불쑥 튀어나온 곳은 천수각이 있던 자리다. 입구가 좁긴 하지만 자동차로 성 앞쪽까지 올라갈 수 있다. 인공적인 요소는 최소한으로 해 여느 관광지처럼 요란하게 꾸며놓지 않아서 좋았다. 나무가 울창한 길을 따라 가다 보면 왜성 특유의 반듯반듯한 돌무더기들이 보이기 시작한다. 전라도에 유일하게 남아 있는 왜성이 세월의 옷을 겹겹이 껴입고 완강하게 버티고 서 있다.

성벽을 따라 천천히 언덕을 올라가면 넓은 터가 나온다. 성안이다. 이곳을 중심으로 겹겹이 둘러친 성벽과 돌을 켜켜이 쌓아올려만든 망루를 볼 수 있다. 이 넓은 터는 일본 성의 가장 높은 방, 천수

죽은 영혼의 울음까지 잠재웠다는 이 전설을 어디까지 믿어야할까. 분명한 것은 이 충무사가 이순신을 기억하고 존모하는 마을 주민들의 한결같은 마음과 믿음에서 세워진 사당이라는 것이다.

각이 있었던 자리다. 허물어진 곳도 많지만 성의 규모를 짐작할 수 있을 만큼 상태가 좋은 성벽이 많다. 쌓아올린 돌 틈으로 풀과 나무가 자라고 이끼가 내려앉았다. 문득 인간은 무엇을 위해서 이런 성을 쌓고 전쟁을 하는 것인가, 하는 생각이 들었다. 무너진 성터에 서면 언제나 욕심 많고 나약한 인간의 속성을 곱씹게 된다.

성 아래로 신성포 앞바다가 보였다. 광양시 방향으로 광양제철소의 불빛이 가물거렸다. 간척사업으로 바다가 저 멀리에 있지만 400년 전에는 성벽 바로 밑까지 바닷물이 들어왔다고 한다. 여수 쪽 방향을 바라보면 반쯤 잘려나간 섬이 하나 보인다. 장도 혹은 노루섬이라고 불리는 곳인데 군량 창고가 있었던 곳이다. 장도 뒤쪽으로 크고 작은 섬들이 보이고 그 너머에 남해 노량이 보였다. 이곳 순천 왜성에서 고니시가 그의 군대를 이끌고 저 바다로 나아간다. 바다 위에 완강하게 버티고 서 있는 이순신의 함대를 유인하는 배를 먼저 띄우고 재빨리 노량 쪽으로 달아나기 시작하는 고니시의 함대. 이순신과 진린 함대가 그를 추격하기 시작한다. 추격선은 그의 마지막 바다 노량으로 힘차게 나아간다.

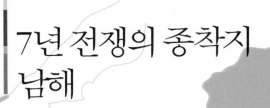

7년 전쟁의 종착지
남해

남해는 보물섬이다.
아름다운 풍경과 진귀한 볼거리, 입에서 입으로 전해오는
이야기들이 섬 곳곳에 숨어 있기 때문이다.
그중에서도 가장 극적인 이야기는 노량에서 숨을 거둔 이순신의 최후다.
임진왜란 발발과 함께 역사의 전면에 등장하고 전쟁과 더불어
역사를 만들어간 이순신은 노량에서 전사하면서 7년 전쟁에 마침표를 찍었다.
어떤 서사시보다도 드라마틱했던 이순신의 최후와 이제는 전설이 돼버린
임진왜란의 뒷이야기, 그 흔적들을 따라 남해 섬 일주에 나서보자.

죽방렴

보물섬

남해

　　남해군은 스스로를 '보물섬'이라고 자랑한다. 하지만 스스로 자랑하지 않아도 섬 곳곳에 꼭꼭 숨어 있는 볼거리가 너무 많아서 남해는 정말 보물섬 같다. 창선·삼천포대교를 건너면 보물찾기가 시작된다. 12번 국도를 따라가다 창선교가 보이면 바다 쪽으로 눈길을 돌려보자. 원시어업 죽방렴의 독특한 풍광이 펼쳐진다. 10미터가량의 참나무로 된 말목을 갯벌에 박아서 주렴처럼 엮어 물고기를 잡는데 전국의 여러 죽방렴 중에서 이곳의 규모가 가장 크다.

　　다시 12번 국도를 타고 남쪽으로 내려오면 '독일 마을'이라는 독특한 표지판이 보인다. 1960년대 전후로 독일로 건너갔던 광부와 간호사들이 귀국해 노년을 편안히 보낼 수 있도록 조성한 마을이다. 집과 마을 구조가 독일식으로 돼 있어 이국적인 느낌을 자아 낸다.

독일 마을이 귀향민들을 위한 집단촌이라면 바로 옆에 위치한 해오름예술촌은 고향에서 새로운 창작의 터전을 마련한 예술가들의 마을이다. 물건초등학교를 개조해서 만든 이 작고 예쁜 예술촌은 예술이란 도처에서 다양한 방식으로 존재할 수 있음을 보여준다. 이곳의 이름이 해오름인 것은 남해에서 가장 먼저 일출을 볼 수 있는 곳이기 때문이다.

독일 마을과 해오름예술촌에서는 넓고 시원한 바다와 물건 마을이 한눈에 들어온다. 마을 해안가에는 '방조어부림'이 보인다. 태풍과 염해로부터 마을을 지켜준다는 이 거대한 숲은 해안을 따라 조성돼 있는데 그 길이가 1.5킬로미터나 된다. 팽나무, 상수리나무, 느티나무, 이팝나무, 후박나무 등 40여 종의 나무가 숲을 이루고 있으며 천연기념물로 지정돼 있다.

이 마을과 미조항을 잇는 해안도로도 정말 아름답다. 미조항은 《난중일기》에도 자주 등장하는 지명이다. 물건 마을과 미조항을 잇는 30리 길을 '물미해안도로'라고 부르는데, 시인 고두현이 노래한 것처럼 구불구불한 해안을 따라 파노라마처럼 펼쳐지는 바다가 정말 인상적이다.

미조항을 들렀다면 다음은 남해 금산에 올라보라. 시인 이성복의 〈남해 금산〉 때문에 더 유명해진 금산은 소금강 또는 남해금강이라 불리는 삼남 제일의 명산이다. 기암괴석으로 뒤덮여 있으며 산 정상부에는 우리나라 3대 기도처로 꼽히는 보리암이 있다. 제법 가파른 금산을 숨차게 올라 도착한 보리암에서 바라보는 바다는 가히 절경이다. '금실로 수를 놓은 듯한 바다'라는 말이 실감 난다.

금산을 지나 섬의 서편으로 들어서면 77번 국도와 1024번 지방 도로로 갈라진다. 1024번 도로를 타고 조금 내려가다 보면 남해에서 가장 오래된 절 용문사에 닿게 되는데 이 사찰은 임진왜란과도 관련이 깊다. 용문사는 임진왜란 때 사명당의 뜻을 받들어 승려들이 용감하게 나서 싸운 호국사찰이다. 전투 중에 사용됐던 삼혈포라는 대포가 아직 남아 있고 1,000명 분의 밥을 한꺼번에 담을 수 있다는 구유(구시통)는 당시 승병들의 밥을 퍼담는 데 쓰기도 했다. 이런 연유로 이 사찰에는 숙종이 내린 수국사 금패가 붙어 있다.

용문사를 지나 남쪽으로 더 내려가면 바다를 면한 절벽 위에 논이 층층이 펼쳐지는 다랭이 마을에 도달한다. 다랭이 마을의 계단 논은 '삿갓논'이라고도 하는데, 옛날에 어떤 농부가 논을 갈다가 집에 가려고 삿갓을 들어보니 그 안에 논이 하나 더 있더라는 데서 유래했다. 삿갓논은 자투리땅도 소중히 활용하는 남해인의 억척스러움을 대변하고 있다.

섬의 끄트머리에 붙은 다랭이 마을에서 다시 북쪽으로 길을 잡으면 임진왜란이 일어나던 해에 축성된 임진성을 만나게 된다. 민관군이 함께 국난을 극복하기 위해 만들었다고 해서 민보산성이라고도 부르는데 아직까지도 그 형태가 잘 보존돼 있다.

임진성에서 남해읍을 지나 북쪽으로 올라가면 남해 선소 마을이 보인다. 선소 마을에는 노량해전의 뒷이야기가 전해온다. 전투에 패하고 도망 중이던 일본군 500여 명이 함선을 버리고 이 마을로 몰래 들어왔다. 일본군이 남해안에 쌓은 여덟 개의 왜성 중 하나가 이곳에 있었기 때문이다. 하지만 성안에 아무도 없어 일본군들은 마을의 배를 빼앗아 타고는 일본으로 도망갔다. 이들을 뒤쫓던 유격대장 장량상이 이끄는 명군은 왜성 안을 샅샅이 뒤졌지만 패잔병들을 찾을 수가 없었다. 그래서 전투가 끝났다고 생각했고 그 기념으로 해안가 바위 위에 글을 새겨서 종전을 선언했다. 그 바위 비석이 장량상동정마애비다.

남해 선소 마을은 아주 작지만 호젓한 맛이 있어서 바닷가에 앉아 오래 머물러도 좋다. 나는 때마침 봄 햇살을 해바라기 하러 나온 동네 꼬마들과 함께 바위 위에 앉아서 한참 놀았다. 선소 마을까지 왔다면 오던 길을 그대로 되짚어 관음포까지 가면 된다. 하지만 곳곳에 시선을 사로잡는 곳이 많아서 창선·삼천포 대교에서 관음포까지 오는 데 꽤 많은 시간이 걸릴 것이다. 여유가 있다면 중간에 하룻밤 묵어도 좋고 배를 타고 서포 김만중의 유배지였던 작은 섬 노도에 들러보는 것도 괜찮을 것 같다. 동서남북 어디를 가더라도 보물로 가득한 섬, 남해. 그러나 나에게 남해는 이순신의 숨결이 살아 있는 곳이라서 더욱 보물 같은 섬이다.

영웅, 영원히 잠들다
충렬사

　　　　　南海 충렬사는 노량 충렬사라고도 불리는데 노량해전에서 순국한 이순신을 기리기 위해서 만들어진 사당이다. 이곳 충렬사에 굳이 '남해'라는 명칭을 붙이는 것은 통영의 충렬사와 구분하기 위해서다. 남해와 통영 모두 처음부터 '충렬忠烈'이라는 현판을 함께 사용해왔다고 한다.

　그러나 남해 충렬사가 지금과 같은 모습을 갖추기까지는 많은 세월이 흘러야 했다. 이순신이 영면했던 1598년 11월 19일로부터 열흘이 지나고서야 선조는 이순신의 죽음에 대한 일련의 조치를 명했고 그때부터 비로소 장례를 주관할 수 있었다. 그리고 인조 대에 와서 남해의 유림들이 이순신의 가묘가 있던 자리에 작은 사당을 짓고 제사를 지내기 시작했다. 1628년, 이순신이 전사한 지 35주

이순신이 전사한 후 수군은 그의 주검을 이곳 충렬사에 모셨다. 마지막 순간까지도 전쟁의 승리와 병사들의 안위를 걱정했던 이순신. 과연 그는 영원한 휴식을 취할 수 있었을까?

기가 되던 해에 남해 사람 김여빈과 고승후가 초가 사당을 지었는데 이것이 남해 충렬사의 시작이다.

남해 충렬사에는 사당을 중심으로 해서 왼쪽과 오른쪽에 두 개의 비석이 있다. 하나는 충무공비고 또 하나는 충민공비다. 충민공은 이순신이 충무공이라는 시호를 받기 이전의 비명으로 1633년 7월 남해현령 이정건이 그 충정을 기리며 이 비를 세웠다. 그러다 그로부터 10년 후 인조가 이순신에게 '충무'라는 시호를 내렸다. 우리가 흔히 알고 있는 '충무공 이순신 장군'의 충무라는 시호가 이때부터 시작된 것이다. 그가 떠난 지 45년이 흐른 뒤였다.

충렬사는 현재 아담한 기와로 된 사당과 내삼문과 외삼문, 비각

등으로 구성돼 있다. 사당 뒤 작은 정원에는 이순신의 가묘가 있고 1948년에 정인보가 쓴 충렬사비도 있다. 현재와 같은 기와집 사당이 세워진 것은 효종 대에 와서 이루어졌다. 이순신이 순국한 지 60년이 되던 1658년에 초가집을 헐고 새집을 지은 것이다. 그 후 현종이 통영 충렬사와 함께 현판을 어사했다. 충렬사 경내에는 이런 사실을 기록한 충무공비가 있는데 이 비는 1663년에 세워졌다. 비문은 송시열이 짓고 송준길이 글씨를 썼다.

남해 충렬사가 특별한 것은 이순신이 전사한 후 그의 시신을 이곳에 처음 모셨기 때문이다. 지금도 충렬사 뒤편에는 시신을 옮기기 전에 잠시 머물렀던 이순신의 가묘가 있다. 충렬사를 찾는 이라면 누구나 가묘 앞에 서게 되는데 아산의 이충무공 묘 앞에 설 때와는 사뭇 다른 느낌이다. 비석도 단도 없는 쓸쓸한 가묘지만 그 앞에 서면 말로 표현할 수 없는 애틋함이 느껴진다. 7년간의 전쟁으로 육신은 피폐해지고 그의 영혼 또한 번다하기 짝이 없었을 것이다. 그런 가운데 맞이한 죽음. 과연 그는 영원한 휴식을 취할 수 있었을까?

남해 충렬사는 전국에 산재해 있는 이순신 사당 가운데 가장 아름다운 곳이라 할 만하다. 그의 성정을 닮은 듯 소박하면서도 단아하다. 크기로 사람을 압도하는 현충사나 한산도 충무사와 달리 아담하면서도 기품이 있다. 관리도 비교적 잘 되고 있는 것 같았다.

2005년에 충렬사를 세 번 다녀왔다. 8월과 10월 그리고 12월. 그중 12월 관음포에 들렀다가 노량 마을에서 하룻밤을 묵고 이른 아침에 충렬사를 방문했을 때의 느낌은 지금도 잊을 수가 없다. 그해 겨울 들어 가장 추웠던 밤을 보내고 눈부신 아침 햇살 속에서 파란 하늘을 이고 있는 충렬사에 조용히 올라섰을 때 바다로부터 밀려왔던 상쾌함은 말로 표현하기 힘들다. 내가 첫 번째 방문객인 것 같았다. 관리하시는 분이 청소를 깨끗이 해놓고 사당문과 가묘가 있는 정원의 문을 활짝 열어두었다. 머리가 맑아지고 기분이 좋았다. 마치 참혹했던 마지막 전투가 끝나고 눈부신 아침 해가 떠올라 전투의 흔적을 말끔히 없애듯. 그가 마지막으로 보았던 관음포의 아침 햇살이 내가 경험한 그날처럼 평화롭고 잔잔했기를 바라본다. 그러나 그 역시 나의 바람일 따름이지, 그 새벽의 처연한 슬픔을 다 헤아리기는 어려우리라.

이순신의 마지막 바다
노량

순천 왜성에 박혀 있던 고니시 유키나가가 사천 왜성의 시마즈 요시히로가 결성한 함대의 지원을 받으며 재빠르게 순천 앞바다를 빠져나가 노량으로 내달리기 시작했다. 그를 놓칠 순 없었다. 이순신이 이끄는 함대는 고니시를 추격하기 시작했다.

어제 복병장 발포만호 소계남과 당진포만호 조효열 등이 왜의 중간
배 한 척이 군량을 가득 싣고 남해로부터 바다를 건너는 것을 한산도
앞바다까지 추격했다. 왜적은 모두 기슭을 타고 육지로 올라가 달아
났고, 잡은 왜선과 군량은 명나라 군사에게 빼앗기고 빈손으로 와서
보고했다.

《난중일기》, 무술년 11월 17일, 이순신의 마지막 일기

《난중일기》의 마지막은 이렇게 고시니 유키나가가 탄 배가 아군의 감시를 피해 탈출했다는 내용이다. 이 일기를 쓰고 이순신은 곧바로 추격에 들어갔다. 임진왜란의 선봉장으로 조선 팔도를 유린했던 적장 고시니를 그냥 보낼 수만은 없었던 것이다. 쫓고 쫓기는 배들이 남해 노량으로 향하고 전투는 더욱 치열하게 전개됐다. 그러던 중 어디선가 총탄 하나가 날아와 이순신의 가슴을 뚫었다. 시간이 정지해버린 그 순간, 이순신은 그의 눈에 한가득 조선의 하늘과 바다를 담고 마지막 한숨을 토해냈다.

"싸움이 한창 급하다. 내가 죽었다는 말을 내지 마라!"

그렇게 이순신은 눈을 감았다. 때마침 전쟁의 끝을 알리듯 아침 해가 떠오르고 핏빛으로 물든 바다는 울음을 멈춘 듯 고요했다. 전쟁은 그를 영웅으로 만들었지만 그는 죽음으로써 영웅이 되기를 거부한 것일까? 임진왜란이 일어나기 1년 전 남해 바다와 인연을 맺으며 역사의 전면에 등장한 이순신은 전쟁과 함께 역사를 만들어갔다. 그리고 그의 죽음과 함께 피와 살 냄새로 얼룩졌던 7년 전쟁도 역사 속으로 사라져갔다.

2005년 여름, 처음으로 노량 관음포에 섰다. 관음포 이내기끝 첨망대에 서서 이순신의 마지막 바다를 바라보았다. 비가 내리고 있었다. 처음 본 그 바다는 너무나 스산했다. 남해안의 크고 작은 섬과 구불구불 들고나는 포구 사이, 저 좁은 바다 어딘가에서 차가운 새벽바람을 맞으면서 눈을 감았을 그를 생각하니 마음이 쓰리듯 아파왔다. 어찌 그리도 고단한 삶을 살 수밖에 없었을까? 그 미련

함이 원망스럽고 그 한결같음이 안타까워 그저 말없이 바다를 바라볼 뿐이었다.

같은 해 가을빛이 물들 무렵, 다시 관음포에 섰다. 폭우가 쏟아지던 여름의 바다와는 사뭇 다르게 평온하기 그지없었다. 수평선 어딘가로 해가 뉘엿뉘엿 넘어가고 있었다. 노을이 물든 하늘과 그 빛깔을 그대로 받아들인 바다는 온통 붉은빛이었다. 그가 숨을 거둔 마지막 순간, 그날의 여명도 저런 빛깔이었을까? 적어도 눈을 감는 그 순간만큼은 그랬길 바랐다. 고단한 삶도, 그의 어깨에 지워져 있던 많은 짐들도 모두 내려놓고서 말이다.

역시 그해 겨울, 이순신의 기일인 음력 11월 19일에 맞춰 관음포에 섰다. 때 아닌 겨울 한파가 2주째 몰아치고 있었다. 남쪽 바다 역시 예외가 아니었다. 하얀 눈발이 날리고 있었다. 400년 전 그날도 이렇게 추웠을까? 금방이라도 얼굴을 벨 듯이 날카롭고 차가운 바람이 달려들었다. 바다로 둘러싸인 이내기끝으로 칼바람이 사정없이 몰아쳤다. 두툼한 외투에 털모자, 목도리와 장갑으로 중무장을 했는데도 너무 추워서 걸음조차 떼기 어려웠다. 이순신과 그의 장졸들은 이 바람을 안고 전투를 했을 것이다. 제대로 먹지 못해 허기가 졌을 것이고 변변한 옷이 있을 리 만무했으니 더 추웠을 것이다. 바람에 바다가 우는 것 같았다. 밤이 깊어지고 새벽이 되면 저 바다는 더욱 미친 듯이 일렁거리며 활을 쏘고 포를 쏘던 병사들을 괴롭혔을 것이다. 하지만 독전고가 울리면 병사들은 추위도 잊고 파도도 잊고 싸웠을 것이다. 아군 적군 할 것 없이 수백 척의 함대가 뒤엉키고 나면 불타고 부서진 배 조각과 병사들의 시신이 바다 위를 둥둥 떠다녔을 것이다.

그런 상상을 하고 있자니 마지막으로 눈을 감을 때도 이순신은 결코 평온하지 못했을 것이라는 생각이 들었다. 그렇지 않고서야 어떻게 숨을 거두는 그 순간에 자신의 죽음을 알리지 말라고 했겠는가? 그는 자신의 전사 이후에 생길 혼란과 파장까지도 이미 예측하고 있었던 것이다. 죽어서까지 자신을 편히 놓지 못했던 이순신을 생각하니 죽음이 그를 자유롭게 했을 것이라는 나의 생각이 너무나 짧았다는 걸 깨달았다.

1598년 11월 19일 이순신은 가고, 지금 나는 여기에 있다. 그의 전사 이후에도 나라는 늘 풍전등화 같았고 그때나 지금이나 세상은 본질적으로 크게 변하지 않았다. 어지러운 세상은 툭하면 땅속에 있는 이순신을 불러냈다. 나 같은 범인들은 이순신을 그리워하고 속인들은 그를 이용했다. 살아서나 죽어서나 그는 늘 그렇게 번다하다.

가장 어려운 순간에 이순신을 만났다. 그는 내게 인생의 순간순간을 뛰어넘는 힘을 준다. 어려울 때마다 그를 생각하면 극복할 수 있을 것 같다. 아주 잘 할 수는 없을지 몰라도 적어도 좌절은 하지 않을 것 같다.

남쪽 바다를 여행하는 동안에도 나는 외롭지 않았다. 이순신이 늘 함께하고 있다고 생각했기 때문이다. 인생이라는 쉽지 않은 여행길에도 그가 함께할 것이라고 생각한다. 어려운 일이 생기면 남쪽 바다로 달려가면 된다. 그는 내 삶을 함께해줄 스승이며 동반자이니까.

이순신의 마지막 바다, 남해 관음포

여행을 마치며

　내 차에는 내비게이션이 없다. 있으면 편하겠지만 여행의 즐거움을 반감시키는 것 같아 선뜻 달고 싶은 생각이 들지 않는다. 그보다는 지도가 더 좋다. 그래서 내 차 안에는 대한민국 전도와 관광지도, 두툼한 책으로 엮은 전국지도, 그리고 각 지자체에서 발행한 지역별 관광지도까지 온갖 지도들이 잔뜩 쌓여 있다. 그중 절반 이상은 이순신 답사를 하면서 얻은 것이다.

　지도를 펼쳐놓고 우리나라 남해안을 쭉 훑어보면 참 재미있다. 특히 구불구불, 들쭉날쭉 이어진 남해의 해안선은 보면 볼수록 경이롭다. 도시와 마을, 섬과 바다, 산과 강, 골짜기와 들판이 서로 어깨를 걸고 이마를 맞댄 채 펼쳐져 있다. 부산 옆에 마산과 진해가 있고 그 아래 거제도가 있고 서쪽으로 가면서 통영, 남해, 진주, 여수와 순천, 장흥과 고흥, 해남과 진도, 목포까지. 도시와 마을을 따라 끝없이 이어지는 해안선과 그 사이사이에 떠 있는 섬 그리고 섬과 섬을 잇는 뱃길까지 모두 이순신이라는 단어로 이어진다는 사실도 새삼스럽다.

답사를 하면서 내비게이션이 아닌 지도를 고집했던 이유는 이순신의 흔적이 서린 남해안의 길과 풍경을 내 눈과 마음에 새겨넣고 싶어서였다. 매정하게 목적지만을 가르쳐주는 내비게이션은 생산과 효율만 강조하는 결과주의의 산물이다. 출발지에서 목적지까지의 여정을 생략하고 그것을 별로 중요하게 생각하는 것 같지도 않다. 더군다나 나는 여행을 하는 것이지 빠른 길을 찾고 있는 게 아니다. 여행이란 목적지로 향하는 길을 내 의지로 하나하나 밟아가는 것이다. 그리고 그곳에 이르는 동안에 일어나는 수많은 상념이 여행자의 진정한 내면 풍경이다. 지도는 목적지에 도달하기까지의 여정을 여행자 스스로 결정하게 하고 그래서 그 과정을 더욱 분명하게 기억하도록 만든다. 더군다나 요즘 지자체에서 나온 관광지도는 꽤 쓸 만하다.

지도에 기대어 여행하다 보면 결국 사람에 의지하게 된다. 아무리 상세한 지도라도 손바닥만 한 마을과 샛강, 마을도로를 다 알려주지는 못한다. 그래서 언제나 낯선 이정표와 맞닥뜨리게 되고 그럴 때는 결국 차에서 내려 그 지역 사람에게 길을 물어야 한다. 친절하게 길을 가르쳐주는 사람들의 눈빛과 표정, 말씨에서 나는 또 한 번 내가 어디에 와 있는지 깨닫는다. 길에서 만난 사람들이 소중한 이유가 바로 그런 것이다. 그들은 내가 무엇을 하고 있는지를 일깨워주고 내가 왜 길을 나섰는지 끊임없이 확인하게 만든다.

처음 이순신 답사에 나선 것이 2005년 7월이었다. 그저 평범한 여행이 어찌하다 보니 답사라는 이름을 달고 오늘에 이르렀다. 시간으로 따지자면 만 3년, 햇수로 4년을 훌쩍 넘겼지만 4년 내내 답사만 다닌 것도 아니니까 그렇게 거창하게 말한 건 못 된다. 부르기 쉽게 답사라는 이름을 달았지만 사실은 한가로운 여행에 가까웠고 그것마저도 주말과 휴일만 이용하다 보니 늘 바쁘기만 했다.

설렁설렁 놀이 삼아 떠났던 여행이 답사로 변해버린 건 사실 뜻밖의 장소에서 예상치 못했던 사람들이 도움을 주었기 때문이다. 여행 후기를 블로그에 올리면 그 글을 읽고 한마디씩 거들어주었던 얼굴도 이름도 모르는 블로거들, 그들은 내가 이 여정을 계속할 수 있게 한 최초의 원군들이었다.

이순신을 존경한다는 공통점 때문에 온라인 상의 인연이 오프라인으로 이어졌던 충무공학당 사람들도 내가 답사를 계속 해나갈 수 있게 한 원동력이었다. 그중에서도 이 책이 완성될 때까지 답사 관련 자료 정리에 많은 도움을 준 이천용 씨와 어려운 옛 문헌을 한글로 풀어서 도움을 준 전우람이 언니에게 감사드린다. 이순신 덕분에 맺어진 우리의 우정이 오래도록 이어졌으면 한다.

아울러 가장 힘들 때 든든한 친구로 남아준 지인들, 진희와 혜숙, 중기 오빠 그리고 나의 영원한 스승이자 어버이이신 이성복 선생님도 늘 내게 큰 힘이 돼주었다. 드라마 〈불멸의 이순신〉을 연출한 이성주 감독님과 이순신을 연기했던 김명민 씨, 책을 출간할 계기를 만들어준 연합뉴스 이주영 기자와 진용주 씨. 이들과의 특별한 인연에도 감사해야겠다. 그리고 무엇보다도 사랑하는 가족들. 어머니와 동생 진영, 수진도 이 책을 즐겁게 읽어준다면 기쁘겠다.

물론 여행지에서 만났던 분들, 밥도 먹여주고 마실 물도 챙겨주고 길도 가르쳐준 사람들, 조금은 외로웠던 내 여행에 큰 힘이 됐던 이들을 잊을 수 없다. 대개 이름을 모르는 이들이지만 그들의 순한 눈빛과 수줍은 웃음은 또렷하게 기억한다. 그중에서 몇몇은 꼭 다시 한 번 만나고 싶다. 해남에서 만났던 홍형덕 회장님과 민부삼 어르신, 아산의 이종국 할아버지, 목포 고하도의 충무분교 아이들, 보성 박실 마을의 할아버지 할머니, 고금도의 민박집 할머니……. 그들의 얼굴을 떠올릴 때마다 저절로 미소가 지어진다. 책이 나오면 몇 권 들고 가서 그때 못다 했던 이야기를 나누고 싶다.

　그리고 낙안읍성에서 만났던 고지도 필사가 최현길 씨. 꼭 다시 만나고 싶었으나 이제는 그럴 수 없게 돼버렸다. 책의 출간 즈음에 다시 연락을 했더니 2007년 여름에 고인이 됐다고 한다. 이순신의 첫 수군 근무지였던 발포에 작업실을 새로 마련하고 해전도를 완성해가던 중에 불치의 병을 얻어 세상을 떠났다고 한다. 최현길 씨의 부고를 전해 듣고는 며칠 동안 마음의 갈피를 잡지 못했다. 한 치 앞도 모르는 것이 사람의 일이라더니 정말 그런 모양이다. 순간을 영원처럼 살아야 한다는 게 얼마나 적절한 말인가를 또 한 번 느꼈다. 이순신의 해전을 고지도로 옮기고자 했던 최현길 씨의 삶도 그러했으리라고 믿어본다. 다시 한 번 고인의 명복을 빌면서, 그가 남긴 해전도가 세상으로 나와 그의 노력이 빛을 보기를 기원한다. 열정적인 모습으로 해전도를 설명해주던 그의 얼굴은 내 눈과 마음에 오래도록 담아두고 싶다. 또 고인의 해전도를 책에 실을 수 있게 해준 부인 전소연 씨의 배려에도 감사드리며 지인들과 함께 추진 중인 최현길 씨의 이름을 단 고지도 박물관이 꼭 완공되길 기원한다.

이순신의 흔적을 따라 남해안 일대를 여행하는 동안 나는 항상 이순신과 함께 여행하는 느낌이었다. 아마 한 번도 손에서 내려놓지 않았던 《난중일기》 때문이었을 것이다. 인간 이순신의 내면의 기록은 내 안에서도 강물처럼 도도히 흘렀다. 그가 기뻐했던 순간과 슬퍼했던 순간을 공유했고 절망했으나 결코 쓰러지지 않으려고 이를 악물었던 모습에 마음이 짠해지기도 했으며, 고집스럽고 조금은 쫀쫀한 모습에서는 인간적인 면을 슬쩍 들여다보는 것 같아서 여행 도중 지루하거나 외로울 겨를이 없었다. 어떤 사람은 그런 나에게 이순신과 사랑에 빠졌다며 놀리기도 했지만 뭐, 어떤가? 애인으로 이 정도 인물이면 난 엄청난 행운아가 아닌가?

연애하듯 이순신과 함께 여행하면서 얻은 것 중 가장 좋았던 것을 몇 가지 꼽으라면 나는 주저 없이 '우리 땅의 발견' 그리고 '나의 발견'이라고 말하겠다. 나에게는 너무나도 낯설었던 남해안 일대를 꾹꾹 밟아가며 돌아보니 이름 없는 섬과 한적한 바닷가, 허리를 길게 편 산줄기, 낮은 지붕이 옹기종기 머리를 맞댄 마을의 풍경까지 모든 것이 새롭고 경이로웠다. 나이를 헤아릴 수 없는 고목부터 풀 한 포기, 돌멩이 하나까지 모두 다시 보게 됐다. 명성이 자자한 세계 어느 유명 관광지에서도 찾아볼 수 없는 남해안만의 독특한 풍경, 한반도의 남쪽 땅이기에 가능한 풍경들이 나를 사로잡았다. 답사를 다니면서 비로소 나는 우리 땅을 사랑하게 됐다.

이순신을 만나러 떠났지만 결국 집으로 돌아올 때는 항상 나를 만나고 돌아오는 여행이 된다. 여행지에서 끊임없이 이순신과 대화를 나눴던 것처럼 나는 나 자신과도 대화를 계속 이어갔다. 나의 상처와 대면하고 나의 단점과 마주했다. 하기 싫었지만 어쩔 수 없이 그렇게 돼버렸다. 그러는 사이 놀랍도록 강해지고 전보다 훨씬 더 너그러워진 나를 발견하기도 했다.

사실 나는 내성적이고 사람을 쉽게 못 사귀고 한 번 마음 준 사람에게 상처도 잘 받는 좀 신경질적이고 예민한 성격의 소유자다. 또 나의 잘못을 쉽게 용서하지 못하는 것처럼 타인에게도 참 엄격하고 냉정한 사람이었다. 그랬던 내가 여행 후에는 훨씬 덜 깐깐해지고 좀 더 대범해진 기분이 든다. 타고난 성격이 다 개조되는 것은 아니기에 여전히 까탈스럽긴 하지만 전보다 타인에게 관대해진 것만은 분명한 사실이다. 그 때문인지 나 역시 한결 편해졌다. 마음을 그렇게 먹고 나니 어지간한 일은 가뿐하게 넘길 수 있는 강단도 생겼다. 느릿느릿 이어진 이순신과의 여행이 나를 그렇게 만들었고 격렬했던 그의 삶이 나를 좀 더 겸손한 인간이 되게끔 채찍질을 한 것 같다.

우리 시대에 이순신은 어떤 존재인가, 왜 다시 이순신인가, 이런 질문에 거창한 답을 달고 싶지 않다. 사실 그럴 능력도 없다. 다만 지금 당신의 삶이 몹시 힘들다고 생각된다면, 당신의 일상이 너무 퍽퍽해서 뭔가 돌파구를 찾고 싶다면, 나처럼 이순신의 삶을 따라 여행을 떠나보라고 권하고 싶다. 준비를 많이 할 필요도 없다. 그저 《난중일기》 한 권과 지도 한 장이면 떠날 수 있다. 남쪽 바다에는 이순신의 숨결이 배어 있지 않은 곳이 없다. 이순신의 넋이 살아 있는 곳이라면 우리가 그토록 찾고 싶어했던 존재의 이유, 삶의 돌파구, 그 실마리가 희미하게나마 보일 것이다. 그도 저도 아니라면 그저 넓고 푸른 바다를 바라보고 우리 땅의 아름다움에 감탄하다가 그 바다를 끼고 살아가는 사람들의 땀방울만 보고 와도 좋다. 그것만으로도 우리는 다시 일상을 이어갈 힘을 얻고 나의 존재를 곱씹어볼 수 있는 기회를 얻게 되니까.

블로그에 여행기를 올리는 동안 답사를 떠나고 싶다면서 정보 공유를 요청해왔던 이들이 적지 않았다. 그들 중 몇몇은 나의 부족한 여행기를 참고로 실제로 답사를 떠나기도 했다. 어쩌면 이 책은 그런 생각을 갖고 있는 이들에게 아주 기초적인 안내서가 될지도 모르겠다. 그렇게 된다면 더 바랄 것이 없다. 전문 연구자가 쓴 글이 아니기 때문에 부족한 점이 많긴 하지만 나처럼 이순신에 대한 마음 하나로 여행을 떠날 사람들에게 이 책이 조금은 도움이 될 거라 기대해본다. 내가 느꼈던 가슴 벅참과 열렬한 생의 예찬을 그도 느낄 수 있다면 좋겠다. 그리고 그 충만감으로 일상을 지속할 수 있었으면 한다.

나 또한 여행을 계속할 것이다. 처음 간 곳이라면 색다른 충만감을 안고 돌아올 것이고 이미 가본 곳이라고 해도 또 다른 무엇을 느끼고 돌아올 것이다. 어떠한 여행도 완성된 것이 아니듯 나의 인생도 여전히 진행형이니까. 삶이 계속되는 한 끊임없이 되물을 것이다. 너, 제대로 살고 있느냐고.

충남 아산

현충사-이충무공 묘소-중방리 게바위

전국의 수많은 이순신 사당 중 맏형 격인 현충사에는 이순신의 영정을 모신 본전, 그가 어린 시절을 보낸 옛집, 무과를 준비했던 활터, 막내아들 이면의 묘, 《난중일기》와 장검 등이 전시된 유물관이 있다. 매년 4월 28일에 탄신다례제가 국가 행사로 열린다. 현충사에서 9킬로미터 떨어진 어라산 묘소와 백의종군 길에 어머니의 시신과 마주했던 중방리 게바위는 꼭 들러봐야 할 곳이다. 아산시에서 현충사로 가는 구지방도 624호선의 은행나무 길도 놓치지 말아야 할 비경 중 하나.

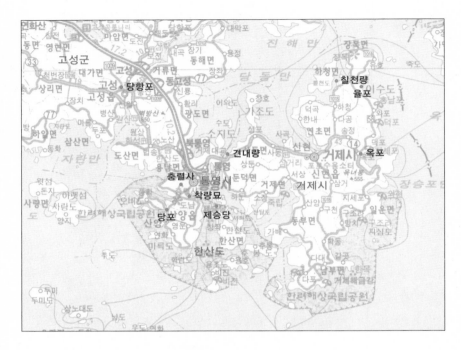

고성 당항포 – 통영 – 미륵도 – 한산도 – 견내량 – 거제 – 칠천량 – 옥포

삼도수군통제영의 도시 통영은 한산도, 거제도, 고성 당항포와 묶어서 2박 3일 또는 3박 4일 일정으로 돌아보기 좋다. 고성 당항포 관광지에서 시작해 통영시로 들어와 충렬사, 착량묘, 세병관, 미륵도를 둘러본 후 배를 타고 한산도로 들어가 제승당에 참배하고 섬을 한 바퀴 돌아본다. 다시 통영으로 나와 거제도로 이동해서 칠천량, 율포, 옥포를 중심으로 섬을 일주한다. 유호 몽돌해수욕장에서 가덕도를 잇는 다리가 완성되면 부산 지역 이순신 유적지도 함께 돌아볼 수 있다. 최초의 승전 옥포해전을 비롯해 한산대첩, 당항포해전, 당포해전, 율포해전, 부산해전, 칠천량해전이 있었던 역사적 장소.

진주성—사천 선진리성—실안해안도로—모충공원—삼천포·창선 대교—남해 용문사—임진성—선소 마을—관음포—노량 마을—충렬사

치열했던 진주성싸움의 격전지 진주성에는 논개의 전설이 깃든 촉석루와 의기사, 임진왜란 전문박물관인 국립진주박물관이 있다. 진주에서 사천으로 이동해서 벚꽃으로 유명한 선진리성과 조명군총을 둘러본 후 일몰이 아름다운 실안해안도로를 따라 모충공원과 거북선이 처음 등장했던 사천해전의 현장을 돌아본다. 삼천포·창선대교를 건너 남해섬으로 들어와 시계 방향으로 섬을 일주하면서 용문사, 임진성, 선소 마을을 둘러보고, 이순신의 마지막 전투 노량해전의 현장인 관음포에 들렀다가 노량 마을의 충렬사에서 일정을 마친다. 충렬사 앞의 거북선은 어린이들에게 인기가 높다.

순천 충무사 – 순천 왜성 – 충민사 – 진남관 – 고소대 – 이충무공 자당 기거지 – 오충사 – 시전동 선소 – 돌산대교 – 무술목 – 향일암

임진왜란의 선봉장 고니시 유키나가와 대치했던 순천 왜성은 남해안에서 현존하는 왜성 중 가장 보존 상태가 좋다. 왜성을 마주 보고 있는 충무사에 가 참배를 하고 풍요로운 갯벌이 펼쳐진 순천만에 들러 노량해전의 서막을 알리는 순천 왜성 전투의 그날을 떠올려본다. 여수 초입에 위치한 최초의 사액사당 충민사에서 시작해 전라좌수영의 중심지 진남관, 고소대, 이순신의 어머니가 머물렀던 고음천, 오충사, 거북선과 판옥선을 건조한 시전동 선소 등을 둘러보고, 돌산대교를 건너 이순신 특유의 전법이 돋보인 무술목에 들러서 한숨을 돌린 후 향일암에서 일몰을 보는 것으로 여수에서의 일정을 마친다. 하루 정도 일정이 더 허락한다면 고흥반도로 방향을 잡아 이순신이 해군장교로 처음 바다와 인연을 맺은 발포를 방문해도 좋다.

장흥—강진만—회진면(회령포)—마량—고금도—완도—해남 오충사—명량대첩기념비—우수영 마을—우수영 관광지—진도대교—녹진전망대—진도 벽파진—용장산성—정유재란 떼무덤—진도대교—화원반도—목포 고하도—목포 유달산

회령포에서 열두 척의 배를 수습한 뒤 본격적으로 수군을 재건하고 기적 같은 승리를 쟁취했던 명량해전지를 돌아볼 수 있는 여정이다. 2박 3일이면 장흥에서 출발해 해남과 진도를 거쳐 목포까지 넉넉하게 돌아볼 수 있다. 그중 진도대교 아래 울돌목은 꼭 빠뜨리지 말아야 할 곳. 이 일대는 이순신의 개인적인 고뇌가 가장 많이 서린 곳이지만 다양하고 풍부한 남도 문화의 진수를 맛볼 수 있는 곳이기도 하다. 윤선도, 정약용, 윤두수, 초의선사의 묵향을 따라 여행해도 좋고 대흥사, 미황사, 일지암을 거쳐 땅끝까지 돌아볼 수도 있다. 진도 특유의 비경과 유배문학의 현장을 둘러봐도 좋고 목포에서 항구도시의 질펀한 정서에 마음을 맡겨도 좋다.

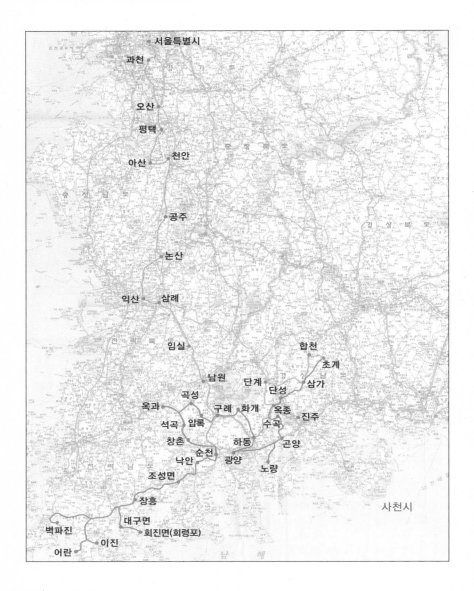

● 백의종군로

서울—과천—인덕원—오산—평택—충남 아산—천안—보산원리—공주—논산—익산—완주군 삼례면—임실—남원—남원시 운봉읍—구례—순천—구례 석주관—하동—단성—진주—하동군 옥종면—산청군 단계리—합천군 삼가면—합천—초계

1597년 2월에 삼도수군통제사 직에서 해임된 후 한양으로 이송돼 국문을 받은 이순신은 선조로부터 백의종군을 명받는다. 4월 1일에 옥문을 나와 서울 남문 근처에 사는 윤간의 하인 집에서 하룻밤을 묵은 이순신은 권율이 이끄는 도원부가 있던 경남 합천에 이르는 백의종군 길에 나선다. 난중일기의 기록에 근거해 백의종군로를 추적해볼 수 있는데, 최근 몇 년 사이 백의종군로에 대한 고증과 답사에 대한 관심이 높아지고 있다. 매년 4월 28일 전후로 아산에서 열리는 충무공이순신축제에서 백의종군로의 일부를 걷는 행사가 열리고 있다.

● 연안 답사길(남해안 대장정)

초계—합천군 삼가면—산청군 단성면—옥종(정개산성)—곤양—노량—진주시 수곡면—광양—하동 횡천면—하동 화개면—구례 석주관—구례—압록—곡성—곡성군 옥과면—곡성군 석곡면—순천시 창촌리—순천—낙안—보성군 조성면—보성군 열선루—장흥군 장흥읍—강진군 대구면—장흥군 회진면(회령포)—해남 어란진—해남 이진—완도(장도)—진도 벽파진

이순신의 삶에서 가장 위대한 여정으로 꼽히는 연안 답사는 칠천량에서 조선군이 패전한 직후에 이뤄졌다. 1597년 7월 18일에 도원수부가 있던 경남 합천 초계를 출발해 경남과 전남의 주요 전략지로 이어지는 연안 답사는 두 달 후인 8월 19일에 장흥반도의 회령포에서 열두 척의 배를 수습하면서 끝을 맺는다. 연안 답사길은 고난의 대장정이었지만 이 길은 지리산 일대와 섬진강, 남도의 풍취와 넉넉한 인심, 담백한 먹을거리 등 우리나라 남해안의 아름다움을 체험할 수 있는 최고의 여정이기도 하다.

■임진왜란 주요 연표

연도	나이	이순신 행적	
1591년(신묘)	47세	2월	전라좌수사 임명.
1592년(임진)	48세	4월 12일	거북선 완성.
		4월 13일	임진왜란 발발.
		5월 7일	옥포해전(이순신 첫 출전).
		5월 8일	적진포해전.
		5월 29일	사천해전(거북선 첫 참전).
		6월 2일	당포해전.
		6월 5일	1차 당항포해전.
		6월 7일	율포해전.
		6월 13일	평양 함락. 선조, 의주로 피신.
		7월 8일	한산대첩.
		7월 10일	안골포해전.
		8월 24일	명, 왜군과 화친 교섭 시작.
		9월 1일	부산포해전.
1593년(계사)	49세	1월 9일	평양 수복.
		2월 10일	웅포해전.
		7월 15일	본영, 여수에서 한산도로 이진.
		8월 1일	삼도수군통제사 임명.
		8월	화친 성립(휴전으로 전쟁 소강).
		10월	선조, 한성 귀환.
1594년(갑오)	50세	3월 4일	2차 당항포해전.
		9월 29일	1차 장문포해전.
		10월 1일	영등포해전.
		10월 4일	2차 장문포해전.

연도	나이	이순신 행적	
1595년(을미)	51세	7월	왜군, 거제도에서 퇴각.
1596년(병신)	52세	3월	오랜 진중생활로 투병(4월까지).
		5월	전염병으로 죽은 병사를 위한 여제(厲祭) 치름.
		8월(윤)	진중 무과초시 치름.
1597년(정유)	53세	1월 14일	정유재란 발발.
		2월 26일	이순신, 무고로 파직 및 한양 이송.
		3월 4일	이순신 하옥.
		4월 1일	사면 및 백의종군.
		4월 13일	모친 별세.
		7월 16일	원균, 칠천량 패전.
		8월 3일	삼도수군통제사 재임명 교서를 받음.
		8월 18일	회령포에서 전선 열두 척 수습.
		8월 20일	해남으로 이진.
		8월 29일	진도 벽파진으로 이진.
		9월 7일	벽파진해전.
		9월 16일	명량해전. 막내아들 면 전사.
		10월 29일	목포 고하도로 이진.
1598년(무술)	54세	2월 17일	고금도로 이진.
		7월 16일	도독 진린이 이끄는 명 수군 합류.
		7월 24일	절이도해전.
		8월	흥양해전.
		8월 18일	도요토미 히데요시 사망.
		9월 20일~10월 9일	조명 수군연합군 순천 왜성 공격.
		11월	노량해전.
		11월 19일	이순신 전사.

■참고자료

• 읽고 참고한 책

국립진주박물관,《삶에서 신화까지, 충무공 이순신》, 국립진주박물관, 2003.

국립진주박물관,《임진왜란과 도요토미 히데요시》, 부키, 2003.

김태훈,《이순신의 두 얼굴》, 창해, 2004.

김훈,《칼의 노래》1 · 2, 생각의나무, 2005.

류성룡, 허선도 · 김종권 역,《서애집 · 징비록－한국명저대전집》, 대양사, 1973.

순천향대학교 이순신연구소 편,《다시, 이순신의 리더십을 생각한다》, 인디북스, 2005.

유성룡, 김흥식 역,《징비록》, 서해문집, 2003.

윤영수,《불패의 리더 이순신, 그는 어떻게 이겼을까》, 웅진지식하우스, 2005.

이광수,《이순신》, 다나기획, 2004.

이민웅,《임진왜란 해전사》, 청어람미디어, 2004.

이순신, 김경수 역,《평역 난중일기》, 행복한 책읽기, 2004.

이순신, 이인섭 역,《충무공 친필 영인본 이순신 서간첩》, 이화문화출판사, 2000.

이순신역사연구회,《이순신과 임진왜란》전권, 비봉출판사, 2005～2006.

이은상,《국역주해 이충무공전서》상 · 하, 충무공기념사업회, 1960.

조성도,《임진장초》, 동원사, 1973.

카타노 쯔기오, 김택수 역,《이순신과 히데요시》, 광명당, 1992.

황원갑,《부활하는 이순신》, 이코비즈니스, 2005.

• 참고한 온라인 사이트

거북선과 이순신   www.gbsun.com
고성 당항포 관광지   dhp.goseong.go.kr
국립중앙박물관   www.museum.go.kr
국립진주박물관   jinju.museum.go.kr
국사편찬위원회   www.history.go.kr
국사편찬위원회 조선왕조실록   sillok.history.go.kr
문화재청 국가기록유산   memorykorea.go.kr
문화재청 국가문화유산포털   www.heritage.go.kr

문화재청 현충사관리소	www.hcs.go.kr
성웅 이순신	www.e-sunshin.com
진남제 여수거북선 축제	www.jinnamje.com
충무공 이순신	www.choongmoogongleesoonsin.co.kr
충무공학당	lshun1.com.ne.kr
통영 한산도 일대 충무공 유적지	www.tychungryolsa.or.kr
한국 정신과 문화 알리기 프로젝트	www.koreanhero.net/en/home.htm

• 각 지자체 문화관광 사이트

경남 거제시	tour.geoje.go.kr
경남 고성군	visit.goseong.go.kr
경남 남해군	www.tournamhae.net
경남 사천시	www.toursacheon.net
경남 진주시	tour.jinju.go.kr
경남 통영시	www.utour.go.kr
부산 강서구	tour.bsgangseo.go.kr
부산 사하구	tour.saha.go.kr
전남 고흥군	www.goheung.go.kr/tour
전남 목포시	tour.mokpo.go.kr
전남 보성군	www.boseong.jeonnam.kr/ko/culture
전남 순천시	www.suncheon.go.kr/home/tour
전남 여수시	www.yeosu.go.kr/site/Home/tour
전남 장흥군	travel.jangheung.go.kr
전남 진도군	tour.jindo.go.kr
전남 해남군	tour.haenam.go.kr
충남 아산시	www.asan.go.kr/tour

여행하는 방송작가 이진이의 인물유적답사기

이순신을 찾아 떠난 여행

1판 1쇄 2008년 9월 22일
1판 4쇄 2013년 7월 27일

지은이 | 이진이

편집 | 천현주, 박진경
마케팅 | 김연일, 이혜지, 노효선

표지 디자인 | 이석운

펴낸곳 | (주)도서출판 **책과함께**
　　　　주소 (121-840) 서울시 마포구 서교동 444-17 5층
　　　　전화 (02) 335-1982~3
　　　　팩스 (02) 335-1316
　　　　전자우편 prpub@hanmail.net
　　　　블로그 blog.naver.com/prpub
　　　　등록 2003년 4월 3일 제25100-2003-392호

ISBN 978-89-91221-38-3 (03900)

이 도서의 국립중앙도서관 출판시도서목록(CIP)은
e-CIP 홈페이지(http://www.nl.go.kr/ecip)와 국가자료공동목록시스템
(http://www.nl.go.kr/kolisnet)에서 이용하실 수 있습니다. (CIP제어번호 : CIP2008002712)